◇现代经济与管理类规划教材

宏观经济学教程

（第 2 版）

吴振信　郑春梅　宋胜洲　王书平　编著

清华大学出版社

北京交通大学出版社

·北京·

内 容 简 介

本书是高等院校经济与管理专业核心课程系列教材之一。全书共分为 8 章，分别是宏观经济学导论、宏观经济学基础、总需求分析、总供求分析、失业与通货膨胀、经济增长与经济周期、开放宏观经济学、宏观经济学的现代流派。

本书力求克服本土教材缺少案例分析、叙述抽象、晦涩难懂，国外引进教材篇幅冗长、价格昂贵等缺点，弘扬本土教材具有系统性和逻辑性、国外教材案例丰富等优势。利用精心设计的【知识结构图】【导入案例】【新闻中的经济学】【实例链接】【知识拓展】【像经济学家一样思考】【练习及思考题】等模块，很好地实现了原理讲授与实际应用相结合、抽象的体系与具体的内容相结合、有限的经典理论与无限的知识拓展相结合、传统的理论与新颖的体例相结合的特点。

本书可作为本科生的宏观经济学课程教材和教学参考书，也可供经济管理人员在职培训使用，同时也可作为非经济专业和对经济学感兴趣的社会自学者的参考书。

图书在版编目（CIP）数据

宏观经济学教程/吴振信等编著. —2 版. —北京：北京交通大学出版社：清华大学出版社，2019.1

现代经济与管理类规划教材

ISBN 978 - 7 - 5121 - 3752 - 3

Ⅰ. ① 宏…　Ⅱ. ① 吴…　Ⅲ. ① 宏观经济学-高等学校-教材　Ⅳ. ① F015

中国版本图书馆 CIP 数据核字（2018）第 247335 号

宏观经济学教程

HONGGUAN JINGJIXUE JIAOCHENG

策划编辑：吴嫦娥
责任编辑：吴嫦娥

出版发行：清 华 大 学 出 版 社　　邮编：100084　　电话：010 - 62776969
　　　　　北京交通大学出版社　　邮编：100044　　电话：010 - 51686414
印 刷 者：艺堂印刷（天津）有限公司
经　　销：全国新华书店
开　　本：185mm×260mm　　印张：15.25　　字数：381 千字
版　　次：2019 年 1 月第 2 版　　2019 年 1 月第 1 次印刷
书　　号：ISBN 978 - 7 - 5121 - 3752 - 3/F·1839
印　　数：1～2 600 册　　定价：39.00 元

第2版前言

自 2011 年《宏观经济学教程》出版以来，已经服务于经济管理类相关专业本科课堂教学达七年多的时间。期间，作者广泛征求了选修相关课程的学生以及采用该教材的其他兄弟院校师生对教材提出的宝贵意见。同时，七年来，国内外宏观经济形势发生了许多重大变化，留下了许多值得我们思索和探讨的宏观经济大事。为此，作者决定对该教材进行系统的修改，并出版第 2 版。和第 1 版相比，第 2 版主要进行了以下修改。

为便于读者阅读理解和深入学习后续课程，对第 3 章的 IS－LM 模型、第 4 章的 AD－AS 模型和第 7 章的 IS－LM－BP 模型的推导和分析过程进行了必要的修改、补充和完善。在第 6 章（6.2 节）增加了考虑技术进步的索罗模型。英国是欧盟的创始成员国，但是，受美国次贷危机、欧元区国家主权债务危机等影响，近年来欧盟国家经济困难重重；同时，成员国的国家主权和贸易主导权、移民和难民、边境管控、就业和公共服务、会费摊派等问题丛生，最终导致了英国的离心倾向。2016 年 6 月 23 日，英国举行脱欧公投；2017 年 3 月 16 日，英国女王伊丽莎白女王二世批准"脱欧"法案，授权英国首相特蕾莎·梅正式启动脱欧程序开始和欧盟方面的"脱欧"谈判。为了使读者了解欧盟的最新变化，第 7 章（7.2 节）补充了英国脱欧的材料。

为体现案例教学的时效性，引导学生利用所学宏观经济学知识分析和理解当前宏观经济问题，补充和更换了第 3 章、第 4 章和第 7 章【导入案例】和【知识拓展】的部分内容。多年来，为了保持国民经济持续、健康发展，我国出台的财政政策和货币政策也随国内外经济形势的变化而灵活调整，但积极的财政政策和稳健的货币政策是主基调。第 3 章的【导入案例】就剖析了我国财政政策和货币政策组合出台的背景和预期目标。在 2015 年 11 月 10 日召开的中央财经领导小组第十一次会议上，习近平首次提出"加强供给侧结构性改革"。其核心在于通过简政放权、放松管制、金融改革、国企改革、土地改革、提高创新能力等政策手段，提高全要素生产率。此后，我国出台的宏观经济调控政策重心从需求侧转到了供给侧。党的十九大报告中明确提出："坚持去产能、去库存、去杠杆、降成本、补短板，优化存量资源配置，扩大优质增量供给，实现供需动态平衡。"2018 年 3 月 5 日的第十三届全国人民代表大会第一次会议上，李克强代表国务院向大会报告政府工作。报告中对未来五年工作提出了建议，其中第一条建议就是"深入推进供给侧结构性改革。坚持把发展经济着力点放在实体经济上，继续抓好'三去一降一补'，大力简政减税减费，不断优化营商环境，进一步激发市场主体活力，提升经济发展质量。"第 4 章的【导入案例】就是利用这一章学习的总需求-总供给模型，解读这一政策。2018 年 3 月 22 日，美国总统特朗普签署备忘录，基于美贸易代表办公室公布的对华 301 调查报告，指令有关部门对华采取限制措施。相关征税清单将在 15 日内发布，或将涉及约 600 亿美元的商品。3 月 23 日，美国在世贸组织争端解决机制项下向中方提出磋商请求，指称中国政府有关技术许可条件的措施不符合《与贸易有关的知识产权协定》的有关规定。此后，美方又下达了对中国高科技企业中兴通讯的封杀令，中美贸易摩擦上演升级版。作为全球最大的两个经济体和贸易伙伴国，中美之间的贸易摩擦扰动了全球市场。第7章的【导入案例】力求分析美国出台这些贸易保护政策的背景，及其对中美两国及全球经济可能造成的影响和后果。根据美国《1962年贸易扩展法》第232条款，美国商务部有权对进口产品是否损害美国国家安全启动调查。美国商务部2017年4月分别对进口钢铁和铝产品启动"232调查"，并于2018年1月向美国总统特朗普提交了调查报告。据此，2018年3月8日，美国总统特朗普签署公告对进口钢铁和铝产品征收高关税：对进口钢铁征收25％的关税，对进口铝产品征收10％的关税。美国此举招致全球多个与其有钢铁和铝产品贸易的国家强烈反对，第7章的【知识拓展】对此进行了详细解读。

另外，第2版也修改了个别表述欠规范的词句，增加了部分思考和练习题。

本教材配有清华大学出版社和北京交通大学出版社出版的《宏观经济学导教导学》，系统梳理了每章的学习要求和重点，给出了【练习及思考题】的标准答案或答案要点，并汇总和讲解了部分历年考研真题。

为方便学生学习和教师课堂讲授，本书配有详细的课件。书后附有部分模拟试题并配有标准答案或答案要点。

此次修改主要由吴振信和郑春梅教师承担，并征求了其他任课教师的意见。其中，郑春梅主要负责修改【导入案例】和【知识拓展】的相关内容，其余部分由吴振信负责修改，最后由吴振信负责统稿。

编 者
2018 年 12 月

前　言

　　宏观经济学是国家教育部1998年规定的全国高等学校经济、管理学科各专业本科生8门核心课程之一。同时，宏观经济学也是经济、管理学科各专业硕士研究生入学考试的必考科目之一。对于那些关心世界经济状况的读者来说，宏观经济学还是他们必须学习的、最有趣的学科之一，因为它能阐释一个国家经济的增长和衰退、通货膨胀和通货紧缩、利率和汇率的波动等人们普遍关心的问题。

　　自从中国将建立社会主义市场经济确定为经济体制改革的目标以来，越来越多的学子表现出对经济学知识的迫切渴求。正是市场对经济学知识的巨大需求，使经济学教材得以陆续出版，其中也不乏国外经典教材的引进。但是，现存的本土教材大多存在知识陈旧、缺少案例分析、叙述抽象、晦涩难懂等缺点，这直接影响到学生对经济学原理的理解和掌握。一些引进的国外教材虽然体系完整、案例生动具体，但由于面面俱到，篇幅太长，动辄近千页，不仅价格昂贵，而且与中国学生的阅读习惯相左，加之所举案例多发生在西方国家，也使中国学生感到陌生而遥远。

　　我们根据多年讲授宏观经济学的经验和学生对经济学教材的反馈意见，在编写并成功使用了《微观经济学教程》的基础上，决定编写此书。

　　本书的写作思路是从短期到长期、从封闭到开放，按照由简到繁、先易后难的原则逐步展开宏观经济学研究的问题、原理和模型。全书以凯恩斯理论为主线，穿插介绍其他主要宏观经济学流派的结论和观点，力图比较全面地向读者介绍现代宏观经济学的主要理论和学术观点。作为经济、管理学科各专业学生的一门专业基础课程，考虑到学生学习后续课程的需要，并兼顾硕士研究生考试对西方经济学内容的要求，我们在系统介绍了 IS‐LM、AD‐AS 两大基本模型的基础上，对宏观经济学中的失业、通货膨胀、经济增长和经济周期、国际经济等问题，以及针对这些问题政府应采取的宏观经济政策进行了专题分析。

　　本书的写作体例试图体现以下特色。

　　（1）强调面向学生友好、面向读者友好。为了激发学生和读者的学习兴趣，我们借鉴国外经典原版教材的成功做法，设计了知识结构图、导入案例、像经济学家一样思考、练习及思考、模拟试题等模块。

　　每章开篇的【知识结构图】，凸显当前章节在整个知识体系中的位置，旨在使读者一方面牢固把握宏观经济学的逻辑体系，同时使读者不至于在众多的知识点中迷失方向。

　　每章的【导入案例】，以生动的案例引导读者愉快地进入相关经济学原理的学习。当学完本章的经济学原理后，【像经济学家一样思考】模块就会引导学生利用本章的知识点对导入案例中提出的问题进行经济学分析，旨在帮助读者提高学以致用的能力。

　　每章的【练习及思考题】，以典型的试题类型对所需掌握的内容进行了精心设计，这种

I

设计不仅有利于读者自测对知识的掌握情况，也有利于在校学生有效复习和备考。

（2）强调知识的系统全面、与时俱进。宏观经济学是随着时代发展而不断演进的，特别是随着西方主要发达经济体的经济运行，不断涌现出一些新的宏观经济问题，而分析和解释这些问题也不断衍生出一些新的宏观经济学说和流派。为了使读者能比较全面地把握宏观经济学最新的理论学说和研究动态，本书在介绍宏观经济学主流理论的基础上，在第 8 章比较详细地介绍了当今宏观经济学中有代表性的流派的主要观点。

同时，为了拓宽读者的视野，从横、纵两个方面向读者介绍宏观经济学的新思维、新方法和发展趋势。在每章结束后设计了【知识拓展】栏目，引导读者进一步学习和探索。

（3）强调理论联系实际、经济学理论的本土化。为了使读者能在把握基础理论知识的基础上，将所学的经济学理论用于分析和解释中国现实经济问题，我们在【导入案例】【新闻中的经济学】【实例链接】等栏目中，用大量的中国本土的经济学实例注释了抽象的经济学原理。中国本土案例的应用，进一步提高了本书的趣味性。

总之，本书充分体现了原理讲授与实际应用相结合、抽象的体系与具体的内容相结合、有限的经典理论与无限的知识拓展相结合、传统的理论与新颖的体例相结合的特点。这一独特设计，有利于教师讲授、有利于学生复习、有利于读者自学。我们相信，使用本书学习宏观经济学一定是一件愉快且又能激发兴趣的美事。

本书由吴振信承担总策划和统稿工作，吴振信、郑春梅、宋胜洲和王书平等 4 人共同撰写。具体分工如下：宋胜洲编写第 1、2 章，王书平编写第 3 章，吴振信编写第 5、6 章、郑春梅编写第 4、7、8 章。

本书在编写和出版过程中，得到了北京市教委专项"学科建设与研究生教育专项——应用经济学（项目编号：PXM2009_014212_076902）"的有力资助和北方工业大学经济管理学院的大力支持，得到了清华大学出版社和北京交通大学出版社的支持，得到了吴嫦娥女士的悉心关照和指导，在此，作者致以衷心感谢。此外，本教材的编写过程中大量地借鉴了国内外许多经济学者的研究成果，对这些作者的工作，我们在此一并致以诚挚的谢意。

由于作者水平所限，书中不尽如人意之处在所难免，恳请读者不吝赐教，以便今后的修订和完善；同时欢迎读者就共同关心的问题来信来函进行讨论。作者通讯地址：北京石景山区晋元庄路 5 号北方工业大学经济管理学院，邮政编码：100144。E-mail：wuzx1@ncut.edu.cn。

作　者

2010 年 12 月 20 日

目　录

第 1 章
宏观经济学导论

【知识结构图】

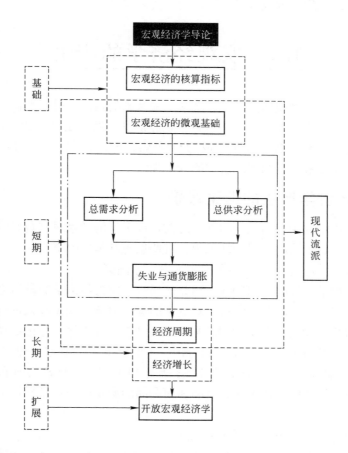

【导入案例】

蜜蜂的寓言

18世纪，荷兰经济学家伯纳德·曼德维尔博士在《蜜蜂的寓言：私人的道德，公众的利益》一书中讲过这样一个有趣的故事：一群蜜蜂开始过着豪华的生活，大肆挥霍，结

果这个蜂群非常兴旺发达。后来，这群蜜蜂听从哲人的劝告，放弃了奢侈的生活，崇尚节俭，结果却导致了整个蜜蜂社会的衰败。这在经济学上叫"节俭悖论"（paradox of thrift）。

众所周知，节俭是一种美德，是个人积累财富最常用的方式。勤俭持家，减少浪费，增加储蓄，往往可以致富。既然节俭是美德，为什么还会产生这个悖论呢？通过本章的学习，大家可以深刻理解和分析这个问题。

我们已经学过了微观经济学，为什么还要学习宏观经济学？它与微观经济学是什么关系？有什么不同？宏观经济学主要研究什么问题？主要采取什么研究方法？宏观经济学在中国得到了哪些方面的应用？这是本章要讲述的主要内容。

1.1   宏观经济学的产生

当今，宏观经济学和微观经济学是经济学中最基础的两门学科。然而，经济学在古典主义时代，并没有明确地区分为微观经济学和宏观经济学，两者是合二为一的。直到 20 世纪 30 年代，宏观经济学才逐渐独立出来，成为与微观经济学相对应的一门独立的学科。那到底为什么会形成宏观经济学与微观经济学的分野呢？

1.1.1   宏观经济学产生的理论背景

在宏观经济学正式成为一门独立的学科之前，许多经济学家对宏观经济问题进行了有益的探讨，提出了很多有价值的宏观经济思想，有些思想甚至影响至今。

1. 威廉·配第在历史上第一次对国民收入进行了估算

英国的威廉·配第（William Petty，1623—1687）作为经济学的鼻祖之一，在其《政治算术》和《献给英明人士》的著作中首次对英国的国民财富和国民收入进行了估算，认为英国全国财富估计为 25 000 万英镑，全部年收入就是 1 500 万英镑。他把劳动收入和财产收入之和作为国民收入。亚当·斯密（Adam Smith，1723—1790）在经济学产生的标志性著作《国民财富的性质和原因研究》（简称《国富论》）中提出了国民财富的概念：一国国民每年的劳动，是供给他们消费的一切生活必需品和便利品的源泉……这是现代国民生产总值概念的雏形。

2. 弗朗斯瓦·魁奈首次进行了宏观经济分析

法国经济学家弗朗斯瓦·魁奈（Francois Quesnay，1694—1774 ）在其名著《经济表》中对社会总资本再生产和流通进行了全面深刻的分析，实际上是将一国经济中的变量归结为总收入、总消费和总投资等经济总量。这是经济学宏观分析的创世之作。对此，马克思给予极高的评价，认为这个尝试是在 18 世纪 30—60 年代政治经济学至今所提出的一切思想中最有天才的思想，毫无疑问是政治经济学至今所提出的一切思想中最有天才的思想。

3. 萨伊定律是古典经济学中宏观经济思想的最高概括

20 世纪 30 年代之前，古典经济学充分阐述了斯密"看不见的手"的原理，证明了自由市场中价格机制可以自动地实现供求的均衡。虽然在调节过程中会出现暂时的、局部的供求失衡，但总体上既不会出现供过于求的经济危机，也不会出现供不应求的经济过热。这一核心思想充分体现为古典经济学中的"萨伊定律"（Say's law）。法国经济学家萨伊（Jean Baptiste Say，1767—1832）在《政治经济学概论》中提出：第一，一种产品的生产给另外一种产品创造了需求；第二，货币交换实质是产品与产品的交换；第三，某种产品生产过剩是因为另外一种产品供给不足，所以生产过剩的原因是供给不足；第四，局部的产品失调可以通过价格来调节。概括来说，就是供给会自动地创造其需求，即需求总是等于供给的，因为需求是被供给所决定的。因此，除某些特有领域的市场失灵之外，总体上不需要政府进行经济干预，否则反而会破坏自由市场的调节作用。

然而，萨伊定律并没有在实际中得到充分的验证，资本主义国家经常地发生经济危机，尤其是 20 世纪 30 年代长达十年的经济大萧条，彻底粉碎了这一自由市场的神话，最终导致了宏观经济学的产生。

1.1.2　宏观经济学产生的历史背景

1. 经济背景：经济大萧条

1929 年 10 月 29 日，美国纽约股票市场暴跌（史称"黑色星期二"），由此引发了一场席卷全球的经济大萧条：银行倒闭、工厂关门、工人失业、贫困来临。到 1932 年，整个美国的社会生产力下降了一半，共有 14 万家企业和银行倒闭，金融市场遭受严重破坏，货币流通体系趋于瘫痪。资本家和大农场主大量销毁"过剩"的产品，用小麦和玉米替代煤炭做燃料，把牛奶倒进密西西比河，使这条河变成"银河"。经济的大萧条也造成了严重的社会问题：大量失业者流浪街头，美国的失业率由 1929 年的 5.5％上升到 1934 的 22％；造成社会治安日益恶化；更有甚者，许多失业者忍受不了生理和心理的痛苦而自杀。

危机之初，美国胡佛政府信任自由放任的古典经济学思想，认为经济危机很快就会过去，但结果完全相反，危机日益严重，并且迅速波及整个资本主义世界。为此，各国为维护本国利益，加强了贸易保护的措施和手段，进一步加剧恶化了世界经济形势，这是第二次世界大战爆发的重要经济根源。

2. 政策背景：罗斯福新政

面临这一危局，1933 年新当选的美国第 32 任总统罗斯福不得不一反政府不干预经济的传统，准备实施新政，致力于复兴（recover）、救济（relief）、改革（reform），即所谓的 3R。1933 年 3 月 6 日，罗斯福总统在就职的第三天发布了《银行休假令》，宣布全国银行一律放假一天，这标志着"罗斯福新政"的开始。随后，罗斯福采取了一系列的政策措施干预经济。1937 年美国的国民收入从 1933 年的 396 亿美元大幅增加到 736 亿美元，物价也从 1934 年起止跌回升，失业率大大下降。

罗斯福政府采取的干预措施大致分为两大类。一是整顿金融秩序，加强银行监管，建立联邦储蓄保险公司，对小额存款进行保险，成立复兴金融公司，对银行予以贷款支持，放弃金本位，禁止黄金在国内流通。这些政策形成了现代货币政策的雏形。二是政府增加开支，大举建设公共工程，对农业生产进行补贴，建立失业保险、养老保险等社会保障制度以保障失业者和低收入家庭的经济安全。这些政策后来成为扩张性财政政策的基本内容，对后来宏观经济政策产生了重大影响，成为现代财政政策的开端。

1.1.3　宏观经济学的产生

1. 宏观经济学的奠基：凯恩斯革命

1936 年，英国经济学家约翰·梅纳德·凯恩斯（John Maynard Keynes，1883—1946）出版了《就业、利息与货币通论》（简称《通论》），对经济大萧条和罗斯福新政给出了一个系统、全面的理论解释，彻底颠覆了"供给自动创造需求"和"不干预的自由主义"的教条，迅速得到了经济学家的广泛认可，被称为"凯恩斯革命"。凯恩斯在书中第一次提出了宏观经济的基本概念和分析方法，认为由于边际消费倾向递减、资本边际效率递减、流动性偏好这三大规律导致有效需求不足，才是资本主义生产过剩、经济危机的根源，而且无法通过市场自发解决，政府必须干预。这些思想革命性地批判了传统的自由放任思想和个体分析方法，为宏观经济学的发展奠定了基础。凯恩斯被称作是宏观经济学的奠基人，成为 20 世纪最伟大的经济学家之一。凯恩斯的《通论》也成为与斯密的《国富论》、马歇尔的《经济学原理》并列的经济学三大里程碑式的著作。

2. 宏观经济学的形成：新古典综合

到 20 世纪五六十年代，希克斯、汉森等美国经济学家提出和改进了 IS - LM 模型，进一步完善了凯恩斯的宏观经济理论，并运用于国家宏观经济政策的制定和实施，真正形成了凯恩斯主义的宏观经济学体系。这时，宏观经济学才正式与微观经济学分立，成为一门独立的经济学分支。萨缪尔森进一步将之与新古典经济学综合在一起，即将宏观分析和微观分析糅合在一起，构成完整的经济理论体系。1948 年萨缪尔森的《经济学》教科书出版，标志着包含微观经济学和宏观经济学两部分的现代经济学的理论体系正式形成，此书也成为历史上最有影响的、里程碑意义的经济学教科书。

20 世纪五六十年代，凯恩斯主义宏观经济学不仅是经济学理论上的正统，还作为"官方经济学"主导了各国政府的宏观经济政策实践。当时，美国政府以 3.5% 的经济增长率和 4% 以下的失业率为政策目标，长期实行减少税收和扩大政府开支的扩张性政策。从 1961 年 2 月到 1969 年 12 月，美国经济持续增长了 106 个月，被誉为"美国战后经济发展的黄金十年"。

1.1.4　宏观经济学的演变

然而，凯恩斯主义宏观经济学好景不长，20 世纪 70 年代西方国家出现的"滞胀"（stagflation，经济停滞与通货膨胀并存）现象，不仅动摇了其理论基础，也使得其倡导的干预政策无所适从。于是，货币主义学派、理性预期学派、供给学派等各种宏观经济理论流派，纷纷提出了各种不同于凯恩斯主义宏观经济学的分析方法和理论体系。新古典综合派也因没有找到宏观、微观之间真正联系而简单糅合，其正统地位受到严重挑战。后来，各流派在长期的论战中不断完善和发展，最终形成两大阵营：新凯恩斯主义学派和新古典主义学派。双方在相互的争论中逐渐取得了一些共识，尤其是在寻求宏观经济的微观基础，并以此为基础进一步寻求宏观经济学和微观经济学的真正融合方面取得了共识，正在走向新的理论综合，即新新古典综合。

大体上说，宏观经济学的产生和发展经历了三个阶段：一是萌芽阶段，大致是从 17 世纪中叶到 20 世纪 30 年代；二是形成阶段，以 1936 年凯恩斯发表《就业、利息和货币通论》为标志，到 20 世纪 60 年代，以凯恩斯主义宏观经济学的形成和新古典综合派的出现为标志；三是发展阶段，从 20 世纪 60 年代至今，凯恩斯主义宏观经济学的瓦解，宏观经济学各流派纷争及新新古典综合的探索。

1.2　什么是宏观经济学

1.2.1　宏观经济学的研究对象

宏观经济学和微观经济学的划分依据是研究对象的范围大小，两者是相互对应的。

1. 微观经济学的研究对象

微观经济学（microeconomics）中前缀 micro 是"小"的意思，所以微观经济学是"小"的经济学，研究的是"小"经济单位的行为，即消费者如何实现效用最大化，生产者如何实现利润最大化，市场又是如何将这些追求自身利益最大化的个体协调起来，实现整个社会福利的最大化。具体表现为回答"生产什么""如何生产""为谁生产"三大基本问题，其中核心问题乃是价格机制如何实现有效地配置资源。所以，微观经济学又被称为价格理论。

虽然微观经济学解释了市场的价格机制如何实现资源的最优配置问题，但并没有解决整个社会经济资源的充分利用问题。失业问题的存在说明劳动力资源被闲置并没有得到充分的利用，通货膨胀的出现说明社会资源即使全部被利用仍然不能够满足经济增长的需要。而这些正是宏观经济学要研究的问题。

2. 宏观经济学的研究对象

宏观经济学（macroeconomics）的前缀 macro 是"大"的意思，所以宏观经济学是"大"的经济学，研究的是"大"经济单位的经济活动，即整个社会和整个国家的经济状况。具体地，它研究的是诸如国内生产总值、总需求、总供给、总储蓄、总投资、总就业量、货币供给量及物价水平等宏观经济总量。形象地说，微观经济学研究的是树木，而宏观经济学研究的是森林。或者说，微观经济学用的是显微镜，只见树木不见森林；而宏观经济学用的是望远镜，只看森林不看树木。

宏观经济学就是通过研究上述国民经济中总量的决定和变化，来说明整个社会的经济资源是否以及如何得到充分利用以满足社会经济发展的需要。具体地，宏观经济学要研究以下问题：为什么一些国家人均收入水平高，另外一些国家的人均收入水平低？为什么一些国家的国民收入会持续快速地增长，而另外一些国家却或大幅波动，或增长缓慢，甚至是停滞和倒退？为什么一些国家乃至整个世界会出现经济衰退和大量失业问题？又为什么一些国家会发生严重的通货膨胀问题？这些问题说明宏观经济学的总体目标乃是追求国民收入的稳定增长。所以，宏观经济学研究的中心问题是国民收入。

1.2.2　宏观经济学的理论框架

1. 以国民收入为中心问题

宏观经济学以国民收入为研究对象，具体地说，研究国民收入的决定、变动以及由此引起的后果和政府相应的调控政策等相关问题。其中，国民收入的决定是其理论基础，是宏观经济学研究的中心问题。国民收入的短期变动以及引起的后果就是短期的失业与通货膨胀问题，国民收入的长期变动就是经济增长和经济周期问题。现代宏观经济学的主要内容就是国民收入决定的理论模型。所以，宏观经济学也被称为收入理论。正如微观经济学是以价格为中心被称为价格理论一样，两者是相互对应的。

2. 以总需求和总供给为基本研究方法

和微观经济学一样，宏观经济学也是从需求和供给的角度来研究国民收入的决定和变动问题的，即总供给和总需求。微观经济学中供求均衡决定着市场的价格和数量，宏观经济学中的总供求均衡也决定了价格水平和国民收入总量。不过，宏观经济学的总需求和总供给与微观经济学中的需求和供给有着很大的不同，需要我们在学习的过程中加以区分。

3. 以产品、货币和劳动力等三大市场为研究范围

需求和供给是市场的两种最基本的力量，所以要立足于市场之中来研究需求和供给。微观经济学中的市场分为产品市场和要素市场两大类。要素市场又包括资本市场、劳动市场和土地市场。与之不同，土地市场作为一种特殊的市场并不在宏观经济学中加以考虑，宏观经济学主要考虑产品市场、货币市场①和劳动市场三大类。根据研究范围的不同，宏观经济学建立了三个国民收入的决定模型：产品市场均衡的简单国民收入决定模型；产品市场与货币市场共同均衡的国民收入决定模型；产品市场、货币市场和劳动市场共同均衡的国民收入决定模型。

4. 以家庭、企业、政府和国外这四个部门为研究主体

宏观经济学认为，一个国家的经济行为主体大致可以分为家庭、企业、政府和国外四大类型，被称之为四个部门。总需求分别来自上述四个部门：家庭的消费需求、企业的投资需求、政府的购买需求和国外的进出口需求。根据研究的需要，上述的三个理论模型，有时候被简化为只考虑两部门（家庭与企业）、不考虑国外的三部门（家庭、企业与政府）的情况。

宏观经济学的上述理论框架，可以通过图1-1表述。

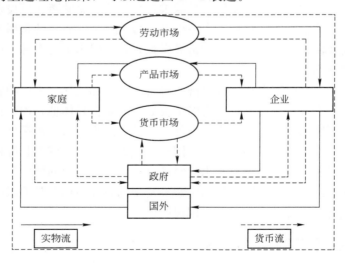

图1-1　宏观经济学的理论框架

---

① 　这里需要注意，微观上的资本市场和宏观上的货币市场有着本质的区别。这将在后面加以论述。

1.2.3　宏观经济学的现实问题

在上述国民收入决定模型的基础上，宏观经济学继续深入地研究了国民收入的变动以及引起的后果和政府调控等问题。国民收入的决定是静态问题，国民收入的变动是动态问题。动态又分为短期和长期，国民收入的短期变化就是经济的波动，向下波动造成失业，向上波动导致通货膨胀；长期变动即经济增长。政府的调控就是维护国民收入稳定增长。所以，宏观经济学以国民收入的决定为理论基础，主要研究失业、通货膨胀、经济周期、经济增长，以及开放经济中国际收支问题及政府宏观经济政策等六大问题。

1. 失业

当今世界，无论是发达国家还是发展中国家，都不可避免地面临着失业问题。而且，当出现经济停滞和衰退的时候，失业率还非常高。20世纪30年代的大萧条最大的问题就是失业。各个国家无不把解决失业问题当作宏观经济中的头等大事，无不把实现充分就业当作政府调控经济的首要目标。宏观经济学本身就是因为解决失业问题而产生的[①]。到底是什么原因导致了失业？如何才能够减少失业，这是宏观经济学解释的首要问题。

2. 通货膨胀

通货膨胀是困扰世界各国另一个重要的宏观经济问题，而且通货膨胀往往与失业问题交替出现[②]，使政府干预政策顾此失彼。更糟糕的是，还可能出现通货膨胀与失业问题同时出现的"滞胀"，致使政府干预束手无策。那么，到底是什么原因产生了通货膨胀？如何才能够降低、甚至是消除通货膨胀呢？这些都是宏观经济学需要解释和解决的重要问题。

3. 经济周期

各个国家失业和通货膨胀问题的交替出现往往具有一定的周期性，这就是经济普遍出现的周期波动问题。这种经济上的动荡，带来了社会的不稳定、人心的不安定。到底什么原因导致经济出现周期性的波动呢？如何才能够减轻和消除经济的波动，实现经济的稳定增长？这些也是令各国政府经常头痛的问题。

4. 经济增长

世界各国一直存在着巨大的贫富差异，穷国和富国之间的人均国民收入往往相差几十倍甚至几百倍。是什么原因导致了这样悬殊的贫富差距呢？从历史来考察，富国都经历过较长时期的经济高速增长，而穷国一般都没有出现过持续的经济增长过程，或者经历过较长时期的经济停滞或衰退。是什么原因致使日本这样一个资源贫乏并被战火摧残的国家在第二次世界大战后的几十年间保持了长期的经济高速增长，而世界上大多数资源丰富的国家经济增长乏力，人民生活在饥饿、贫困之中？到底怎样才能够实现持续的经济增长或者避免经济衰退，缩小国家之间的贫富差距？这些是宏观经济学需要解决的、更为重要的长期任务。

5. 国际收支

现在的经济是开放的经济，全球经济的一体化是当代世界的必然趋势。各国之间经济联系日益紧密，从货物的贸易逐渐扩展到服务的贸易，从货物的流动逐渐扩展到资本的流动，

---

① 宏观经济学产生的标志性著作以《就业、利息与货币通论》为名称足以见证。

② 失业和通胀带来的问题被称为社会痛苦指数，即物价增长率和失业率之和。

这都会反映到一个国家的国际收支之中。而且，国际收支状况还会对国内宏观经济产生十分重要的影响。所以，国际收支问题也成为了现代宏观经济学必不可少的问题之一。

6. 宏观政策

综上所述，宏观经济学研究的目标就是实现一国国民收入的稳定增长，既无失业，又无通货膨胀的经济增长。现代宏观经济学的重要特征就是主张政府干预，反对自由放任。政府如何干预经济，才能够实现稳定的经济增长？有什么样的政策工具可以使用？在什么情况下才能够使用？这些都是宏观经济学必须回答的问题。

1.3　宏观经济学的特点

如上所述，宏观经济学研究的对象和研究的问题都与微观经济学存在着明显的区别。那么，宏观经济学是怎样来研究这些问题的呢？与微观经济学的研究方法有什么不同呢？到底与微观经济学有着怎样的区别呢？

1.3.1　不同于微观经济学的研究方法

尽管宏观经济学与微观经济学都属于经济学的分支，主要采取实证分析中的边际分析和均衡分析方法、均衡分析中的静态分析与比较静态分析，以及短期分析和长期分析等方法，但由于研究对象不同，宏观经济学所采取的研究方法，也与微观经济学有着很大的不同。

1. 总量分析与个量分析的不同

宏观经济学研究对象决定其基本的研究方法乃是总量（aggregation）分析法，即从总体上考察家庭、企业、政府等主体的经济行为，这与微观经济学的研究角度是不同的。在微观经济学中，家庭和企业是作为分散决策的个体单位存在的；在宏观经济学中，它们是作为统一行动的整体而存在的，需要我们对这些个体选择行为的个量进行加总。宏观的消费是成千上万的家庭消费总和，宏观的投资是数以万计的企业投资的总和，宏观的物价水平是各种不同产品或劳务价格的加权平均。但是，宏观总量绝不是微观个量的简单加总。这需要我们注意合成谬误（fallacy of composition）问题。合成谬误是指在个体、局部或微观层面上成立的原理，并不一定能外推到整体或宏观层面。反过来，对总体而言是正确的，对局部来说也不一定是正确的，如前面案例分析中的"节俭悖论"。这就是说，局部是总体的必要条件而非充分条件。这种总量与个量之间的差异就是宏观经济学与微观经济学之间的重要区别。

2. 供求决定作用的不同

需求和供给都是宏观经济学与微观经济学的基本概念，但两者对其重要程度的看法是不同的。微观经济学的核心是萨伊定律，认为供给会自动地创造出需求，供给是矛盾的主要方面，需求是被供给所决定的。所以，微观经济学以供给分析为主，不仅生产理论、成本理论，还有竞争理论，都是研究供给行为的。宏观经济学的核心是凯恩斯定律，认为有效需求不足是供给过剩、经济危机的根源，只有通过政府干预才能够增加有效需求，才能够增加供给和提高就业。所以，总需求是矛盾的主要方面，总供给是被总需求所决定的。因而，宏观经济学以总需求分析为主，包括家庭的消费行为、企业的投资行为、政府的购买行为等，都属于总需求分析。

3. 均衡分析不同

宏观经济学和微观经济学都采取了均衡分析的方法，如产品市场的均衡、货币市场的均衡、劳动市场的均衡、国际市场的均衡等。但是宏观经济学与微观经济学在对待均衡的态度上是不同的。微观经济学强调的是均衡，认为均衡是一种常态，是必然的结果，自由市场通过价格上下调节，一定可以实现供求均衡，不会出现生产过剩。但是，宏观经济学强调的是非均衡，认为均衡并不是一种常态，自由市场的调节并不一定导致均衡的结果，可能出现供给过剩的经济危机，也可能出现供给不足的通货膨胀，因而总是需要政府的干预。所以，宏观经济学更强调非均衡，更强调政府的干预。或者说，微观经济学论证的是市场均衡的作用，而宏观经济学论证的是市场不均衡时政府干预的必要性。

4. 短期与长期的不同

宏观经济学与微观经济学一样，也有短期分析和长期分析。但是，微观经济学更强调长期，而宏观经济学则更强调短期。微观经济学中有短期生产和长期生产，有短期成本和长期成本，有短期均衡和长期均衡之分，但其侧重点是在长期，短期只是长期的一种特殊的、过渡的情况，短期是作为长期分析基础而出现的。但宏观经济学则更强调短期分析，主要是国民收入的决定、波动、失业与通货膨胀等短期问题，政策分析方面也是以短期宏观经济政策为主。尽管经济增长和经济周期等长期问题也是宏观经济学研究的问题，但它们往往是作为一个独立的理论而提及，并不是宏观经济学研究的主要内容。

5. 归纳推理与演绎推理的不同

宏观经济学主要采取的是归纳法，即从对个别经济现象因果联系的认识开始，从中挖掘出一般性的规律，再上升到理论的高度，认识路线是从个别到一般。如菲利普斯曲线这个宏观经济学中非常重要的一个理论就是从统计规律中得到的，整个宏观经济学建立在国民收入核算和宏观经济统计基础上的。而微观经济学主要是采用演绎法，以理性经济人的基本假设为前提，通过数理推导建立了一个公理化的理论体系。这种方法是先建立因果关系，找出一般规律，再推广到个别的经济现象，其认识路线是从一般到个别。所以，宏观经济学与微观经济学在逻辑上是完全不同的两个理论体系。

1.3.2　更侧重经济政策的分析

如上所述，宏观经济学更多的是强调非均衡，宏观经济政策就成为必不可少的重要的内容。所以，相对来说，宏观经济学比微观经济学更侧重规范分析①。宏观经济政策的分析主要包括政策目标、政策方向和政策工具这三个方面。

1. 宏观经济政策的目标

如前所述，宏观经济的总体目标是实现一个国家国民收入的稳定增长，既无失业，又无

①　政策问题涉及一系列的规范性问题：政府是否应该干预？应该采取什么干预手段？干预的效果是好是坏？由于规范问题涉及价值判断，缺乏一致的客观标准，因此容易引起争论。微观经济学也讨论市场失灵、微观政策及福利经济学问题，这也是规范性问题，但相对来说，大家意见比较一致，认为市场失灵条件下政府微观政策是必要的。但宏观经济政策的争论是宏观经济学中一直无法回避的问题，虽然至今已经取得了一些共同的认识，但还有很多悬而未决的规范性问题在争论之中。

通货膨胀的经济增长。这个总体目标又细分为以下四个目标：充分就业、价格稳定、经济持续稳定增长和国际收支平衡。

这四个目标是与前面所述的宏观经济的六大问题相对应的，宏观经济政策的目标就是要解决前述的宏观经济学的五大问题。研究就业问题就是要实现充分就业，研究通货膨胀问题就是要实现价格稳定，研究经济周期和经济增长的问题就是要实现经济持续增长，研究国际收支问题就是要实现国际收支平衡。

1）充分就业

充分就业是宏观经济政策的首要目标。这是因为失业不仅仅体现为资源闲置的经济问题，还涉及心理健康和社会安定等社会问题，严重的时候甚至还会引起政治不稳定，因而各个国家无不高度重视。要注意的是，这一目标并不是100%的完全就业，而是充分就业。为什么不追求百分之百的完全就业呢？这是因为，有些失业是无法避免的，是宏观经济政策无法解决的。而且，保持一定限度的失业可能对经济是有利的。关于这一问题，在第5章有详细的阐述。

2）价格稳定

价格稳定是宏观经济的第二个重要的目标。这是因为通货膨胀是现代经济中经常出现的问题，给人们的经济生活带来了诸多不便。与通货膨胀相反，现代经济中也会偶尔出现通货紧缩，并随之出现失业问题，更是政府不愿看到的。所以，既不出现通货膨胀，也不出现通货紧缩，保持物价水平的稳定是政府要追求的又一个重要目标。注意，这里价格稳定是相对稳定而不是完全不变，因为一定程度的价格变化不仅是必要的，也是有益的。从微观来看，价格的灵活变动，充分反映供求变化是实现市场均衡的必要条件，价格不变（如价格刚性或者价格黏性）反而可能导致市场失衡；从宏观来看，通货膨胀在大多时候难以避免，也难以完全消除的，甚至轻微的通货膨胀反而是对经济增长和增加就业有利的。

3）经济持续稳定增长

宏观经济政策的第三个重要目标就是经济持续增长。经济增长是人均国民收入水平的持续增加，只有经济持续增长，才能够使得一个国家的经济总量和人均生活水平得到显著改善，这是保障一个国家人们生活水平不断提高的必要条件，是各个国家追求的长期目标。但一个国家的经济增长不仅难以持续较长时间，而且往往还伴随着经济的周期波动，给人们生活水平的稳定提高带来了不利影响。如何实现经济持续稳定增长，也是各个国家孜孜追求的一个重要目标，而且是长期目标。

4）国际收支平衡

在开放经济条件下，一个国家国际收支是否平衡，会间接或直接地影响充分就业、价格稳定和经济持续稳定增长这三个目标的实现。长期的、高额的国际收支赤字可能导致失业问题的加剧；相反，长期的、高额的国际收支盈余可能引起通货膨胀的加剧，甚至还可能导致国际政治冲突，最终影响经济持续稳定的增长。所以，国际收支平衡也是一个国家宏观经济政策的重要目标之一。

需要注意的是，这四个目标是相互关联的。例如，充分就业目标与经济增长目标之间是一致的，可以同时实现，促进经济增长也就促进了就业，促进就业也必然带来经济增长①。再比如，充分就业与物价稳定目标之间是相互冲突的，增加就业的政策可能导致价格上涨，而抑制价格上涨的政策又可能导致失业增加，这会导致宏观经济政策的顾此失彼②。还有，国际收支平衡与充分就业、物价稳定等目标之间也是相互冲突的，降低国际收支盈余的政策可能导致失业增加，增加国际收支盈余的政策又可能带来物价上涨。这种政策目标之间的相互冲突，增加了宏观经济政策操作的难度，需要宏观经济政策的统筹兼顾。

2. 宏观经济政策的方向与工具

根据宏观经济的政策目标，宏观经济政策的操作方向可以分为两种：扩张性的政策和紧缩性的政策。如果要提高就业水平，促进经济增长，需要扩张性的政策；如果需要抑制通货膨胀，降低经济增长速度，需要紧缩性的政策。

宏观经济的政策工具主要有财政政策和货币政策两种③。根据政策操作的两种不同方向，又区分为扩张性的财政政策和扩张性的货币政策、紧缩性的财政政策和紧缩性的货币政策四种，见表 1-1。

表 1-1　宏观经济的政策方向及政策工具

政策方向 ＼ 政策工具	财政政策	货币政策
扩张性政策	扩张性的财政政策	扩张性的货币政策
紧缩性政策	紧缩性的财政政策	紧缩性的货币政策

另外，前面论及宏观经济学与微观经济学主要强调总需求分析和短期分析。同样，宏观经济政策的分析也是强调总需求政策和短期政策的。不论是财政政策还是货币政策，都是针对总需求而言的。所以，宏观经济政策又被称之为需求管理政策。而且，不论是扩张性政策，还是紧缩性政策，都是短期政策。

1.3.3　与微观经济学的联系

综上所述，宏观经济学与微观经济学的确在研究对象和研究方法上有着明显的区别。但作为经济学的两个基础性的分支学科，两者之间还是有着很多共同之处和紧密联系的：第一，它们都把社会经济制度作为既定的前提，二者的研究都不涉及制度因素对经济活动的影响；第二，它们使用的基本方法还是一致的，如边际分析方法和均衡分析方法、短期分析和长期分析、静态分析和比较静态分析方法等；第三，宏观经济学还是需要以微观经济学为基础的，因为宏观总量毕竟是微观行为的结果。所以，现代宏观经济学也在努力地寻找着宏观经济学的微观基础，如菜单成本、价格黏性等。更为重要的是，理性经济人假设④已经引入到了宏观经济学之中，这可能是未来宏观经济学与微观经济学走向统一理论体系的重要基石。

---

① 奥肯定律揭示了就业与经济增长之间的相互促进的关系，参见第 5 章。
② 菲利普斯曲线揭示了充分就业与物价稳定之间的替代关系，参见第 5 章。
③ 有关财政政策和货币政策的具体工具和操作，参见第 2 章。
④ 但是，宏观经济中理性要求高于微观经济。微观中的理性决策面对的是较为确定的环境作出的理性决策。宏观中的理性决策面对的是不确定的环境所作出的理性反应，即理性预期。

本 章 小 结

1. 宏观经济学产生于 20 世纪 30 年代，经济大萧条彻底颠覆了供给自动创造需求的萨伊定律和政府不干预的自由放任的信条，罗斯福不得不实行政府干预的新政，凯恩斯革命性地提出了宏观经济分析的方法和理论体系，最终形成了宏观经济学并与微观经济学相糅合的新古典综合的经济学理论体系。

2. 宏观经济学以国民收入为研究对象，以总需求和总供给均衡为基本分析方法，以产品市场、货币市场、劳动市场这三大市场为研究范围，以家庭、企业、政府和国外四个部门为总体框架。

3. 宏观经济学研究的具体问题包括失业、通货膨胀、经济周期、经济增长、国际收支平衡和宏观经济政策等六大问题。其中，失业和通货膨胀问题是短期问题，经济周期和经济增长是长期问题。

4. 在研究方法上，宏观经济学与微观经济学是基本一致的，都采用边际分析、均衡分析、静态与比较静态分析、实证分析等方法，但也与微观经济学有一定的区别，宏观经济学更侧重于总量分析、非均衡分析和归纳推理。

5. 宏观经济学比微观经济学更强调政策分析。宏观经济政策的目标主要有四个：充分就业、价格稳定、经济持续增长和国际收支平衡。其中，充分就业与价格稳定之间是冲突的，充分就业与经济增长之间是一致的。

6. 宏观经济政策的方向有扩张性的政策和紧缩性的政策两种，宏观经济政策的工具主要有财政政策和货币政策两种。具体政策的操作分为四种：扩张性的财政政策、扩张性的货币政策、紧缩性的财政政策、紧缩性的货币政策。

知识拓展

宏观经济政策的五个争论问题[①]

1. 货币与财政决策者应该努力稳定经济吗？

赞成： 经济衰退对社会无益，其代表着资源的绝对浪费、工人没有工作、企业没有利润、社会减少消费。

反对： 由于时滞，货币（6 个月变化很小）与财政（国会和总统批准要几年）政策的决策者除非有预测才能准确干预。但经济预测是极不准确的，所以干预起了反作用，经济波动不是缩小了。人体有自然恢复的能力，医生的规则是不要伤害病人。同样的道理，经济决策者应该避免经常用货币和财政政策进行干预，这样就不会对经济造成伤害。

2. 货币政策应该按规则还是相机抉择？

赞成： 第一，应当限制货币政策中的无能及权利的滥用，中央银行有时用货币政策来

---

① 曼昆. 经济学原理：宏观经济学分册. 梁小民，译. 北京：北京大学出版社，2006.

影响大选的结果。第二，决策者常常宣称目标为零通货膨胀，但物价还是不稳定，因为不得不考虑失业增加的问题，这种不一致使人们怀疑政策，因此人们预期的通货膨胀要高于宣称的水平，高的预期使短期菲利普斯曲线向上移动，使通货膨胀与失业之间的短期权衡更不利。因此，制定法律认定 3% 的货币增长率，或者失业每增加 1% 货币也增加 1% 将有好处（用一台计算机根据消费物价指数、失业和先导经济指标指数计算贴现率，将比美联储做得好）。

反对：相机抉择有灵活性，政策规则不能考虑所有的情况。

3. 中央银行应该把零通货膨胀作为目标吗？

赞成：即使温和的通货膨胀也有大的成本，相比其他数字，零是唯一的。如果定位 3%，那么困难的时候为什么不能变成 4% 呢？

反对：第一，实现零通货膨胀代价更巨大。虽然人们不喜欢 4% 的通货膨胀，但更不喜欢 20% 的产量降低，特别是损失总集中在失业者身上。第二，通货膨胀引起的衰退会留下永久伤害，特别是投资减少变动在 GDP 中的成分最大。衰退过后国力会下降，失业使工人永久失去了有价值的工作技能。

4. 政府应该平衡预算吗？

赞成：第一，政府债务是把负担加在子孙后代身上，这降低了后代的生活水平。第二，这同时也降低了国民储蓄，引起实际利率上升和投资减少。资本存量减少又会使劳动生产率、实际工资和物品生产降低。除了战争和经济衰退，没有理由拥有巨额赤字。

反对：虽然每个美国人的债务是 13 000 美元，但每个美国人一生的收入为 100 万美元，债务才 2%，如果为了削减赤字减少教育支出、老年人保障，反而会影响下一代。

5. 应该为了鼓励储蓄而修改税法吗？

赞成：对储蓄征税是征重税、重征税（遗产税 55%、利息税 40%、股票红利交企业所得税和个人所得税），这样会抑制储蓄。政府补贴也间接鼓励了不储蓄的行为，应该改变支出和储蓄都交税的做法，而只收消费税。

反对：提高储蓄激励增加了承受能力最低者的税收负担，储蓄量对储蓄的收益率并不敏感。

像经济学家一样思考

现在，让我们回到本章的导入案例，看一看经济学家是如何看待这些问题的。

经济学家的分析：

在西方经济学说史上，节俭悖论曾经使许多经济学家倍感困惑，但凯恩斯却从故事中看到了刺激消费和增加总需求对经济发展的积极作用，并受此启发，创立了宏观经济学，成为 20 世纪最有影响的经济学家，一度被誉为资本主义的"救星""战后繁荣之父"。

对此，凯恩斯给出了让人们信服的经济学解释。他认为从微观上分析，某个家庭勤俭持家，减少浪费，增加储蓄，往往可以致富；但从宏观上分析，节俭对于经济增长并没有什么好处：公众节俭→社会总消费支出下降→社会商品总销量下降→厂商生产规模缩小，失业人口上升→国民收入下降、居民个人可支配收入下降→社会总消费支出下降……1931 年 1 月他在广播中断言，节俭将促成贫困的"恶性循环"，他还说："如果你们储蓄五先令，将会使一个人失业一天。"凯恩斯的解释后来发展成为凯恩斯定理，即需求会创造自己的供给，一个国家在一定条件下，可以通过刺激消费、拉动总需求来达到促进经济发展和提高国民收入的目的。"节俭悖论"告诉我们：节制消费增加储蓄会增加个人财富，对个人是件好事，但由于会减少国民收入引起萧条，对整个国民经济发展却是件坏事。

过去有一句老话"新三年旧三年缝缝补补还三年"，如果真是如此节约，我们的纺织行业就会面临着纺织品卖不出去、工人下岗、收入降低，影响整个社会消费。因此，节俭对个人来说可能是一种美德，在有的时候我们还要提倡；但对整个社会来说就不是美德，而是一种退步。因为大家都节俭，储蓄增加，如果这部分储蓄不能及时转化为投资形成新的消费力量，那就会减少社会需求，对国民经济活动造成一种紧缩的压力，导致经济萧条。国民收入也因此下降，就业减少。尤其是在经济萧条时期，这种节俭更会加剧萧条，形成恶性循环。

练习及思考题

一、填空题

1. 宏观经济学的研究对象是_____。

2. 宏观经济学包括_____、_____、_____等三大市场。

3. 宏观经济学包括_____、_____、_____、_____等四个部门。

4. 宏观经济学主要研究_____、_____、_____、_____、_____、_____等六大问题。

5. 宏观经济的总体目标是_____。具体体现为以下四个目标_____、_____、_____、_____。

6. 宏观经济的发展分为_____、_____和_____三个阶段。

二、选择题

1. 宏观经济学的创始人是（   ）。
   A. 萨伊   B. 罗斯福
   C. 凯恩斯   D. 萨缪尔森

2. 宏观经济学的核心理论是（   ）。
   A. 价格理论   B. 均衡理论
   C. 收入理论   D. 就业理论

3. 宏观经济中不包括下面哪个市场？（   ）
   A. 产品市场   B. 货币市场
   C. 劳动市场   D. 国外市场

4. 下列哪项不是宏观经济政策的目标？（   ）
   A. 国际收支平衡   B. 充分就业
   C. 财政收支平衡   D. 物价稳定

5. 宏观经济政策目标一致的是（   ）。
   A. 充分就业与物价稳定   B. 充分就业与经济增长
   C. 物价稳定与经济增长   D. 充分就业与国际收支平衡

6. 宏观经济政策目标冲突的是 (　　　)。

    A. 充分就业与物价稳定　　　　　B. 充分就业与经济增长

    C. 物价稳定与经济增长　　　　　D. 充分就业与国际收支平衡

三、问答与论述题

1. 宏观经济学产生的理论背景与历史背景是什么?

2. 宏观经济学的理论框架包括哪些内容?

3. 简述宏观经济学与微观经济学的区别与联系。

4. 简述宏观经济政策目标之间的相互关系。

5. 简述宏观经济政策的方向与工具的类型。

第 2 章
宏观经济学基础

【知识结构图】

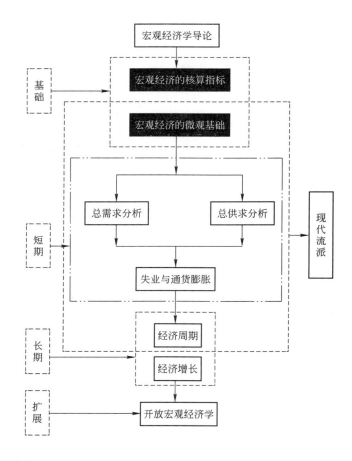

图中内容：

宏观经济学导论

基础 → 宏观经济的核算指标

宏观经济的微观基础

总需求分析　总供求分析

短期 → 失业与通货膨胀　现代流派

长期 → 经济周期

经济增长

扩展 → 开放宏观经济学

【导入案例】

GDP 是 20 世纪最伟大的发明之一

在全世界，人们都叫我 GDP，我的英文全名是 gross domestic product，中文叫国内生产总值。

在全世界，人们都很关注我。因为我代表一国（或一个地区）所有常住单位在一定时期内生产活动（包括产品和劳务）的最终成果。我是国民经济各行业在核算期内增加值的总和（各行业新创造价值与固定资产转移价值之和）。

我不是万能的，但没有我是万万不能的。

没有我，人们无法谈论一国经济及其经济周期，无法提供经济健康与否的最重要依据。所以，诺贝尔经济学奖获得者萨缪尔森和诺德豪斯在《经济学》教科书中把我称为"20 世纪最伟大的发明之一"。在他们看来，与太空中的卫星能够描述整个大陆的天气情况非常相似，我能够提供经济状况的完整图像，帮助总统、国会和联邦储备委员会判断经济是在萎缩还是在膨胀，是需要刺激还是需要控制，是处于严重衰退还是处于通胀威胁之中。没有像我一样的灯塔般的总量指标，政策制定者就会陷入杂乱无章的数字海洋而不知所措。

作为总量指标，我与经济增长率、通货膨胀率和失业率这三个主要的宏观经济运行指标都有密切关系。例如，在美国，以经济学家奥肯的名字命名的"奥肯定律"估算，当经济增长率高于 2.25% 时，失业率将下降，在此基础上，经济增长率每增加一个百分点，失业率就会下降半个百分点；当经济增长率低于 2.25% 时，失业率将上升，在此基础上，经济增长率每减少一个百分点，失业率就会上升半个百分点。

没有我，你们也无法反映一国的贫富状况和人民的平均生活水平，无法确定一国承担怎样的国际义务，享受哪些优惠待遇。比如，联合国决定一国的会费时，要根据其"连续 6 年的 GDP 和人均 GDP"；世界银行决定一国所能享受的硬贷款、软贷款等优惠待遇时，也是根据"人均 GDP"。

我更是一把尺子、一面镜子，衡量着所有国家与地区的经济表现。

最近 20 多年，中国比世界任何其他地方都更关注我，追逐我。我和中国人的"球籍"挂上了钩，和中国 20 世纪"翻两番"、到 2020 年再"翻两番"的目标挂上了钩。中国国家战略目标的确定，以及相应采取怎样的财政政策、货币政策，都和对我的判断有关。作为中国经济的第一指标，我大名鼎鼎，家喻户晓。

中国爱我，我也爱中国。我从 1978 年的 3 624 亿元增加到 2002 年的 102 398 亿元，按可比价格计算，年均增长 9.4%。按 2000 年价格计算，预计到 2020 年，我将超过 35 万亿元，年均增长 7.2%。我在见证一种神奇速度的同时，也见证着一个古老民族的复兴。

节选自：秦朔. GDP 先生的讲述. 南风窗，2003（23）.

宏观经济学要研究整个社会的经济活动，首先要定义和统计整个社会的总产出或总收入等宏观经济总量指标，这是宏观经济学研究问题的出发点，即宏观经济学的统计基础。当然，宏观经济的总量毕竟是微观个量的加总，是微观行为的最终结果。要理解各个宏观总量，还必须了解其微观机理，这也是理解宏观经济学必不可少的一个基础。

2.1　宏观经济的核算指标

在整个国民收入的核算体系中，国内生产总值是最核心的指标，世界各个国家几乎都将之作为衡量其经济发展水平的一个首要指标。

2.1.1　国内生产总值的含义

既然国内生产总值这么重要，那么什么是国内生产总值呢？其定义是：国内生产总值（gross domestic product，GDP）是指一个国家或地区在一定时期内（一般是一年或一个季度）生产出来的全部最终产品（包括产品和劳务）的市场价值总和。这样短短的一句话，其实包含着非常丰富的内涵。我们需要从以下角度来深刻理解这一定义。

1. 市场价值

一个国家生产的产品千千万万种，不同种类的产品无法进行数量加总。而且不同种类的产品价值相差巨大，直接加总也不能够反映真实的价值。所以，只有将不同产品的货币价值进行加总，才能够准确计算出一个国家所生产产品的价值。一般地，一个国家的 GDP 通过以下公式计算：

$$GDP = \sum_{i=1}^{n} P_i Q_i \tag{2.1}$$

这样，GDP 的变化取决于两个因素：一是产品和劳务的数量 Q_i；二是产品和劳务的价格 P_i。问题是，如果两者同时变动，GDP 到底会怎么样呢？微观经济学告诉我们，产量增加，其价格一般是下降的，所有的产品都遵从这样的规律，那么 GDP 到底是增加还是减少呢？这就需要需区分名义 GDP 和实际 GDP 的概念了。

名义 GDP 是指按当年的市场价格计算的国内生产总值。为了便于不同年份 GDP 的纵向比较和核算 GDP 的增长变动，需要剔除价格变动的影响，核算实际的 GDP，即按不变价格（以某一时点的价格为基准）计算的 GDP。

$$名义 GDP = 当年价格 \times 当年产量 \tag{2.2}$$
$$实际 GDP = 不变价格 \times 当年产量 \tag{2.3}$$

假如一个国家生产 A、B、C 三种产品，不同年份的价格和产量如表 2-1 所示。

表 2-1　某国三种产品不同年份的价格和产量表

年度	A		B		C	
	价格	产量	价格	产量	价格	产量
2016	20	30	50	70	35	62
2017	21	31	48	72	37	61
2018	22	33	49	68	36	63

不同年份的名义 GDP 和实际 GDP 如表 2-2 所示。

表 2-2　某国三种产品不同年份的名义 GDP 和实际 GDP

年度	名义 GDP	以 2016 年为基期的实际 GDP	以 2017 年为基期的实际 GDP
2016	20×30＋50×70＋35×62＝6 270	20×30＋50×70＋35×62＝6 270	21×30＋48×70＋37×62＝6 284
2017	21×31＋48×72＋37×61＝6 364	20×31＋50×72＋35×61＝6 355	21×31＋48×72＋37×61＝6 364
2018	22×33＋49×68＋36×63＝6 326	20×33＋50×68＋35×63＝6 265	21×33＋48×68＋37×63＝6 288

名义 GDP 的变动可以由两方面引起：一是产量变动；二是价格变动。产量的变动导致实际 GDP 变动，而价格变动仅仅导致名义 GDP 变动。实际 GDP 比名义 GDP 更能反映真实的经济福利水平。在理论上大多采用实际量，在统计上得到的一般是名义量，需要通过一定的方法来进行折算。这种折算方法就是 GDP 的折算指数（或平减指数）。通过折算指数，可以将名义 GDP 和实际 GDP 进行相互换算。

$$GDP \text{ 折算指数} = \text{名义 } GDP / \text{实际 } GDP \tag{2.4}$$

$$\text{实际 } GDP = \text{名义 } GDP / GDP \text{ 折算指数} \tag{2.5}$$

2. 最终产品

GDP 计算的不是一个国家全部的产品和劳务的市场价值，而只是其中最终产品的市场价值，中间产品的市场价值是不计算在内的。为什么呢？因为中间产品的价值已经计算在最终产品之中了。

最终产品（final products）是最后使用者购买的产品和劳务，是供人们最终消费或使用的产品，而不是为了转卖或进一步加工所购买的产品和劳务。中间产品（intermediate goods）是指用于生产其他产品或劳务而使用的产品和劳务，它不是供人们最终使用的产品，是在生产各阶段中投入的产品或劳务，其价值会转移到每一生产阶段的产品价值之中去。每经过一个生产阶段，其价值就转移一次。如果将每一个生产阶段的中间产品价值都计算的话，其价值会被反复计算若干次，这是无法反映一个国家的真实生产水平的。

最终产品的价值与中间产品又是密切相关的。每一个生产过程，除了转移前一阶段中间产品的价值之外，还会出现一个价值增值。这种生产过程一直进行下去，中间产品的价值增值不断累积，最后形成了最终产品的价值，即：最终产品的价值等于所有中间产品增加值的总和。

$$\text{最终产品的价值} = \sum \text{中间产品增加值} \tag{2.6}$$

所以，GDP 也可以采取增加值的计算方法，即只计算在生产各阶段的增加值。

以服装的价格形成为例，增加值与最终产品价值如图 2-1 所示。

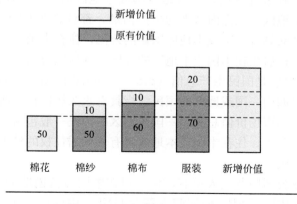

图 2-1　增加值与最终产品价值

3. 生产

GDP 是指生产出来的所有最终产品的价值总和，并不是指所有销售出去的最终产品的价值总和。假定一个国家生产的最终产品的价值为 1 000 亿元，但是只卖掉 900 亿元，则

GDP 仍是 1 000 亿元，其中的 100 亿元是存货，宏观经济学将之认为是企业自己买走了自己生产的产品。相反，如果一个国家一年生产了 900 亿元的最终产品，但销售了 1 000 亿元的最终产品，则计入 GDP 的仍然是 900 亿元，另外 100 亿元是存货减少带来的，是以前年度生产出来的产品被卖掉了，已经计入以前年度的 GDP，不应该再计入这一年度的 GDP。所以，二手房、二手车等二手产品的价值是不计入 GDP 之中，但其中的中介机构的服务收费是一种生产性的服务的价值，是应该计入 GDP 之中的。

4. 一定时期

GDP 是某一个时间段产生的一个变量，是一个流量。流量（flow）是指一定时期内发生的量（动态数值）；存量（stock）则是指一个时点上存在的量（静态数值）。例如，投

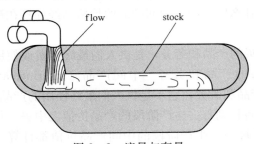

图 2 - 2　流量与存量

资是流量，资本是存量；国民收入是流量，国民财富是存量；一个国家的劳动力人数、受雇佣的人数是存量，而一定时间内新找到工作的人数或丢掉工作的人数是一个流量；货币供应量是流量，而货币流通量是存量；储蓄存折中存入量和支出量是流量，而储蓄余额则是存量。

流量和存量可形象地用图 2 - 2 来描述。

当然，流量与存量之间也有着紧密的联系，流量来自存量，流量又归于存量之中。即

$$本期存量＝上期存量＋本期流量 \tag{2.7}$$

例如，人口总数是个存量，而人口出生数是流量；一定的人口出生数来自一定的人口数，而新出生的人口数又计入人口总数；同理，一定的国民收入来自一定的国民财富，而新创造的国民收入又计入国民财富中。

5. 一个国家或地区

GDP 是地域概念，是指一个国家或地区的地域范围内所有生产出来的最终产品的价值总和。它是按照国土原则来计算的，不管是本国或本地区的公民，还是外国或外地区的公民，只要是在本国或本地区范围之内从事的生产活动，都计算在 GDP 之中。其计算范围包括：住在本国或本地区的具有本国或本地区国籍的公民；住在本国或本地区具有永久居住权的外国或外地区的移民；居住在本国或本地区的外国或外地区公民。

与 GDP 相对应的概念是国民生产总值（gross national product，GNP），它是按国民原则计算的，是指一定时期内一国或地区的国民（指具有永久居民权）所拥有的全部生产要素所生产出来的最终产品的市场价值总和。一国或地区的国民一般包括：住在本国或本地区的具有该国或地区国籍的公民；住在本国或本地区具有永久居住权的外国公民；居住在海外的本国或本地区国籍的公民。

比如，中国诺基亚公司归芬兰人所有，该公司在中国经营创造的价值，虽是中国 GDP 一部分，但不被统计为中国 GNP，而应归入芬兰 GNP。中国海尔在美国工厂创造的价值，应作为美国 GDP 一部分，但应被统计为中国的 GNP。

随着国际经济联系加强，强调身份区别的 GNP 相对重要性下降，重视地域范围的 GDP 相对重要性上升，从而使 GDP 逐渐替代了 GNP 来衡量一个国家的经济活动。当然，这两者也是紧密联系，可以相互换算的。

GDP＝GNP－本国国民在国外创造的价值＋外国国民在本国创造的价值　　　（2.8）

GNP＝GDP＋本国国民在国外创造的价值－外国国民在本国创造的价值　　　（2.9）

2.1.2　国内生产总值的核算方法

GDP 的核算方法有生产法、支出法和收入法三种。三种方法得出的数据在理论上应该是一致的。但在实际中可能存在各种统计上的遗漏或误差，可能出现不同方法得到的数据不一致的情况，这需要在统计上进行相应的调整。

1. 支出法

支出法又称最终商品法或产品流量法。这种方法是从产品的使用出发，把一年内购买的各项最终产品和劳务的支出加总。

按支出法计算国内生产总值，包括以下几项支出：消费（C）、投资（I）、政府购买（G）和净出口（$X－M$）。即

$$GDP＝C＋I＋G＋(X－M)\tag{2.10}$$

消费指家庭对国内和国外生产的产品和劳务的消费。它又可细分为耐用品（如汽车、家电等）、非耐用品（如食品、衣物等）和劳务（如教育、医疗等）三种支出。注意，居民的住房消费比较特殊，租赁住房的房租支出计入消费支出，自住住房的消费按照租金估算计入消费支出之中，但新购住房的消费视作投资，计入投资支出之中。

投资是指一个国家或地区在一定时期内社会实物资产的增加，包括企业和家庭的资产增加。[1] 根据形成社会资产的不同形式，投资分为固定资产投资和存货投资两种。固定投资指的是企业新建厂房、新购机器设备以及家庭购买住房等固定资产的增加；存货投资指的是企业产品或者原材料的库存所占用的资金支出。[2]

政府购买指的是政府购买商品和服务的支出，包括中央和地方各级政府购买各种产品和劳务的数量。例如，政府雇员的薪金支出，政府办公设备的支出，公路、铁路等基础设施建设的支出，国防支出，科研、教育、医疗等公共服务的支出。[3]

净出口是出口（X）减进口（M）的差额。出口为外国购买本国产品的支出，应该加上；进口是本国对外国产品的支出，应该减去。两者相减正好就是外国对本国的支出额。当然，净出口可以为正，也可以为负。

2. 收入法

收入法又称生产要素所得法。这种方法是从收入的角度出发，把各种生产要素在生产中所得到的收入相加之和。这些收入主要包括以下几项。

① 工资。工资指受雇于企业、政府机构和社会事业机构的一切员工的工资以及各种补

---

①　注意，宏观经济学中的投资指的是狭义的投资，即实物投资。金融市场上的投资在宏观经济学看来都是投机，因为这些活动并不增加社会实物资产。参见后面的货币投机需求。

②　还需要注意投资有净投资与重置投资的区别。每年新增的资本是净投资，即投资减去磨损后的余额。对磨损的补偿在会计上叫折旧，也称为重置投资。因此有：净投资＝投资－折旧（重置投资）或净投资＝期末的资本存量－期初的资本存量。为了使问题简单化，往往假定折旧为零。如果折旧为零，那么投资和净投资就是同一个量。以后的论述中，凡是提到投资的地方，除非特别说明，否则总假定折旧为零，即把投资和净投资看作同一个概念。

③　注意，政府对残疾、贫困、失业等人员的救济支出属于转移支付，是政府的间接支出，不是政府直接购买产品或劳务的支出，不计入政府购买支出，而是计入居民的消费支出。因为这些救济款最后会转变成为居民收入的部分，用于日常生活的消费支出。

贴、社会保险等福利的总和。

② 利息。利息是借贷资本获得的利息收入，主要包括居民储蓄存款的利息收入以及购买企业债券获得的利息收入。因为这些资本是借给企业用于生产所带来的收入的一部分，应该计入 GDP。但是，居民购买政府债券所获得的利息收入是不计入的，因为这部分利息收入并不是生产所创造的，而是政府税收收入的一部分。

③ 租金。租金是指居民所拥有的土地、房屋、设备以及专利、版权等资产的使用权出让获得的收入。

④ 利润。利润是公司的毛利润，包括企业所得税、股东红利和未分配利润三项之和。这部分收入是企业家才能这种要素所创造出来的收入。

⑤ 业主收入。另外还有一种特殊的情形，就是非公司企业的业主，如个体户，用他们的资本和劳动创造的收入，无法区分出工资、利息、租金，只能混在一起，统一作为业主收入计入。

⑥ 间接税。间接税是企业在生产与销售过程中所缴纳的增值税和营业税等流转税。因为这些税金也是企业生产所创造出来的一部分价值，没有被其他生产要素所有者获得，而是交给了政府。

⑦ 企业转移支付。包括企业对各种非营利组织和个人的捐助。这也是企业生产所创造的价值的一部分，也没有分配给生产要素的所有者，而是贡献给了社会。

⑧ 折旧。折旧是企业为弥补固定资产的自然损耗而从企业生产的产品价值中提取的部分。这虽然不是企业生产所创造出来的价值，但是包含在企业所生产产品的价格之中，在支出法和生产法中都是计算在内的。所以，在收入法中相对应地也应该计算在内。

GDP＝工资＋利息＋租金＋利润＋业主收入＋间接税和企业转移支付＋折旧　　(2.11)

3. 生产法

生产法，又称部门增加值法，是依据各个生产阶段或各个生产部门所创造的新增加值（其中政府部门劳务按其支出计算）总和来计算的。这种方法从生产角度反映了 GDP 的来源。我国现行统计制度，把国民经济分为 20 个行业（见表 2-3）进行统计的。

表 2-3　我国 GDP 统计的行业分类

A 农、林、牧、渔业	K 房地产业
B 采矿业	L 租赁和商务服务业
C 制造业	M 科学研究、技术服务和地质勘探业
D 电力、燃气及水的生产和供应业	N 水利、环境和公共设施管理业
E 建筑业	O 居民服务和其他服务业
F 交通运输、仓储和邮政业	P 教育
G 信息传输、计算机服务和软件业	Q 卫生、社会保障和社会福利业
H 批发和零售业	R 文化、体育和娱乐业
I 住宿和餐饮业	S 公共管理与社会组织
J 金融业	T 国际组织

2.1.3　其他相关国民收入指标

与国内生产总值这一重要指标相近似的宏观经济指标，即广义的国民收入，包括国内生产净值或国民生产净值、国民收入、个人收入和个人可支配收入等。

1. 国内生产净值或国民生产净值

国内生产净值（net domestic product，NDP）是指一个国家或地区在一定时期内所创造出来的新价值之和。国内生产总值包含了固定资产价值转移的部分（即折旧），这不是新增加的价值，应该扣除。用公式计算为

$$\text{NDP} = \text{GDP} - \text{折旧} \tag{2.12}$$

同理，如果是国民生产总值扣除折旧就是国民生产净值（national net product，NNP），即国民生产总值扣除固定资产价值转移的部分（折旧）后的新价值。用公式计算为

$$\text{NNP} = \text{NDP} - \text{折旧} \tag{2.13}$$

2. 国民收入

这里的国民收入是指狭义的国民收入（national income，NI），具体是指一定时期内一个国家劳动、资本、土地和企业家才能这些生产要素所有者的收入之和。即收入法统计的国内生产总值中扣除折旧之后，再扣除政府所得的间接税和企业转移给非要素所有者的转移支付，但需要加上政府转移给企业的补贴。用公式计算为

$$\text{NI} = \text{NDP} - \text{间接税} - \text{企业转移支付} + \text{政府补贴} \tag{2.14}$$

3. 个人收入

个人收入（personal income，PI）是指一定时期内一个国家或地区的居民所获得的收入总和。个人收入并不等于国民收入，因为国民收入中有些部分并没有分配给居民个人，如公司未分配利润留给了企业，公司所得税和社会保险费交给了政府。当然，居民个人也可以从政府获得诸如失业救济金、养老金、贫困补助等转移支付的收入。所以，个人收入是这样计算的：

$$\text{PI} = \text{NI} - \text{公司所得税} - \text{社会保险} - \text{未分配利润} + \text{政府对个人的转移支付} \tag{2.15}$$

4. 个人可支配收入

个人收入并不能最终都被个人得到并自由支配的，还需要扣除个人缴纳的所得税及社会保险费等非税收性支付，才是个人可支配收入（disposable personal income，DPI），这才是居民可以用于消费开支或储蓄的收入。所以个人可支配收入是

$$\text{DPI} = \text{PI} - \text{个人所得税及非税收性支付} \tag{2.16}$$

5. 不同总量指标相互之间的关系

上述的几个广义的国民收入指标，虽然角度和方法各异，但是紧密相关的（见图 2 - 3），都是一个国家国民收入的反映。

2.1.4　国民收入恒等式

上述国民收入核算中的支出法和收入法为宏观经济模型的建立奠定了基础，这就是国民收入恒等式。这个恒等式体现了宏观经济学总供给（具体表现为总产出，即 GDP 等广义的国民收入的概念，通常用 Y 来表示）与总需求（具体表现为总支出，aggregate expenditure，AE）均衡的基本分析方法。即

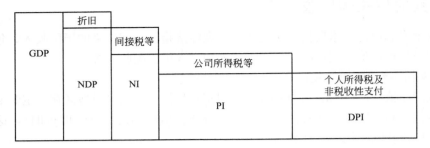

图 2-3　广义国民收入指标之间的关系

$$总收入(Y)=总支出(AE) \tag{2.17}$$

这是宏观经济学中最为重要的公式。但它具体体现在不同的情形之中，有多种不同的表现形式。下面分别从两部门、三部门、四部门的情形来阐述。

1. 两部门

从最简单的情形出发，假定一个国家只有企业和家庭这两个部门，没有政府和外国的参与。

从总支出的角度看，包括家庭的消费支出和企业的投资支出两种，即

$$Y=C+I \tag{2.18}$$

从总收入的角度看，总收入到最后无外乎两种去向，要不就是消费，要不就是储蓄（S），即

$$AE=C+S \tag{2.19}$$

根据总收入等于总支出的关系，可知

$$C+I=C+S \tag{2.20}$$

两边都消去 C，即

$$I \equiv S \tag{2.21}$$

这就是两部门中的投资－储蓄的恒等式。

2. 三部门

如果一国经济中还有政府的参与，则出现了第三个部门。这时候，情况变得稍微复杂了一些。

从总支出的角度看，除了前面的消费支出和投资支出之外，还多出一个政府的支出 G，即

$$AE=C+I+G \tag{2.22}$$

从总收入的角度看，一个国家居民的收入，先是给政府交税 T，然后才用于消费 C，剩下的才是储蓄 S。所以有

$$Y=C+S+T \tag{2.23}$$

根据总收入等于总支出的关系，有

$$C+I+G=C+S+T \tag{2.24}$$

化简后可以得到

$$I \equiv S+(T-G) \tag{2.25}$$

这里的 $T-G$ 是什么呢？ T 是政府的收入， G 是政府的支出，收入减去支出，不就是政府的储蓄吗？那么等式的右边就是居民的储蓄 S 加上政府的储蓄 $T-G$。这个等式仍然是投资等于储蓄，不过是多了一个储蓄的主体政府而已，依然体现了投资等于储蓄的恒等关系。

3. 四部门

如果一个国家的经济是处于开放环境之中的，还有国外经济主体的参与，这就出现了第四个部门。这时候，情况就变得更加复杂一些了。

从支出的角度看，除了上述的消费支出 C、投资支出 I 和政府支出 G 之外，还多了一个外国的支出，对本国来说就是出口 X。所以

$$AE=C+I+G+X \tag{2.26}$$

从收入的角度看，一个国家的国民收入先交给政府税收 T 后，才用于消费 C，当国内的消费不能够满足人们的需要之后，还需要消费国外的产品或劳务，即进口 M，剩下的才是储蓄，所以有

$$Y=C+S+T+M \tag{2.27}$$

根据总收入等于总支出的关系，有

$$C+I+G+X=C+S+T+M \tag{2.28}$$

经过化简后可以得到：

$$I\equiv S+(T-G)+(M-X) \tag{2.29}$$

这里等式的右边多的一个 $M-X$ 是什么呢？是进口减去出口的差额，即净进口。如果为正的话，就是本国的收入流到了国外，对本国来说是负储蓄，对外国来说就是外国对本国的外汇储蓄。如果为负的话，就是外国的收入流入了本国，成为本国的外汇储蓄。所以，这个等式依然体现了投资等于储蓄的恒等关系，只不过是又多了一个储蓄主体而已[①]。

2.2　消费、储蓄与投资

如前所述，宏观经济学四个行为主体中，家庭和企业是最为基础的两个主体，其消费、储蓄与投资行为决定了宏观经济中消费总量、储蓄总量和投资总量，是宏观经济均衡的非常重要的一个环节。

2.2.1　消费

在现实生活中，影响居民个人或家庭消费的因素是很多的，如收入水平、消费品的价格水平、消费者个人的偏好、消费者对其未来收入的预期、甚至消费信贷及其利率水平等，但其中最重要的无疑是居民个人或家庭的收入水平。

消费函数是指消费支出与决定消费的各种因素之间的依存关系。宏观经济学假定消费及其消费的规模与人们的现期可支配收入存在着稳定的正相关关系[②]。所以，这里的消费函数

---

① 有的教材还考虑存在国际的捐款等转移支付的情况，于是国民经济恒等式变为 $I=S+(T-G)+(M-X+K_r)$。

② 这仅仅是凯恩斯消费理论的观点，有关消费的其他理论观点，可以参考其他宏观经济学教材。

是指消费支出与可支配收入之间的函数关系。如果以 C 代表消费，以 Y 代表可支配收入，则上述关系可以用公式表示为

$$C=C(Y) \tag{2.30}$$

如果把该函数视作一个简单的线性函数，则其表达式为

$$C=a+bY \tag{2.31}$$

式中的 $a>0$，是一个常数，在宏观经济学中被称为自发性消费，其含义是，居民个人或家庭的消费中有一个相对稳定的部分，其变化不受收入水平的影响。

上式中的 bY 在宏观经济学中被称为诱致性消费，是居民个人或家庭的消费中受收入水平影响的部分，其中 b 作为该函数的斜率，且 $0<b<1$。这一斜率在经济上被称为边际消费倾向（marginal propensity to consume，MPC），是指消费增量与收入增量的比率。根据定义有

$$\text{MPC}=\Delta C/\Delta Y^{①} \tag{2.32}$$

一般来说，边际消费倾向介于 0 到 1 之间，即 $0<\text{MPC}<1$，说明人们的收入增加会增加消费，但并不会全部用来消费。

消费总量与收入总量的比率，称为平均消费倾向（average propensity to consume，APC）。根据定义有

$$\text{APC}=C/Y \tag{2.33}$$

在横轴为收入 Y、纵轴为消费 C 的坐标系中，消费函数 $C=a+bY$ 是斜率为 b、与纵轴截距为 a 的一条直线。如图 2-4 所示，边际消费倾向即为直线的斜率，平均消费倾向则是消费曲线上的每一点与原点连成的射线的斜率。注意，这些射线的斜率都大于消费曲线的斜率，即平均消费倾向大于边际消费倾向（APC>MPC）。

消费曲线与 45°线相交的 E 点表示全部收入用于消费，在 E 点的左边，表示收入小于消费，出现了负储蓄；在 E 点的右边，表示收入大于消费，存在正储蓄。

如果消费函数 $C=C(Y)$ 呈非线性状态，其图形一般如图 2-5 所示：一条凹的消费曲线，其斜率是递减的，说明消费随着收入的增加而递减，即消费增加的速度慢于收入增加的速度，这就是边际消费倾向递减规律。凯恩斯消费理论认为，边际消费倾向递减规律正是消费需求不足和生产过剩经济危机的根本原因，也正是第 1 章导入案例中节俭悖论的具体反映。

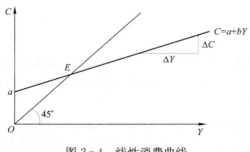

图 2-4　线性消费曲线

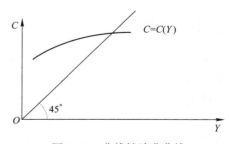

图 2-5　非线性消费曲线

---

① 如果消费函数是连续可微的函数，则 $\text{MPC}=dC/dY$。

2.2.2　储蓄

储蓄是指一个国家或地区一定时期内居民个人或家庭收入中未用于消费的部分。同样，影响储蓄的因素是很多的，如收入水平、财富分配状况、消费习惯、社会保障体系的结构、利率水平等，但其中最重要的无疑是居民个人或家庭的收入水平。因此，宏观经济学假定储蓄及其储蓄规模与人们的收入水平存在着稳定的函数关系。如果以 S 代表储蓄，以 Y 代表收入，则上述关系可以用公式表示为

$$S=S(Y) \tag{2.34}$$

储蓄是收入减去消费后的余额，即 $S=Y-C$。在线性条件下，$C=a+bY$，代入前式有 $S=Y-(a+bY)$，经整理则有

$$S=-a+(1-b)Y \tag{2.35}$$

同样，储蓄函数也有边际储蓄倾向和平均储蓄倾向两个概念。平均储蓄倾向（average propensity to save，APS）是指储蓄总量与收入总量的比率，简称 APS。根据定义有

$$APS=S/Y \tag{2.36}$$

边际储蓄倾向（marginal propensity to save，MPS）是指储蓄增量与收入增量的比率。根据定义有

$$MPS=\Delta S/\Delta Y^{①} \tag{2.37}$$

在几何上（见图 2-6），储蓄曲线的图形乃是斜率为 $1-b$、与纵轴的截距为 $-a$ 的一条直线。由于 $0<b<1$，$1-b$ 也处于 0 到 1 之间，即 $0<1-b<1$。储蓄曲线与横轴相交于 F 点，表示储蓄为 0。在 F 点的左边，表示储蓄为负，在 F 点的右边，表示储蓄为正。在图中，边际储蓄倾向即为直线的斜率，平均储蓄倾向则是储蓄曲线上每一点与原点连成的射线的斜率。注意，这些射线的斜率都小于储蓄曲线的斜率，即平均储蓄倾向小于边际储蓄倾向（APS<MPS）。

如果将储蓄曲线与消费曲线相结合，则两者在纵截距上一个是正 a，一个是负 a；两者的斜率一个是 b，一个是 $1-b$；消费曲线与 45°线的交点 E 对应着储蓄曲线与横轴的交点 F，都表示消费 C 等于收入 Y，储蓄为零。

如果储蓄函数 $S=S(Y)$ 为非线性状态，其图形一般如图 2-7 所示。这是一条凹的曲线，其斜率是递增的，说明边际储蓄倾向是递增的。这与边际消费倾向递减是相互对应的。

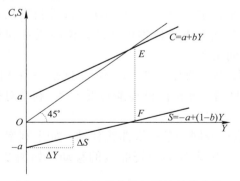

图 2-6　线性消费曲线与线性储蓄曲线

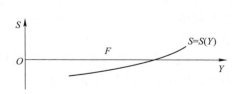

图 2-7　非线性储蓄曲线

---

① 如果储蓄函数是连续可微的函数，则 MPS=dS/dY。

应当注意的是，对收入来说，储蓄函数与消费函数为互补函数，即 $Y=C+S$。两者之中，只要一个确定，另外一个就随之确定。

如果在式 $Y=C+S$ 两边同除以 Y，有 $Y/Y=C/Y+S/Y$，即：

$$APC+APS=1 \tag{2.38}$$

同理，有 $\Delta Y=\Delta C+\Delta S$；如果在两边同除以 ΔY，则有 $\Delta Y/\Delta Y=\Delta C/\Delta Y+\Delta S/\Delta Y$，即：

$$MPC+MPS=1 \tag{2.39}$$

根据以上关系可以推断，若边际消费倾向 MPC 有递减趋势，那么边际储蓄倾向 MPS 必将有递增趋势，随着收入的增加，人们的储蓄总量占收入总量的绝对比例也呈递增状态，即平均储蓄倾向 APS 也有递增趋势。

2.2.3 投资

在现实经济中，影响投资的因素是很多的，如货币供求状况、利率水平、投资品的价格水平、投资者个人的资金状况、投资者对投资回报的预期，甚至一个国家或地区的投资环境等，但就私人投资来说，其中最重要的无疑是利率水平的高低。因此，宏观经济学假定投资及其投资的规模与一定时期的利率水平存在着稳定的函数关系[①]。如果以 I 代表投资，以 r 代表利率，则上述关系可以用公式表示为：

$$I=I(r) \tag{2.40}$$

如果把该函数视作一个简单的线性函数，则其表达式为

$$I=e-dr \tag{2.41}$$

式中的 $e>0$，是一个常数，在宏观经济学中被称为自发性投资。$-dr$ 在宏观经济学中被称为诱致性投资，其中 $d>0$，在宏观经济学中被称为投资系数，其数值的大小反映了利率的变化对投资影响的程度。d 前面的负号，说明其斜率是小于零，即投资是利率的减函数，投资是随着利率的提高而减少的。这是因为利率作为投资的机会成本，成本越高，当然投资越少。在横轴为投资 I、纵轴为利率 r 的坐标中，如图 2-8 所示，线性投资函数的图像是一条向右下方倾斜的曲线，说明投资和利率之间成反向关系。

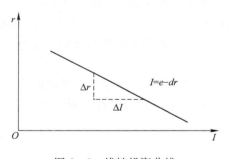

图 2-8　线性投资曲线

如果投资函数 $I=I(r)$ 呈非线性状态，则其图形一般如图 2-9 所示。这是一条凹的曲线，说明其斜率为负值，且是递减的。这是因为随着利率的降低逐渐趋近于 0，利率对投资的影响越来越大。

在图 2-9 中，随着利率水平的变化，投资量沿着同一条投资曲线移动。如果利率水平不变，由其他因素引起的投资量变动，在坐标系中则表现为投资曲线的移动。如图 2-10 所示。

---

① 有关投资的更深入讨论可以参考其他宏观经济学教材。

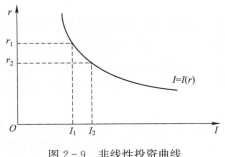

图 2-9　非线性投资曲线

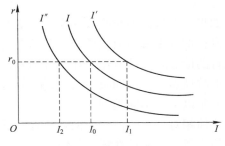

图 2-10　投资曲线的移动

2.3　财政收支与财政政策

虽然各国的财政制度各不相同，但在一些基本的运行方式和规则上还是基本相似的。一般来说，一个国家的财政制度都分为收入和支出两个方面。

2.3.1　财政收入与支出

财政收入包括税收收入和公债收入两项；财政支出包括政府购买支出和转移支出两项。

1. 税收

税收是一个国家财政收入的主要来源。国家财政收入的增长，在很大程度上来源于税收的增长。它是政府为了公共利益而强制占有的一部分国民收入。

各个国家征收的税收各不相同。大致地，根据征收的对象不同，税收分为流转税、所得税和财产税三种。流转税又分为资源税、增值税、营业税、消费税、关税等。所得税又分为个人所得税和公司所得税两种。财产税可以分为房产税、遗产税等。

根据税收的承担人不同，税收分为间接税和直接税两种。所谓的直接和间接，是针对纳税人而言的，如果纳税人无法将税收转移给他人，必须自己承担的税收称为直接税，如所得税、财产税；如果纳税人可以将税收转嫁给他人，自己并不承担的税收就是间接税，如资源税、营业税、增值税、消费税等流转税。

根据征税的方式不同，税收可以分为从价税和从量税两种。从价税是按照货物价格的比例征收，随着物价水平的变动而变动；从量税是按照货物的数量征税，不随物价的变动而变动。

按照税率的不同，税收可以分为定量税、比例税、累进税和累退税。定量税的数量是固定的，与征税对象的数量无关；比例税是按照一定的比例对征税对象的数量进行征收，但税率是不变的。累进税的税率是随着征税对象的数量增加而提高的，如所得税、财产税等；累退税的税率是随着征税对象的数量增加而降低的，如社会保险税。

税收政策从两个方面对宏观经济产生影响。其一，税收减少人们的可支配收入，进而会影响到人们的消费和储蓄决策；其二，政府对企业征税会提高商品和服务的价格，进而影响宏观经济。所以，税收也可以成为重要的宏观经济政策工具。

2. 公债

如果一个国家的税收收入无法满足其财政支出需要的话，可以考虑向国内外的公众和投资者发行债券来筹措财政资金。公债是指政府借的债，中央政府发行的债券叫国债，地方政府发行的债券就叫地方债。在西方国家，地方政府发行的债券一般用于市政建设，因此，又称为市政债券。根据期限的长短，公债可以分为短期（一年以下）、中期（一年到五年）、长期（五年以上）不同类型。

公债相对于企业债券来说，具有以下的优点。第一，安全性高。政府的信用等级一般是最高的。第二，流动性强。公债的二级市场十分发达，转让非常方便。第三，免税待遇。大多数国家对购买其公债的收益是免征所得税的。

公债除了补充财政收入的作用之外，还具有货币政策的效应，因为公债的发行会减少货币市场上的货币数量，而货币数量减少会导致货币的利率上升，进而起到影响投资需求和总需求的作用。另外，中央银行通过买卖公债也可以达到控制货币供给量的作用，这就是后面2.4节中讲的公开市场业务。所以，公债也成为一项重要的宏观经济政策工具，不过是主要在货币市场发挥作用。

3. 政府购买支出

政府购买指政府对商品和劳务的购买，包括购买军用品、政府办公用品、政府雇员的薪金、各种公共工程的建造等。由于这是政府对实际商品和劳务的购买，直接形成了社会的总需求和实际购买力，因而成为一项重要的财政政策工具。

4. 政府转移支付

政府转移支付是指将政府的收入转移给政府以外的人，主要是根据社会福利制度需要转移给需要社会救助的人群，如失业、伤残、贫困、老幼、受灾等需要救助群体的救济和补贴。这些支出最终都会落到居民的手中，成为其可支配收入的一部分，形成社会购买力和总需求。所以，政府转移支付也成为一项重要的政策工具。

2.3.2 财政政策

财政政策是指政府通过财政收支的变动（如政府购买、政府转移支付、税收等），改变产品市场上的总需求，以实现一些特定的宏观经济目标的政策措施。所以，财政政策的三大政策工具是政府购买、政府转移支付和税收。

1. 自动稳定器

财政政策具有内在稳定器的作用。它是指某些财政政策工具能够自行纠正经济活动出现的偏差，减少各种干扰对国民经济冲击的机制。财政政策的这种内在稳定功能主要通过下述三项制度得以发挥。

（1）所得税。经济繁荣时期，收入增加、税率递增，使得政府税收增长快于国民收入的增长，从而可以有效地抑制社会总需求，避免过度繁荣；经济衰退时，总收入下降，税率也随之下降，税收比国民收入下降更快，从而有助于缓和衰退，促进经济复苏。

（2）政府转移支付。当经济繁荣时期，失业率降低，工资上升，政府发放的失业救济金和贫困救济金减少，从而抑制消费增加；当经济衰退时，失业率增加，工资下降，失业救济金和贫困救济金增加，从而刺激消费增加。因此，具有稳定经济的功能。

（3）农产品价格维持制度。政府对农产品价格的补贴支持政策，具有稳定经济的功能。

当经济衰退时期，总需求不足，农产品市场的完全竞争特点使得农产品价格的下降幅度很大，政府按支持价格给农民补贴，可以避免经济的进一步下滑。

但是，自动稳定器对总需求的调节作用是有限的，对宏观经济的调节主要还是要靠相机抉择的财政政策。

2. 相机抉择的财政政策

相机抉择的财政政策，也被称作斟酌使用的财政政策或补偿性的财政政策，是指政府根据对客观经济形势的分析，主动变动政府支出和收入来调节总需求，从而维持宏观经济的稳定。

当经济处于衰退时，政府可以采取扩张性财政政策（expansionary fiscal policy），即通过提高财政支出或减少财政收入的办法以扩张社会总需求，包括增加政府购买、增加转移支出和减少税收；但经济处于膨胀时，政府可以采取紧缩性财政政策（contractionary fiscal policy），即减少财政支出或提高财政收入的办法以压缩总需求，包括减少政府购买、减少转移支出和增加税收。如此看来，相机抉择的财政政策就是要"逆经济风向行事"。

上述自动稳定的和相机抉择的财政政策工具，在不同的政策方向下，其操作如表 2 - 4 所示。

表 2 - 4　财政政策政策工具的操作

	扩张性	紧缩性
相机抉择	增加政府支出 增加转移支出 减少税收 或同时并举	减少政府支出 减少转移支出 提高税收 或同时并举
自动稳定器	所得税 转移支付	所得税 转移支付

3. 预算平衡与功能财政

凯恩斯理论问世前传统的财政原则和目标是追求财政预算年度平衡，即不出现大规模的财政赤字，也不出现大量的财政盈余，每年的财政收支大致相等。相机抉择的财政政策则无法保证财政预算平衡。因为在经济萧条时期，要扩大政府开支、减少政府税收，必然会出现财政赤字；而在经济繁荣时期，要减少政府开支、增加政府税收，可能会出现财政盈余。

现代的财政原则不再以预算平衡为目标，而是以无通货膨胀的充分就业为目标，实行功能财政。在经济萧条时期，政府实行扩张性财政政策，以实现充分就业。如果预算起初有盈余，政府可以减少盈余甚至不惜出现赤字；如果起初有赤字，可以有更大的赤字。在经济繁荣时期，政府实行紧缩性财政政策。一方面减少通货膨胀，另一方面可以产生预算盈余，用以偿还实施扩张性财政政策时期留下的债务。只要在一个经济周期之中，可以用繁荣时期的财政盈余弥补萧条时期的财政赤字，实现经济周期中的政府收支平衡，即周期预算平衡。

如果一个经济周期中，财政盈余仍然无法弥补财政赤字，还可以采取发行公债的办法来弥补财政赤字。但是许多经济学家认为公债是个负担，是加在下一代人身上的负担，是提前支取下一代人的收入。不断地举新债还旧债，债台高筑，最终可能迫使政府多印纸币，造成通货膨胀。也有一些经济学家认为，公债的问题比想象中要小得多。对于公众而言，既是公债的债权人又是纳税人，所以是自己欠自己的债，一笔勾销。国家会长期存在，完全可以用发新债还旧债，不存在一次性还债的压力。但是，事实上许多国家发生了债务危机。

【实例链接】　　　　　　**主权债务危机**[①]

2008 年全面爆发的金融危机本质就是债务危机，后来发展至信用危机。这次危机的源头是美国的次级贷款危机，其规模仅是近万亿美元。一个不足万亿美元规模的债务危机就把全世界拖入了百年难遇的大危机之中，可以看出过度杠杆化的债务型经济对于世界的危害。在 2008 年的危机发生后，银行和私人部分去杠杆化，但是全球政府部门却在快速地、更大程度地杠杆化，以解救危机。所谓解救危机，只不过是把私人部门的债务转移至政府部门，以国家信用来代替私人信用而已。

一般而言，一个国家的经济危机不外乎债务太重或财赤过高，使国家资不抵债或缺乏还债能力，最终或导致破产。如果将整个国家与政府的外债作比较，政府的外债占整个国家的外债水平约为 1/10 至 1/5，份额不高。换句话说，尽管政府财政健康，但若银行体系负债过高或更甚出现破产，政府很可能需要为银行体系做后盾，蒙上极大风险。

2008 年爆发的危机 2009 年已基本结束，但是问题的根本和实质没有触动，且在深度和广度上还在扩大。现在，全球许多经济体的债务风险都在累积之中，其规模是美国次贷危机规模的几十倍之多。全世界的债务可能已经膨胀到危险水平。如果未来全球经济发展停滞，那么全球的经济规模根本就不足以容纳这么多海量的货币和巨大的债务规模，那时候全球的主权债务危机可能就一触即发。

2008 年 10 月金融危机爆发之际，冰岛几近国家破产，已说明国家信用不是无限的，而是有限度的。同样在 2009 年年底，沙特、墨西哥相继爆发主权债务危机。欧元区成员国的债务危机像多米诺骨牌一般接连爆发。从外债水平看，较高且呈恶化趋势的有希腊、比利时、匈牙利、荷兰及爱尔兰；而让人忧虑的是，英国、葡萄牙、瑞典、芬兰、西班牙等国家的情况也很不妙。这个成立了近 20 年的区域经济体，正经历着一场前所未有的大考验。

如果说上述发生了主权债务危机的都是相对较小的经济体，那么大国同样可能爆发主权信用危机。此前，由于英国的债务负担沉重，多家世界著名评级机构多次警告可能下调英国的主权评级。2009 年 12 月 30 日，标准普尔则表示，若日本政府不能稳定且逐步降低该国激增的债务，那么日本 AA 主权评级也有被下调的风险。那么，作为世界唯一的"超级经济体"——美国的情况能否例外呢？答案是否定的。虽然 2009 年几大著名的评级机构尚未下调美国的主权评级，但是对于美国的主权评级提出警告的声音一直不绝于耳。

2009 年美国主权信用隐藏的风险已经非常之大，而且还在酝酿发展之中。美国的信用风险来自三个方面。一是巨额财政赤字和高筑的债台；二是美联储过度宽松的货币政策；三是美元在世界范围内的泛滥。根据美国财政部 2009 年 10 月 16 日公布的数据，在截至 9 月 30 日的 2009 财政年度，美国政府财政赤字达到创纪录的 1.42 万亿美元，相当于美国 GDP 的 10%，为第二次世界大战以来最高水平。截至 2009 年 5 月，美国国债余额更高达 11.2 万亿美元。就在美国债台高筑时，为了刺激经济，美联储的资产负债急速膨胀，由 2007 年 6 月的 8 993 亿美元扩展至 2009 年 12 月底的 2.219 万亿美元。与此同时，全球其他经济体

---

① http://www.financeun.com./news/20100428/0859258018.shtml.

握有的美元债务更是惊人。

2010年2月8日出版的《福布斯》杂志封面以"全球债务炸弹"为题，对全球债务持续膨胀现象进行了探讨。分析认为，一方面因债务国财政收支境况差，不得不"借债度日"；另一方面因经济衰退导致政府必须发更多债，依靠公共开支刺激经济。对全球来说，如果各国GDP不能以正常的速度保持增长，新旧债务必然压制经济增长，而低增长又让偿还债务陷入难以为继的恶性循环，这是一种可怕的结局。为了防止陷入债务危机的恶性循环，负债大国必须约束自己和改变不良开支行为。一旦大量债务到了偿还期限却无力偿还之时，就会重演类似迪拜一样的债务危机，导致美国等一批债务国"走向地狱"。

2.4 货币供求与货币政策

2.4.1 货币的需求

货币需求是指人们想要持有一定数量货币的主观意愿。但是持有货币是有成本的，持有货币必须放弃获得货币收益的机会。那么，人们为什么想要持有一定数量的货币？这是因为货币是一种最为灵活的资产，被称为流动性偏好或灵活偏好（liquidity preference，LP）：人们持有货币的偏好。货币是流动性和灵活性最大的资产，随时可做交易之用、预防不测之需和投机。货币的流动性或灵活性使得人们愿意牺牲利息收入而持有货币。

1. 货币的交易需求

人们持有货币的最基本动机是为了便于交易产品和劳务。为了交易目的而持有的货币需求被称作"货币的交易动机"（transactionary motive for money），也称作货币的交易需求。很明显，货币的交易需求主要取决于国民收入的水平。

2. 货币的谨慎需求

货币的谨慎需求或预防性需求（precautionary motive for money）是指人们为了应付突发性事件、为预防意外支出而持有一定数量的货币。对于个人来说，取决于对风险的态度；对社会来说，则与收入成正比。

货币的交易需求和谨慎需求是两个既有联系又有差异的需求。前者是在确定条件下的需求，后者是在不确定条件下的需求，两者的相同之处便都是为了实现交易而产生的对货币的需求。所以，这两种需求往往是合二为一地称为货币的交易需求 L_1，决定于国民收入 Y，即：

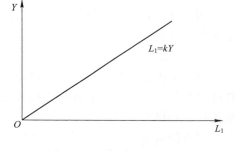

图2-11 货币的交易需求

$$L_1 = L_1(Y) = kY \qquad (2.42)$$

式中，k 为货币需求的收入敏感度。其经济含义是收入 Y 变动一个单位，货币需求的变动幅度。

货币的交易需求 L_1 如图2-11所示。

3. 货币的投机需求

货币的投机需求（speculative motive for money）是指人们为了投资于债券、股票、房产等收益性资产获取投机利益而持有部分货币的动机。这种投资机会取决于利率的高低，如果利率升高，各种收益性资产的价格会降低，获利机会减少，货币投机需求下降；如果利率降低，各种收益性资产的价格会升高，投机的机会变大，货币投机需求升高，但如果利率极低，人们认为利率不可能再降低，各种资产的价格也不可能再上升了，人们会将所有收益性资产全部换成货币。不管有多少货币，都愿意持有在手中，以免收益性资产价格下跌遭受损失，即流动性偏好趋向于无穷大。这就是凯恩斯所称流动性陷阱，也称作凯恩斯陷阱。所以，货币的投机需求 L_2 是利率 r 的函数，与利率负相关，即

$$L_2 = L_2(r) = A - hr \tag{2.43}$$

式中，A 表示利率为 0 时的货币需求量；h 为货币需求的利率敏感度，其经济含义是利率变动一个单位，货币需求的变动幅度。h 前为负号，说明货币需求和利率成反向变动。

其图形如图 2 - 12 所示。

4. 货币的总需求

货币总需求是前面交易需求 L_1 和投机需求 L_2 之和。如图 2 - 13 所示货币总需求既取决于国民收入 Y 的大小，也与利率 r 的高低相关，即

$$L = L_1 + L_2 = kY - hr \tag{2.44}$$

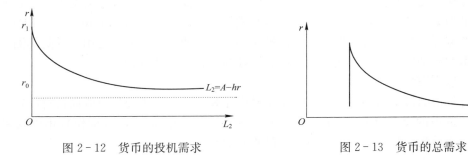

图 2 - 12　货币的投机需求　　　　　　　图 2 - 13　货币的总需求

2.4.2　货币的供给

所谓货币供给量，是指一国经济流通中的货币量，亦称货币流通量。但是，流通的货币有不同的形式，而且不同货币形式之间经常性地发生转换和变动，要弄清货币流通数量需要了解货币流通的问题。

1. 货币形态

货币是由中央银行发行的、政府以法律形式保证其在市场上流通的一般等价物。其本质特征就是作为支付手段普遍被人们接受。货币的本质特征决定其具有三种职能：交换媒介、价值尺度和储存手段。

西方经济学家按照货币的流动性的大小，将货币区分为 M0、M1 和 M2。

M0 为通货，即流通中的现金（铸币和纸币）。

M1 为狭义货币，等于 M0＋单位活期存款＋个人持有的信用卡存款＋支票。其特点是具有完全的流动性，需要时即可投入购买和支付，迅速方便。一般来说，M1 的货币形式没有利息或只有很低的利息收入。

M2 为广义货币，不仅包括 M1 的那部分货币形式，还包括小额定期存款、债券、商业

票据、大额可转让定期存单、货币市场共同基金等资产性货币的总和。其特点是具有不完全的流动性，是准货币。但是，只要符合一定条件，就可以转化。

这些货币的不同形态，分别具有不同的特征。狭义货币一般同时具有货币的交换媒介、价值尺度和储藏手段三大职能；与经济状况的相关程度高，但对货币政策的反应不敏感；广义货币则不同，它们一般只具有货币的储藏手段，有较高的增值机会，对货币政策的反应比较灵敏，但与经济即期状况相关度稍低。

2. 银行体系

虽然狭义货币是由中央银行发行的，但中央银行并不能完全控制广义货币的数量。广义货币数量是指在某一时点的货币供给总量，是由整个银行体系所决定的。中央银行可以影响但却无法单独决定货币供给量。

现代的银行体系由中央银行和商业银行构成。商业银行是主要对居民和企业开展存贷业务为主的银行。吸收存款是其负债业务，发放贷款和投资是资产业务，还有一些为顾客办理支付等收取手续费的中间业务。

中央银行并不对公众的金融提供服务，而是以商业银行和政府财政为服务对象，是一个国家最高金融当局统筹管理全国的金融活动，实施货币政策影响经济。中央银行的职能主要有三个：第一，发行的银行，承担国家货币的发行工作；第二，银行的银行，为商业银行提供贷款（票据贴现和抵押贷款等）和存款（集中保管商业银行的存款准备金），并为商业银行之间提供结算；第三，政府的银行，代理财政部门的账户管理，为财政提供所需资金，代表政府与外国发生金融业务，制定和执行货币政策，监督和管理全国金融市场的活动。有时候还存在一些政策性银行，它往往是为了支持国家重要产业提供政策性的贷款业务，自身不负责盈亏，盈亏由国家负责，不像商业银行是一个经济实体。

对于商业银行来说，对货币供给量的影响主要表现在存款准备金率上，即银行吸收存款中没有用于放款的比率。存款准备金率越高，商业银行的信用创造能力越低，对货币供给量的影响也就越小。对于中央银行来说，对货币供给量的影响表现在对基础货币的控制上。基础货币包括流通中的现金、商业银行超额储备和中央银行对商业银行系统的负债总额三部分，是银行系统创造货币的基础。中央银行通过控制基础货币量的增减变化，来影响货币供给量的多少。

当然，普通公众也对货币供给量有一定的影响，它们对货币供给量的影响主要表现在存款率，即所得收入用于存款的比率，存款率越高，公众对货币供给量的影响越小。

3. 存款创造货币

商业银行对货币供给量产生影响，是因为商业银行的存款可以创造出货币来。商业银行的存款创造有两个原因。第一，部分准备金制度。商业银行的准备金有法定准备金和超额准备金之分。法定准备金是指商业银行按照中央银行规定的"法定准备金率"对其所接受的存款按一定比例必须保有的金额，法定准备金一般表现在中央银行的负债方的项目；超额准备金是指商业银行持有的超过法定准备金的部分，也称过度准备金。第二，非现金结算制度。在非现金结算制度下，所有经济（支付）往来均通过开出银行支票的形式，或转账的办法进行结算。只要在商业银行开立活期存款账户（可开支票的），则所有支付结算业务由银行来完成，因此人们对现金的需要转而成为对存款的需要，银行才具备创造存款这一能力。

为说明存款的创造过程，参看表 2-5 所示的例子。

表 2－5　存款的创造过程之例

银行 ＼ 业务	存款 D (D＝R＋C)	准备金 R (R＝rD，r＝20%)	贷款 C (C＝D－R)
A 银行	100 万元	20 万元	80 万元
B 银行	80 万元	16 万元	64 万元
C 银行	64 万元	12.8 万元	51.2 万元
⋮	⋮	⋮	⋮
n 银行	0	0	0

$$M = 100 + 80 + 64 + 51.2 + \cdots$$
$$= 100 \times [1 + (1-0.2)^1 + (1-0.2)^2 + \cdots + (1-0.2)^{n-1}]$$
$$= 100/0.2 = 500（万元）$$

从上例可见，新增存款 100 万元，会创造出新的贷款 400 万元。这种贷款如全部在支票账户上，它们都是 M1，因此，存款会创造出更多的存款。这就是存款创造或货币创造。存款总额与原始存款和法定准备率之间存在一定的关系。设 D 表示活期存款总额，R 表示原始存款，r_d 代表法定准备率，则它们之间的相互关系是

$$D = \frac{R}{r_d} \qquad (2.45)$$

存款创造乘数是指增加一单位存款所创造出货币的倍数，用 k 表示，是法定准备率的倒数。

$$k = \frac{1}{r_d} \qquad (2.46)$$

如果中央银行增发一笔货币，流入公众手中并转存在银行账户上，这笔新增货币量会创造出新货币来。但是，这里的分析隐含有两个假定：第一，商业银行没有超额准备金；第二，银行客户将一切货币存入银行，支付完全以支票进行。显然，这种假定很难符合现实经济生活。在现实经济生活中，每一位银行客户都会考虑到日常生活中的零星支付而保留一部分现金；每一个商业银行考虑到要应付客户的经常性的提取现金而保留一部分超额准备金，这样的结果必须使存款创造乘数下降。

一是现金漏损。所谓现金漏损，是指银行的客户得到贷款后并不是全部存入银行，而是提留一部分现金后再存入银行，从而使得存款创造的乘数下降。设定现金漏损率为 r_c，即每一所得贷款中按 r_c 的比率扣除后再存入银行，则存款创造乘数为

$$k = \frac{1}{r_d + r_c} \qquad (2.47)$$

二是超额准备金。在现实经济生活中，各商业银行为了维持其日常业务的正常进行，一般都保留一定数额的超额准备金。这种现象，必然使货币创造乘数进一步缩小，因为银行可用来贷款的货币数量下降。若以 r_e 表示商业银行的超额储备金率，则货币创造乘数为

$$k = \frac{1}{r_d + r_c + r_e} \qquad (2.48)$$

从上式可知，一笔新增的原始存款 R，最终产生的存款总和 D 为

$$D = \frac{R}{r_d + r_c + r_e} \qquad (2.49)$$

从式（2.49）中可以看出，货币乘数的大小主要由 4 个因素决定：①法定准备率。法定准备率越高，货币乘数越小；反之，货币乘数越大。②超额准备率。超额准备金的存在相应减少了银行创造派生存款的能力，因此，超额准备率与货币乘数呈反方向变动关系，超额准备率越高，货币乘数越小；反之，货币乘数越大。③现金漏损率。现金漏损率是指流通中的现金与商业银行活期存款的比。现金漏损率与货币乘数负相关，现金漏损率越高，说明现金退出存款货币的扩张过程而流入日常流通的量越多，因而直接减少了银行的可贷资金量，制约了存款派生能力，货币创造乘数就越小。④定期存款与活期存款的比率。定期存款的派生能力低于活期存款，定期存款的法定准备率要比活期存款的法定准备率低。这样即使法定准备率不变，定期存款与活期存款间的比率改变也会引起实际的法定存款准备率改变，最终影响货币乘数。一般来说，在其他因素不变的情况下，定期存款对活期存款比率上升，货币乘数变大；反之，货币乘数变小。

2.4.3 货币政策工具

货币政策是中央银行通过改变货币供给量以影响利率，从而调节投资需求和总需求的政策工具。货币政策能够影响到许多金融变量和经济变量，如利率、股价、房地产价格、汇率等，但中心是控制货币的供给量。有利于货币供给量增加导致总需求增加的货币政策称为扩张性货币政策，亦称"松"的货币政策；减少货币供给量导致总需求减少的货币政策称为紧缩性货币政策，亦称"紧"的货币政策。

那么，中央银行主要依靠什么措施来执行"紧"的或"松"的货币政策呢？主要有三种工具：法定准备率、再贴现率和公开市场业务。

1. 法定准备率

当中央银行实行扩张性货币政策、增加市场上的货币供给时，也会增加商业银行的存款，商业银行如果用新增的存款发放贷款时，商业银行存款和商业银行外持有现金就会增加。商业银行外持有现金增加称为现金外流，它不会引起货币供给量变动，但会减少商业银行从货币供给量增加中能创造的货币供给量。商业银行从货币供给量增加中能创造的货币供给量是由货币创造乘数决定的。

根据存款创造的原理，当中央银行提高法定准备率时，各商业银行必须持有更多的存款准备金，这样商业银行就必须减少自己发放的贷款，这样做的结果会减少其存款创造的倍数，也就减少了经济中的货币供给量；相反，当中央银行降低法定准备率时，各商业银行可以减少持有的存款准备金，而增加贷款发放，这样做的结果会增加其存款创造的倍数，也就增加了经济中的货币供给量。

2. 再贴现率

贴现率又称"折现率"，是指今后收到或支付的款项折算为现值的利率，常用于票据贴现。例如，企业拥有未到期的应收票据，在到期前需要资金周转时，就可用票据向商业银行申请贴现或借款。商业银行就会按一定的利率从票据面值中扣除贴现或借款日到票据到期日止的利息，而付给余额。当商业银行将已贴现过的票据作担保，作为向中央银行借款所支付利息，这一贴现率又被称为再贴现率。再贴现率政策是中央银行重要的货币政策工具。中央银行可以通过变动再贴现率来调节货币供给量和利息率，从而促使经济扩张或收缩：中央银行提高再贴现率，商业银行就会减少向中央银行借款，商业银行的准备金减少，商业银行能发放的贷款就降低，从而导致货币供给量减少；中央银行降低再贴现率，会刺激商业银行增加向中央银行的借款，从而扩大了货币供给量。

另外，调整再贴现率还有一种所谓的"告示性效应"，即贴现率的变动，可以作为向银行和社会公众宣布中央银行政策意向的有效办法。

3. 公开市场业务

公开市场业务是指中央银行以某一时期的货币供给量指标为依据，通过在金融市场上对社会公众、企业及中央银行以外的各种金融机构买进或卖出政府债券，调节货币供应量进而影响利率的做法。

与一般金融机构从事证券买卖实现盈利目的不同，中央银行买卖证券的目的是调节货币供应量。当中央银行卖出证券时，就相应地收回部分货币，减少了包括商业银行在内的金融机构的可用资金量；相反，当中央银行买进证券时，就扩大了货币供应量。公开市场业务与其他货币政策工具相比，具有主动性、灵活性和时效性等特点：由中央银行直接控制其规模，有相当大的主动权；中央银行多买少卖、多卖少买都可以，有相当大的灵活性，对货币供给量可"微调"，也可较大幅度地调整；当中央银行发出购买或出售的意向时，交易立即可以执行，时效性强。

中央银行公开市场业务的另一种作用是影响市场利率。中央银行公开市场业务，买卖债券的数量十分巨大。中央银行大量出售债券，会使债券的价格下跌，市场利率提高，增大借入资金的费用，减少社会投资，抑制国民经济发展过程中过旺的投资和消费势头；反之，中央银行大量购买债券，则会提高债券价格，降低市场利率，增加货币供给量，刺激国民经济的扩展。

公开市场业务要能有效地被利用来作为一种货币政策工具，调节货币供给量，必须同时具备两个前提条件：一是国内有发达的金融市场；二是政府债券种类繁多，并且达到了相当大的规模。只有有了发达的金融市场，中央银行买卖政府债券才有市场，才能在买入时有人卖，卖出时有人买；只有政府债券达到了相当大的规模，中央银行系统才能通过对它的吞吐来影响全国的银根松紧情况，来左右整个金融市场的局势。

4. 三大货币政策的具体操作

根据不同的政策方向，三大货币政策工具的具体操作如表 2-6 所示。

表 2-6　三大货币政策工具的具体操作

货币政策	政策的变动	变动的结果	政策归类
公开市场业务	卖出政府债券	货币供给量减少	紧缩性
	买入政府债券	货币供给量增加	扩张性
法定准备率	提高	货币供给量减少	紧缩性
	降低	货币供给量增加	扩张性
再贴现率	提高	货币供给量减少	紧缩性
	降低	货币供给量增加	扩张性

除了这三大货币政策工具之外，中央银行还可以采取以下政策：道义劝告，即中央银行

可以利用自己在金融体系中特殊地位和威望，对商业银行及其他金融机构进行劝告，影响其贷款数量和投资方向，以达到控制货币供给的目的；直接规定分期付款的比例及期限，还可以直接制定基准利率，或规定利息率上下限；采取直接的信贷干预政策，规定信贷的数量。

2.4.4　货币政策的局限

一般来说，通货膨胀时期，实行紧缩的货币政策的效果显著。但是在经济衰退时期，实行扩张的货币政策效果不显著，因为厂商对经济前景悲观，即使央行放松银根，降低利率，投资者并不愿意增加贷款，银行也不肯轻易借贷。尤其是遇到流动性陷阱时，货币政策效果很有限。增减货币供给要影响到利率，必须以货币流通速度不变为前提。通货膨胀时期，居民希望尽快消费，货币流通速度加快，紧缩性的货币效果会大打折扣；经济衰退时，货币流通速度下降，增加的货币供给会被放慢的流通速度所抵消。所以，人们形象地将货币政策比喻为"缰绳"，可以有效地"拉住"经济过热，但却无法"推动"经济增长。

还有一个重要的问题就是货币政策的时滞问题。货币政策实施以后并不是马上产生效果，它与财政政策一样也有一个时间滞后的过程，政策从实施到奏效需要一定的时间。如果从对经济形势的认识到政策的制定，再到政策的实施，以及到发挥作用的全部时间全部考察进来，则通常把货币的政策时滞分为以下三种。第一，认识时滞。认识时滞指经济中已发生通货膨胀或萧条，需要采取政策措施到中央银行真正认识到这一点所需要的时间。这时时滞的长短与是否及时掌握经济信息和正确做出预测有关。第二，决策时滞。决策时滞指从认识到需要采取货币政策到货币政策出台并付诸实施的时间滞差。第三，奏效时滞。奏效时滞指采取货币政策措施到货币政策措施对经济活动产生直接的影响并取得效果的时间滞差。前两种时滞称为内部时滞，后一种时滞称为外部时滞。内部时滞一般较短，也易于把握；但外部时滞要复杂得多，因为各经济部门对货币政策的反应不一，所受影响有很大差异。从西方国家的经验看，外部滞差一般在 4～20 个月之内，波动性较大。

本 章 小 结

1. 宏观经济学的基础包括宏观经济统计基础和行为基础。宏观经济学的统计基础是宏观经济的核算指标；宏观经济学的行为基础是消费、储蓄、投资、政府收支、货币供求等宏观变量的微观基础。

2. 宏观经济核算指标中的核心指标是国内生产总值（即 GDP），它是指一个国家或地区在一定时期内（一般是一年或一个季度）生产出来的全部最终产品（包括产品和劳务）的市场价值总和。这还涉及名义 GDP 与实际 GDP、最终产品与中间产品、存量与流量、GDP 与 GNP 等相关概念。

3. GDP 的具体核算有生产法、支出法和收入法三种。其中，支出包括消费支出、投资支出、政府购买支出和国外净购买支出等四个方面；收入包括工资、利息、租金、利润、业主收入、间接税和企业转移支付及折旧等内容。

4. 与 GDP 相关的核算指标还有国内生产净值（NDP）、国民收入（NI）、个人收入（PI）和个人可支配收入（DPI）等指标。这些都是衡量一个国家国民收入水平的指标，即广义国民收入。

5. 根据宏观经济指标核算的收入法和支出法，可以得到宏观经济的恒等式：投资≡储蓄。具体体现为两个部门的 $I \equiv S$，三个部门的 $I \equiv S + (T-G)$；四个部门的 $I \equiv S + (T-G) + (M-X)$。

6. 消费和储蓄决定于国民收入 Y，可以通过边际消费倾向和边际储蓄倾向、平均消费倾向和平均储蓄倾向四个变量来描述消费和储蓄与国民收入之间的关系。

7. 投资主要取决于利率的高低，与利率呈反方向关系，即投资是利率的减函数。

8. 政府的财政收入主要是税收，财政支出包括政府购买支出和转移支付，三者构成了财政的三大政策工具。

9. 货币的需求分为交易需求、谨慎需求和投机需求三种。货币分为狭义货币 M_0、广义货币 M_1 和 M_2。货币供给的数量取决于中央银行与商业银行构成的银行体系，因为商业银行的存款会创造出新的货币，其存款创造乘数为法定存款准备金率的倒数。

10. 法定准备率、再贴现率和公开市场业务是货币政策的主要三大政策工具。

知识拓展

GDP 的局限性[①]

GDP 是一个重要指标，但不是万能的。正如在 1968 年，美国参议员罗伯特·肯尼迪竞选总统时所说，"GDP 可以衡量一切，但并不包括使我们的生活中有意义这种东西"。这句话就是他在竞选总统的演说中对 GDP 这个经济指标的批评。他不是经济学家，但他的这段话颇受经济学家的重视。

（1）GDP 不衡量增长的代价和方式，不衡量社会成本。人们在发展经济的时候，不可能不消耗自然资源，资源是有限的，必须得到保护和有效利用，避免过度消耗。尤其是我国，人均资源占有量远低于世界平均水平，如果当前的经济发展过度消耗了自然资源，就会对未来的经济发展造成无可挽回的重大损失和极为不利的影响，这样的发展是不可持续的。所以说，注重经济发展的同时一定要关注实现发展所付出的代价和成本，但是 GDP 指标却不能体现增长的代价和方式，不衡量社会成本。例如，采伐树木时，GDP 在增加；把污染排放到空气和水中，GDP 也在增加。根据近年来有关人员的研究证实，GDP 在中国的高速增长是用生态赤字换取的，扣除这部分损失，纯 GDP 只剩下 78%，而日本在人均 GDP 1 000 多美元时，扣除生态损失后的纯 GDP 为 86%。长期以来，我国经济增长的成本比国际水平高出许多，中国成为世界上单位 GDP 创造能耗最高的国家之一。假如按要素生产率计算，GDP 在中国的增加额中，靠增加投入取得的增长占 3/4，靠提高效益取得的增长只占 1/4，而发达国家增加额中 50% 以上是靠效益提高。

---

① 许佳，么晓敏. 论 GDP 的合理性与局限性. 金卡工程（经济与法），2008（9）.

（2）GDP 不衡量实际国民财富。GDP 是流量指标，财富是存量指标，是累计的概念。目前，经济学家们对一个国家的国民财富尽管有不同的解释，但都把固定资本存量作为它的重要组成部分。另外，GDP 只能反映当期新形成的劳动成果，不能反映财产灭失的情况。以车祸为例，在车祸中的救护、汽车修理、法律诉讼、损失赔偿、保险代理等行为都被看作是正式的职业行为，都是有偿服务。此时，即使任何参与方都没有因此而提高生活水平，甚至有些还蒙受了巨大损失，但我们的 GDP 依然在增加。在注重财富的积累方面，西方国家很值得我们借鉴，它们的 GDP 增长率不高，但是财富积累很快。

（3）GDP 不衡量资源配置的效率。促进 GDP 的增长，有不同的资源配置方式。现在我国很多地方的发展和建设是以政府为主导，倚重于扩大投资的方式，大搞形象工程、政绩工程，大搞开发区。而且这些建设项目中有相当一部分是依靠财政投资输入，大规模借债支持起来的，这些都为 GDP 的增加做出了"贡献"，却不能够增加社会的总财富和福利水平，同时还造成了社会资源的大幅度损失。可以说，在同样数量的 GDP 及其增长中，是由市场机制还是靠行政部门用行政权力去推动，往往在效率方面产生着大相径庭的结果。

（4）GDP 是一个生产总量的指标，不衡量分配，不衡量贫富的差距。虽然中国这些年来 GDP 平均以 9％的速度增长，但是以基尼系数反映的居民收入总体性差距却逐年拉大，已经超过国际公认的承受线。同时 GDP 也不衡量就业，如资本密集型的大项目，GDP 很容易就拉上去了，但是就业的压力就相对有所提高。GDP 不衡量社会的保障，光有 GDP 的增长而没有保障面广、保障水平高的社会保障网，一旦人们退休、生病、失业，就会陷入困境。

针对传统 GDP 经济核算指标的一些缺陷，一些学者提出了绿色 GDP 的概念，新概念的提出既是理论界对传统经济理论发展和补充的需要，更是经济社会发展实践的需要。而且胡锦涛总书记也明确指出："发展经济要充分考虑自然的承载能力和承受能力，坚决禁止过度性放牧、掠夺性采矿、毁灭性采伐等掠夺自然、破坏自然的做法。"要研究绿色国民经济核算方法，探索将发展过程中的资源消耗、环境损失和环境效益纳入经济发展水平的评价体系，建立和维护人与自然相对平衡的关系。因此，建立中国绿色国民经济核算体系就是具体落实科学发展观的重要实践，同时也是中国实施可持续发展战略进程中的又一重大举措，所以应该突破传统 GDP 经济核算指标给我们的禁锢，坚持在传统的基础上勇于创新的思想，力求让更为科学合理的绿色 GDP 指标来为我们的经济发展和社会发展服务。

像经济学家一样思考

现在，让我们回到本章的导入案例，看一看经济学家是如何看待这些问题的。[①]

经济学家的分析：

从 GDP 的含义到它的计算方法不难看出，GDP 只是用来衡量那些易于度量的经济活动的营业额，不能全面反映经济增长的质量。

越来越多的人包括非常著名的学者，对 GDP 衡量经济增长的重要性发生了怀疑。斯蒂格利茨曾经指出，如果一对夫妇留在家中打扫卫生和做饭，这将不会被列入 GDP 的统计之

---

① 宏观经济学教学案例．http://www1.snut.edu.cn/jmx/jpkc/hganli.htm.

内，假如这对夫妇外出工作，另外雇人做清洁和烹调工作，那么这对夫妇和佣人的经济活动都会被计入 GDP。说得更明白一些，如果一名男士雇佣一名保姆，保姆的工资也将计入 GDP。如果这位男士与保姆结婚，不给保姆发工资了，GDP 就会减少。

德国学者厄恩斯特·B、冯·魏茨察克和两位美国学者艾墨里·B.洛文斯、L.亨特·洛文斯在他们合著的《四倍跃进》中对 GDP 在衡量经济增长中的作用更是提出了诘难，他们生动地写道："乡间小路上，两辆汽车静静驶过，一切平安无事，它们对 GDP 的贡献几乎为零。但是，其中一个司机由于疏忽，突然将车开向路的另一侧，连同到达的第三辆汽车，造成了一起恶性交通事故。'好极了'，GDP 说。因为，随之而来的是救护车、医生、护士、意外事故服务中心、汽车修理或买新车、法律诉讼、亲属探视伤者、损失赔偿、保险代理、新闻报道等，所有这些都被看作是正式的职业行为，都是有偿服务。即使任何参与方都没有因此而提高生活水平，甚至有些还蒙受了巨大损失，但我们的'财富'——所谓的 GDP 依然在增加。"基于以上的分析，三位学者深刻地指出："平心而论，GDP 并没有定义成度量财富或福利的指标，而只是用来衡量那些易于度量的经济活动的营业额。"

需要进一步指出的是，国内生产总值中所包括的外资企业虽然在我们境内从统计学的意义上给我们创造了 GDP，但利润却是汇回他们自己的国家的。一句话，他们把 GDP 留给了我们，把利润转回了自己的国家，这就如同在天津打工的安徽民工把 GDP 留给了天津，把挣的钱汇回了安徽一样。看来 GDP 只是一个"营业额"，不能反映环境污染的程度，不能反映资源的浪费程度，看不出支撑 GDP 的"物质"内容。在当今中国，资源浪费的亮点工程、半截子工程，都可以算在 GDP 中，都可以增加 GDP。

尽管 GDP 存在着种种缺陷，但这个世界上本来就不存在一种包罗万象、反映一切的经济指标，在我们现在使用的所有描述和衡量一国经济发展状况的指标体系中，GDP 无疑是最重要的一个指标。正因为有这些作用，所以说，GDP 不是万能的，但没有 GDP 是万万不能的。

 练习及思考题

一、填空题

1. 国内生产总值是指一个_____在一定_____内（一般是一年或一个季度）_____出来的全部_____（包括产品和劳务）的_____总和。

2. 国内生产净值等于国内生产总值减去_____。

3. GDP 的三种核算方法分别是_____、_____、_____。

4. 财政政策的三大政策工具是_____、_____、_____。

5. 货币需求的三个动机分别是_____、_____、_____。

6. 货币政策的三大工具分别是_____、_____、_____。

二、选择题

1. 宏观经济核算的核心指标是（   ）。

    A. 国民收入   B. 国民生产总值

    C. 国内生产总值   D. 政府财政收入

2. 应该计入今年国内生产总值的是（   ）。

    A. 今年生产的没有销售出去的汽车   B. 去年生产而今年销售出去的汽车

  C. 某人今年卖给他人的旧车　　　　D. 今年报废的汽车

3. 存折上的存量为（　　）。

  A. 存入额　　　　　　　　　　　　B. 支出额

  C. 余额　　　　　　　　　　　　　D. 不确定

4. 国内生产总值（GDP）与国内生产净值（NDP）之间的差在于（　　）。

  A. 直接税　　　　　　　　　　　　B. 折旧

  C. 间接税　　　　　　　　　　　　D. 净出口

5. 在三部门经济中，按支出法核算 GDP 的公式为（　　）。

  A. $C+I$　　　　　　　　　　　　B. $C+I+G$

  C. $C+S+T+K_r$　　　　　　　　D. $C+I+G+（X-M）$

6. 在宏观经济学中，企业的投资是（　　）。

  A. 购买股票　　　　　　　　　　　B. 购买黄金

  C. 购买债券　　　　　　　　　　　D. 购买机器

7. 要实施扩张型的货币政策，中央银行可采取的措施是（　　）。

  A. 卖出国债　　　　　　　　　　　B. 提高准备金率

  C. 提高再贴现率　　　　　　　　　D. 买入国债

8. 平均消费倾向与平均储蓄倾向之和（　　）。

  A. 大于 1　　　　　　　　　　　　B. 小于 1

  C. 等于零　　　　　　　　　　　　D. 等于 1

9. 自动稳定器的功能是（　　）。

  A. 缓解经济周期性波动　　　　　　B. 稳定收入、刺激价格波动

  C. 保持经济的充分稳定　　　　　　D. 推迟经济的衰退

10. 下列哪一项不属于基础货币？（　　）

  A. 非银行部门持有的现金　　　　　B. 活期存款

  C. 商业银行法定准备金　　　　　　D. 商业银行超额准备金

11. 中央银行在公开的证券市场上买入政府债券会使货币供给量（　　）。

  A. 减少　　　　　　　　　　　　　B. 增加

  C. 不变　　　　　　　　　　　　　D. 难以确定

12. 当法定准备率为 10%，商业银行最初吸收存款为 500 亿元时，银行所能创造的存款数量是（　　）亿元。

  A. 10 000　　　　　　　　　　　　B. 1 000

  C. 50 000　　　　　　　　　　　　D. 5 000

13. 某商业银行在 12 月共吸收 5 000 万元存款，若该行按规定将其中的 500 万元留作准备金，其余的全部放贷出去，则可以判定法定准备率和超额准备率分别是（　　）。

  A. 10%，10%　　　　　　　　　　B. 0%，10%

  C. 10%，0%　　　　　　　　　　　D. 0%，0%

14. 要实施扩张性的财政政策，可采取的措施是（　　）。

  A. 提高利率　　　　　　　　　　　B. 减少政府购买

  C. 减少财政转移支付　　　　　　　D. 增加政府购买

15. 哪一项不是目前中央银行控制货币供给的主要工具？（   ）

A. 法定准备率 　　　　　　　B. 再贴现率

C. 公开市场业务 　　　　　　D. 道义劝告

三、问答与论述题

1. GDP 概念应该从哪几个方面来理解？

2. 名义 GDP 与实际 GDP 之间的关系是什么？

3. 为什么最终产品的价值等于所有中间产品的增加值之和？

4. 存量与流量之间的关系是什么？

5. 说明 GNP 与 GDP 之间的关系。

6. 简述 GDP、NDP、NI、PI、DPI 之间的关系。

7. 国民收入恒等式是什么？在两个部门、三个部门、四个部门之间的具体形式如何？

8. 货币是如何在银行体系中创造出来的？

9. 中央银行控制货币供给量的三种主要政策工具是哪些？每种工具的含义是什么？各自的效果如何？

10. 如果甲乙两个国家合并成为一个国家，GDP 的总和有什么变化（假定两国的生产不变）？

11. 社会保险税的增加对 GDP、NDP、NI、PI、DPI 这 5 个宏观总量中的哪个有影响？

四、计算题

1. 假定一个国家某年进行了以下活动：第一，一个银矿公司支付 7.5 万元给矿工开采了 50 千克银卖给一银器制造商，售价是 10 万元；第二，银器制造商支付 5 万元工资给工人，造了一批项链卖给消费者，售价是 40 万元。分别求：①用最终产品生产法计算 GDP；②每个阶段增加了多少价值？用增加值法计算 GDP；③工资和利润各为多少？用收入法计算 GDP。

2. 假设一个国家国内生产总值是 5 000 亿元，个人可支配收入是 4 100 亿元，政府预算赤字是 200 亿元，消费是 3 800 亿元，贸易赤字是 100 亿元。求储蓄、投资、政府支出分别是多少？

第3章
总需求分析：IS-LM模型

【知识结构图】

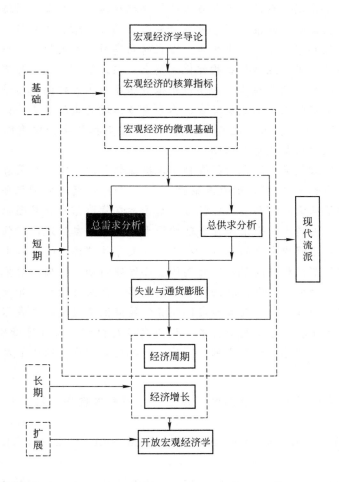

【导入案例】

积极的财政政策和稳健的货币政策为经济稳中求进保驾护航

经过40年的改革开放，中国经济已经深度融入世界经济体系，面对各种不确定性和风险挑战，合理运用财政政策和货币政策等宏观调控手段，确保了经济平稳健康运行，为我国经济转向高质量发展阶段创造了良好的宏观环境。党的十八大以来，我国坚持积极的财政政策。从 2012 年到 2017 年，财政赤字由 1.2 万亿元增加到 2.38 万亿元，营改增累计减税近 2 万亿元，取消、免征、停征和减征 1 368 项政府性基金和行政事业性收费，涉及减收金额 3 690 亿元，在减轻企业负担、增强市场活力、增添改革动力、促进民生改善等方面收到了明显效果。我们坚持稳健的货币政策，通过政策预调微调努力平衡稳增长、调结构、去杠杆、抑泡沫和防风险之间的关系，在应对经济下行压力、金融市场波动、高杠杆带来的金融风险、资产价格泡沫等重大问题上发挥了关键作用。

进入新时代，我国经济转向高质量发展阶段，经济发展主要矛盾的主要方面由需求侧转为供给侧，这就要求我国财政政策和货币政策要相应调整，主要为供给侧结构性改革这个主线服务。过去我国财政政策和货币政策主要以拉动经济增长为目标，财政政策和货币政策倾向于在大规模扩张需求总量上用力。现在转向高质量发展阶段，财政政策和货币政策旨在稳定经济增长，着力点转到结构优化调整上。在政策内容上，原有的积极的财政政策侧重于在支出方面扩大政府投资，赤字以扩张性赤字为主。转向高质量发展阶段，积极的财政政策更加侧重在收入方面减税降费，赤字更多体现为减收性赤字；稳健的货币政策内涵主要为"中性"，既不扩张，也不收缩，以实现宏观杠杆率稳中有降为目标，为打赢防范化解重大金融风险攻坚战奠定基础。

财政政策和货币政策协调配合为经济稳中求进保驾护航。财政政策和货币政策有各自功能，货币政策更有利于"稳"，财政政策更有利于"进"，两者协调配合才能充分发挥作用。稳健的货币政策从需求侧总量上稳住货币盘子，在货币信贷和社会融资规模合理稳定增长的基础上，牢牢保持人民币汇率在合理均衡水平上的基本稳定，守住不发生系统性金融风险的底线，奠定了稳中求进的基础。在货币政策守住"稳"的基础上，财政政策大展身手，着力支持供给侧结构性改革，提升实体经济发展新动能，确保对重点领域和项目的支持力度，解决突出的民生问题，加快经济体制改革，全面推动对外开放等。特别是在推动实体经济发展中，稳健的货币政策为实体经济发展提供了稳定的发展环境，通过促进多层次资本市场的健康发展，建立健全资本市场应急响应机制，有效降低实体经济的成本，从总量上为实体经济的"稳"打下基础。同时，财政政策侧重从结构上发力，为实体经济的"进"提供支撑。

为什么政府出台的经济政策会随经济形势变化而频繁调整？我们可以对此有深刻的理解。

资料来源：http://theory.gmw.cn/2018－02/28/content＿27844054.htm.

本章及第 4 章讨论国民收入决定的问题。国民收入决定理论是现代宏观经济学的中心理论，它主要解决这样几个问题：均衡国民收入、均衡利率和均衡价格如何决定？均衡国民收入主要受哪些因素影响？政府干预经济运行的理论基础何在？本章从总需求的角度给出两个国民收入决定模型及相关政策分析，第 4 章将从总需求和总供给的角度给出另一个国民收入决定模型。

3.1　简单国民收入决定模型与乘数理论

宏观经济学分析问题的脉络是由简到繁，先易后难。因此，下面先从简单经济关系与均衡收入的概念开始，对国民收入决定问题进行分析，然后介绍乘数理论。

3.1.1　简单经济关系与均衡收入

1. 简单经济关系

为了分析方便，假定简单经济关系如下。

（1）两部门经济：经济中只有居民和厂商，居民进行消费和储蓄，厂商进行生产和投资。

（2）厂商的投资是自发的，不随利率和国民收入变化，即投资为一外生变量。

（3）资本折旧和公司未分配利润为零，即总量指标中的 GDP、NDP、NI 和 PI 都相等。

（4）凯恩斯定律：不论需求量是多少，厂商都能以不变的价格提供相应的供给量。凯恩斯提出这一定律的原因有两点：一是经济萧条时，社会的生产资料过剩，当需求增加时，厂商用闲置的资源进行生产并不会提高产品成本和产品价格；二是短期中，需求变动时，厂商首先考虑调整产量而非价格。

这条定律是凯恩斯在 20 世纪 30 年代经济大危机背景下提出的，但在当今世界一些行业领域内也是成立的，如家电行业、IT 行业等。这是因为，随着科学技术水平的进步，这些行业产品的生产成本会下降，从而能以不变的价格提供足够的供给。

2. 有效需求

有效需求是指总供给与总需求相等、经济处于均衡状态时的社会总需求。凯恩斯的有效需求特指消费和投资，强调居民和厂商的自主经济行为[1]。

1820 年，马尔萨斯发表了《政治经济学原理》，提出社会有效需求不足有可能导致资本主义产生经济危机。1936 年，凯恩斯在《就业、利息和货币通论》中，建立起较完整的有效需求不足理论。凯恩斯认为，由于以下三个心理因素导致了有效需求不足。①消费倾向（边际消费倾向和平均消费倾向）递减。消费倾向越大，消费需求相对越大。②资本边际效率递减。资本的边际生产力越大，资本边际效率越大，厂商投资的预期收益越大，从而投资需求越旺盛。③流动偏好。人们更愿意保持更多的货币，而不愿意保持其他资本形态的偏好心态会造成两个结果：一是会延缓货币资本向实物资本的转化速度；二是会推高利率，引起私人投资减少。凯恩斯认为，由于存在流动偏好心态，货币供给对有效需求的影响是极其有限的。

有效需求不足理论是凯恩斯就业理论的出发点，是凯恩斯理论的核心。

3. 均衡收入

1）均衡国民收入（equilibrium NI）

均衡是一种相对稳定的状态，在均衡点，企业不会增加生产，也不会减少生产[2]。计划

---

① 国内生产总值核算中的消费、投资、政府购买和净出口实际上构成社会的总需求。由于政府购买体现了政府干预经济的行为，不属于市场行为；净出口主要由国外对本国产品的需求所决定。因此，这两部分不属于有效需求。

② 如果企业的生产超过需求，产品无法全部销售出去，会增加存货成本，积压资金，为追逐利润最大化，企业会减少生产；如果企业的生产低于需求，增加生产有利可图，企业会扩大生产。总之，在市场竞争环境中，企业会根据社会对产品的总需求来安排生产。这是凯恩斯强调的一种经济思想。

总需求与计划产出相等时的国民收入就是均衡国民收入。

在简单经济关系中，总需求只包括消费需求和投资需求，因此，均衡收入表示为

$$y=c+i \tag{3.1}$$

式（3.1）中，y 表示计划产出，c 表示计划消费，i 表示计划投资。式（3.1）成立时，y 就是均衡的国民收入。这里，y、c、i 都用小写字母，表示剔除了价格变动的实际量，而不是名义量。

2）潜在国民收入（potential NI）

潜在国民收入是指利用社会上一切资源所能生产出的产品和劳务的价值总和，即实现了充分就业的国民收入，又称为潜在收入。随着人口的增加、劳动者素质的提高、技术的进步、资本的积累及新资源的开发利用，潜在的国民收入是逐步提升的。

3）实际国民收入（real or actual NI）

实际国民收入是指核算出的国民收入，简称实际收入。如中国在某个年度国民收入核算为1万亿元人民币，则该年度的实际国民收入就是1万亿元人民币。

需要注意的是，式（3.1）中的变量都是计划量或者意愿量，而不是实际发生的量。例如，联想集团公司某年度计划生产和销售10万台计算机，价值10亿元，但社会需求是8万台，于是有2万台成为该公司的非计划存货投资。国民收入核算中的消费和投资指实际发生的量，实际产出等于计划消费与非计划投资之和。拿上述例子来说，计划消费8万台，非计划存货投资2万台。因此，实际的国内生产总值为10亿元。当然，这个产值是不稳定的，会发生变化。

下面用图3-1来概括这三个概念的区别与联系。

图3-1中，横轴表示国民收入，纵轴表示总需求或总支出（单位都是亿元，整体价格水平不变），EF 为平分对角线。假设一个国家的潜在国民收入为1 500亿元，即图中的 B 点；某年的计划需求为500亿元，产出是1 000亿元，即图3-1中的 A 点。在 A 点，由于供过于求，企业压缩产量，使产出稳定在与计划需求相等的500亿元水平上。此时，总产出与总需求（总支出）相等，均衡国民收入为500亿元，即图中的 E 点。显然，无论是在实际收入水平上，还是在均衡国民收入水平上，都没有达到潜在国民收入水平，说明社会生产资源没有得到充分利用。因此，需扩大总需求。例如，把总需求从500亿元增加到1 500亿元，产出会随之增加，从而达到潜在国民收入水平，即图中的 F 点。

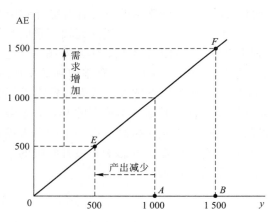

图3-1　均衡国民收入、潜在
国民收入与实际国民收入

4. 计划投资与计划储蓄的关系

均衡国民收入的条件还可以用公式表示，即

$$i=s \tag{3.2}$$

国民收入等于计划储蓄与计划消费之和（$y=c+s$），根据式（3.1）中均衡国民收入条

件，得式（3.2）。式（3.2）与国民收入恒等式①表达的意思不同。国民收入恒等式指的是，事后的实际投资（计划投资与非计划投资之和）始终等于实际储蓄（计划储蓄与非计划储蓄之和）。

3.1.2 简单收入决定模型

1. 两部门模型

两部门经济循环如图 3-2 所示。

图 3-2 中有两个部门——家庭部门和企业部门；三个市场——要素市场、商品市场和金融市场，这些市场是无形的，不属于实体经济部门②。两部门经济循环可概括为商品流和货币流：企业部门在要素市场雇用劳动和租借实物资本，向家庭部门支付生产要素成本；通过金融市场获得资金，并利用自有生产要素进行投资生产，然后销售商品获得收入；家庭部门通过要素市场向企业提供劳动和实物资本，通过金融市场向企业提供货币资本，从而获得工资、租金和利息等方面的收入。这些收入一部分用来消费（购买商品支出），另一部分用来储蓄。

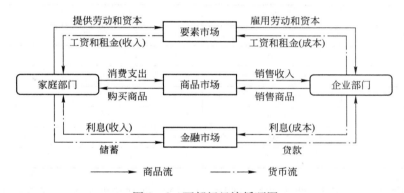

图 3-2 两部门经济循环图

在一个经济体系中，有些经济变量会减少社会上的总需求，称其为漏出；反之，如果某个经济变量带来总需求增加，则称之为注入。例如，居民增加储蓄的经济行为会减少总需求，所以储蓄是一种漏出；而企业投资会增加对产品和劳务的需求，是一种注入。

分析两部门经济中均衡国民收入的决定有两种方法：消费函数法和储蓄函数法。

1）消费函数法

总需求包括消费和投资两个因素，均衡国民收入由总需求即总支出来决定，模型为

$$\begin{cases} y = c + i & （均衡表达式） \\ c = \alpha + \beta y & （消费函数） \\ i = i_0 & （投资函数） \end{cases} \tag{3.3}$$

式（3.3）中的第一个表达式是均衡条件，表示计划产出与计划支出相等时实现均衡；第二个表达式是消费函数，表示消费由收入决定；第三个表达式是投资函数，为一常数。解

---

① 参见第 2 章相关内容。

② 需要注意，要素市场上的职业介绍所、商品市场上的零售批发商、金融市场中的金融机构等诸如此类的部门，是提供劳务的，可以归为企业部门。

式（3.3），得均衡收入

$$y=\frac{\alpha+i_0}{1-\beta} \qquad (3.4)$$

从式（3.4）可以看出，均衡收入由自主消费 α、自主投资 i_0、边际消费倾向 β 决定，当自主消费、自主投资、边际消费倾向越大时，得到的均衡收入也越大。

【例 3.1】 设我国某年的社会消费函数为 $c=100+0.75y$，自主投资为 500（单位都为亿元人民币），国家的均衡收入是多少？

解 根据均衡国民收入表达式 $y=c+i$，把消费函数和投资量代入有：$y=100+0.75y+500$，得均衡收入 $y=2\ 400$（亿元人民币）。

也可以直接使用均衡收入式（3.4）计算，得 $y=\dfrac{100+500}{1-0.75}=2\ 400$（亿元人民币）[①]。

下面用列表和作图的形式来进一步说明均衡国民收入的决定过程。

表 3-1 中给定消费函数为 $c=100+0.75y$，自主投资为常数 500 亿元人民币。

表 3-1　两部门均衡收入的决定　　　　　　　　　　　　亿元人民币

收入	消费	投资	储蓄
100	175	500	−75
400	400	500	0
1 600	1 300	500	300
2 400	1 900	500	500
2 800	2 200	500	600
3 600	2 800	500	800
4 000	3 100	500	900

表 3-1 中第一列的国民收入数据是假设的，第二列和第四列是根据消费函数 $c=100+0.75y$ 计算出的消费和储蓄。例如，当国民收入为 2 400 亿元时，消费为 1 900 亿元，储蓄为 500 亿元，计划储蓄正好等于计划投资，没有产生非计划存货投资，满足 $y=c+i$，这与例 3.1 的计算结果一致。

当实际收入为 1 600 亿元时，消费为 1 300 亿元，总支出 1 800 亿元，大于 1 600 亿元，说明总需求旺盛，企业扩大生产有利；当实际收入为 3 600 亿元时，消费为 2 800 亿元，总支出 3 300 亿元，低于总供给 3 600 亿元，出现供过于求的局面，企业减少生产是有利的。

两部门均衡国民收入的决定还可以通过图形来表示，如图 3-3 所示。

图 3-3 中，纵轴 AE 表示总支出，DE 是平分对角线，线上任一点表示总支出与总收入相等。消费曲线为 $c=100+0.75y$，由 $c+i$，得到总支出曲线 $AE=(100+500)+0.75y$。总支出曲线与 DE 的交点 E 点为均衡点。E 点上，计划总支出与计划总产出相等，均衡收入为 2 400 亿元；A 点上，计划总支出高于计划总产出，出现供不应求，企业扩大生产有利，会向均衡收入靠拢；B 点上，计划总支出低于计划总产出，出现供过于求，企业减产有利，直

---

① 对于求解均衡收入这类问题，可以通过公式法，如利用式（3.4）直接进行计算，但我们还是提倡用联立方程的思想，如模型（3.3）进行求解。这样做，一是易理解经济含义；二是当处理更复杂的国民收入决定时，不易出错。

到实现均衡。

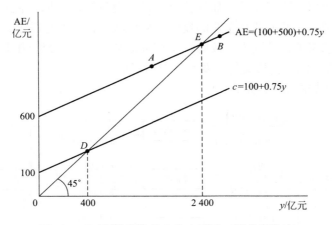

图 3-3　两部门均衡收入决定图示（消费函数法）

2）储蓄函数法

计划投资与计划储蓄相等时实现均衡。因此，也可以从储蓄函数的角度来讨论均衡收入的决定，模型为

$$\begin{cases} i=s & （均衡表达式） \\ s=-\alpha+(1-\beta)y & （储蓄函数） \\ i=i_0 & （投资函数） \end{cases} \tag{3.5}$$

在式（3.5）中，第一个表达式是均衡条件，第二个表达式是储蓄函数，第三个表达式是投资函数。解此联立方程，得均衡收入：$y=\dfrac{\alpha+i_0}{1-\beta}$。这与使用消费函数法得到的结果一致[①]。

【例 3.2】　设我国某年的社会储蓄函数为 $s=-100+0.25y$，自主投资为 500（单位都为亿元人民币），国家的均衡收入是多少？

解　根据均衡收入条件有：$-100+0.25y=500$，可得均衡收入 $y=2\,400$（亿元人民币）。

下面用图形来讨论两部门储蓄函数如何决定均衡收入，如图 3-4 所示。

图 3-4 中，纵轴表示储蓄量或投资量，储蓄函数为 $s=-100+0.25y$，投资函数为 $i=500$。二者的交点 E 点为均衡点，表示计划投资等于计划储蓄，均衡收入为 2 400 亿元；A 点上，计划投资大于计划储蓄，企业扩大生产，会使收入水平向右移动，向均衡收入靠拢；B 点时，计划投资少于计划储蓄，企业减产有利，收入水平向左移动，直到实现均衡收入为止。

图 3-4　两部门均衡收入决定图示（储蓄函数法）

2. 三部门模型

三部门包含居民、厂商和政府三个部门。政府作用主要表现在三个方面：一是向家庭部

[①]　两种方法的得出结果一样，因为模型（3.5）是从模型（3.3）演变而来的。

门和企业部门征收各种税收；二是通过要素市场向家庭部门购买劳务，如公务员、军队等；通过商品市场向企业部门购买商品，如计算机、机械设备等；三是对居民和企业进行转移支付。政府税收会减少居民的消费和企业的投资，从而减少社会的总需求，是漏出；政府购买会直接增加社会的总需求，是注入。政府转移支付也是注入，因为转移支付会增加消费需求和投资需求[①]。一般来说，转移支付主要是针对居民的。

三部门经济循环如图 3-5 所示。

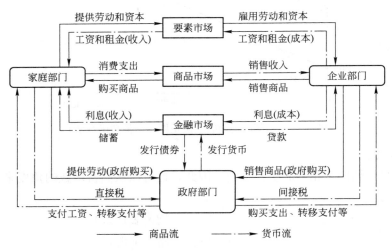

图 3-5　三部门经济循环图

现在用消费函数法和储蓄函数法来讨论三部门经济中的均衡收入是如何决定的。

1）消费函数法

三部门经济中的需求因素包括消费、投资和政府购买；假设政府购买量为一常数，则三部门经济模型为

$$\begin{cases} y = c + i + g & \text{（均衡表达式）} \\ c = \alpha + \beta y_d & \text{（消费函数）} \\ i = i_0 & \text{（投资函数）} \\ g = g_0 & \text{（政府购买支出函数）} \end{cases} \tag{3.6}$$

在式（3.6）中，由于增加了政府征税因素，消费函数中的变量收入变为可支配收入 y_d；税收一般有两种情况：一种是定量税，指税收量不随着收入变化而变化的税种；另一种是比例税，指税收量按一定税率对收入征收的税种。

在定量税情况下，消费函数成为

$$c = \alpha + \beta(y - T + t_r) \tag{3.7}$$

其中，T 为总税收，t_r 为政府对居民的转移支付。将其代入式（3.6），可得均衡收入为

$$y = \frac{\alpha + i_0 + g_0}{1 - \beta} + \frac{\beta t_r}{1 - \beta} - \frac{\beta T}{1 - \beta} \tag{3.8}$$

---

①　因为转移支付会增加人们的可支配收入，从而增加消费需求；如果政府对企业转移支付，会增加企业的利润，从而增加企业的投资需求。

从式（3.8）可以看出，均衡收入与政府购买支出 g_0、转移支付 t_r 成正向关系，与税收 T 成反向关系。即，在其他条件不变的情况下，增加政府支出，减少税收，会提高均衡收入。

在比例税情况下，消费函数变为

$$c=\alpha+\beta(y-\theta y+t_r) \tag{3.9}$$

其中，θ 为税率。结合式（3.6）和式（3.9），可得比例税情况下的均衡收入为

$$y=\frac{\alpha+i_0+g_0}{1-\beta+\beta\theta}+\frac{\beta t_r}{1-\beta+\beta\theta} \tag{3.10}$$

可见，比例税情况下，均衡收入与税率 θ 成反向关系，即提高税率会减少均衡收入，降低税率会增加均衡收入。为了分析的简便，后面所有的分析和计算中都以定量税为条件[①]。

【例 3.3】　设我国某年的社会消费函数为 $c=300+0.75y_d$，投资 500，政府购买支出 150，总税收 200，转移支付 80（单位都为亿元人民币），国家的均衡收入是多少？

解　设均衡收入为 y，根据题意，居民的可支配收入为 $y_d=y-200+80=y-120$，求得消费函数为 $c=300+0.75(y-120)=210+0.75y$。将消费、投资和政府购买代入均衡条件 $y=c+i+g$，有 $y=210+0.75y+500+150$，可得均衡收入 $y=3\,440$（亿元人民币）。

下面用图形说明，定量税情况下的三部门经济中均衡收入如何决定。以例 3.3 为例，可做图 3-6。

在图 3-6 中，考虑了定量税收和转移支付后，消费曲线变为 $c=210+0.75y$。由于增加了政府购买支出，总支出曲线从 $c+i$ 曲线平移到 $AE=(210+500+150)+0.75y$[②]。在 E 点上，计划总支出与计划总产出相等，实现了收入均衡，均衡收入为 3 440 亿元，这与例 3.3 的分析结果一致。

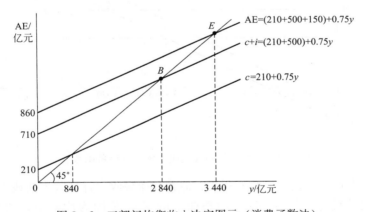

图 3-6　三部门均衡收入决定图示（消费函数法）

除了 E 点，其他各点所表示的经济状态都是非均衡的，如 B 点，计划消费与计划投资之和正好等于计划产出，如果在两部门经济中，经济正好达到均衡；但在三部门经济中，计划总需求不等于计划产出，总支出超过了总产出。因此，生产会扩大，收入会增加到均衡收入 3 440 亿元为止。

---

① 由于篇幅的问题，后面有关比例税的计算和推导过程省略，请读者自己推导演算。

② 在比例税情况下，总支出曲线的斜率相对来说小一点，请读者自己推导。

2）储蓄函数法

三部门经济中实现均衡收入，应满足 $c+i+g=c+s+t$，两边消去 c，可得 $i+g=s+t$，即

$$i=s+(t-g) \tag{3.11}$$

式（3.11）中，s 表示私人的计划储蓄，$t-g$ 可看成是政府的计划储蓄，t 表示净税收。从储蓄函数的角度，均衡收入决定模型为

$$\begin{cases} i+g=s+t & \text{（均衡表达式）} \\ s=-\alpha+(1-\beta)(y-t) & \text{（储蓄函数）} \\ i=i_0 & \text{（投资函数）} \\ g=g_0 & \text{（政府购买支出函数）} \end{cases} \tag{3.12}$$

【例 3.4】　设我国某年的储蓄函数为 $s=-300+0.25y_d$，投资 500，政府购买支出 150，总税收 200，转移支付 80（单位都为亿元人民币），国家的均衡收入是多少？

解　$s=-300+0.25(y-200+80)=-330+0.25y$，据均衡条件 $i+g=s+t$，有：$500+150=(-330+0.25y)+(200-80)$，解得均衡收入 $y=3\,440$（亿元人民币）。

利用储蓄函数法决定均衡收入的图示如图 3-7 所示（以例 3.4 说明）。

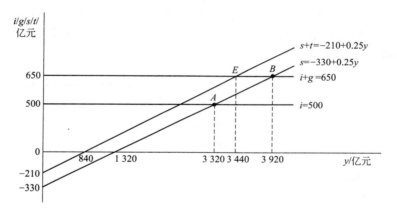

图 3-7　三部门均衡收入决定图示（储蓄函数法）

图 3-7 中，纵轴表示投资、政府购买、储蓄和净税收。计划收入曲线为 $s+t=-210+0.25y$，计划支出曲线为 $i+g=650$，两条曲线的交点 E 即为均衡点，均衡收入为 3 440 亿元。

A 点是投资曲线 $i=500$ 和储蓄曲线 $s=-330+0.25y$ 的交点，该点上非均衡，企业扩大生产有利，收入会增加到 3 920 亿元；支出曲线 $i+g=650$ 与储蓄曲线 $s=-330+0.25y$ 的交点 B 也不是均衡点，此时政府征收的净税收是 120 亿元，计划投资是 500 亿元，计划储蓄是 $s+(t-g)=650+(120-150)=620$ 亿元，计划投资低于计划储蓄，存在供过于求。因此，收入会逐渐减少到均衡收入水平 3 440 亿元。

3. 四部门模型

前面讨论的模型都属于封闭经济关系。事实上，目前世界各国的经济都有不同程度的开

放，都有对外进出口贸易部门的作用。在三部门中加上对外进出口贸易部门，即成为四部门经济。四部门经济循环图如图 3-8 所示。

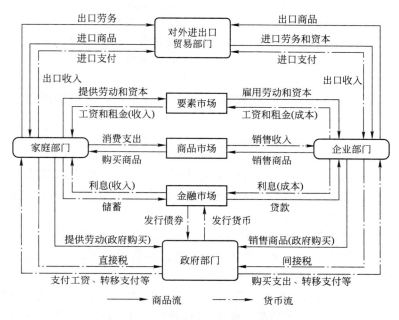

图 3-8　四部门经济循环图

图 3-8 比图 3-5 中多了对外进出口贸易部门。一方面，通过对外出口部门，国内的商品和劳务可以出口，以满足国外市场对国内产品的需求；另一方面，通过进口部门，国外的商品和劳务可输入，以满足国内市场对国外产品的需求[①]。

在四部门经济关系中，出口是注入因素，因为国外对国内产品的需求，会引起总需求增加；进口是漏出因素，因为进口代表国内对国外产品的需求，会减少对国内产品的需求。

下面讨论四部门经济关系中，均衡国民收入如何决定。从需求方面看，四部门经济包括国内消费、投资、政府购买和净出口需求，均衡收入条件为

$$y = c + i + g + n_x \tag{3.13}$$

式中 n_x 表示净出口，$n_x = x - m$。其中，出口 x 由国外的购买欲望和购买力决定，本国难以左右，假定为一个外生变量，为常数，即 $x = x_0$；进口（m）一般会随本国收入的提高而增加，是国民收入的函数，即

$$m = m_0 + \gamma y \tag{3.14}$$

式中，m_0 为自主进口，与国民收入没有关系（如某些产品本国无法生产，但本国必需）；γ 是边际进口倾向，表示国民收入增加一单位时，进口增加 γ 单位[②]。

在四部门经济中，净出口的变化同消费、投资、政府购买一样，影响均衡收入的决定过

①　此外，由于有了国际交往，还存在国家之间各种援助，即国内对国外的转移支付、国外对国内的转移支付，这些援助类似于国内间的转移支付，一般不伴随着产品的交换，是无偿的。

②　这里要注意的是，式（3.14）中的收入变量是整个国民收入，而不是消费函数中的可支配收入，因为进口的主体可以是居民，也可以是企业和政府。

程及其大小。四部门均衡国民收入决定模型为

$$\begin{cases} y=c+i+g+(x-m) & \text{（均衡表达式）} \\ c=\alpha+\beta y_d & \text{（消费函数）} \\ i=i_0 & \text{（投资函数）} \\ g=g_0 & \text{（政府购买支出函数）} \\ x=x_0 & \text{（出口函数）} \\ m=m_0+\gamma y & \text{（进口函数）} \end{cases} \quad (3.15)$$

在定量税情况下，将式（3.15）和式（3.7）联合求解，可得四部门经济中的均衡收入为

$$y=\frac{\alpha+i_0+g_0+x_0}{1-\beta+\gamma}+\frac{\beta t_r}{1-\beta+\gamma}-\frac{\beta T}{1-\beta+\gamma}-\frac{m_0}{1-\beta+\gamma} \quad (3.16)$$

从式（3.16）可以看出，均衡收入与出口量 x_0 成正向关系、与自主进口量 m_0 和边际进口倾向 γ 成反向关系。显然，增加出口、减少进口，会提高本国的国民收入，这正是各个国家经常采取贸易保护主义的理论依据所在。

【例3.5】　设我国某年的消费函数为 $c=300+0.75y_d$，投资为500，政府购买为150，总税收为200，转移支付为80，出口量为300，进口函数为 $m=50+0.05y$（单位都为亿元人民币），国家的均衡收入是多少？

解　根据题意，居民的可支配收入为 $y_d=y-200+80=y-120$，则消费函数为 $c=300+0.75(y-120)=210+0.75y$。将消费、投资、政府购买、出口和进口代入均衡条件 $y=c+i+g+(x-m)$，得：$y=210+0.75y+500+150+300-(50+0.05y)=1\,110+0.7y$，解得均衡收入 $y=3\,700$（亿元人民币）。

四部门经济关系中的均衡收入决定过程，如图3-9所示（以例3.5说明）。

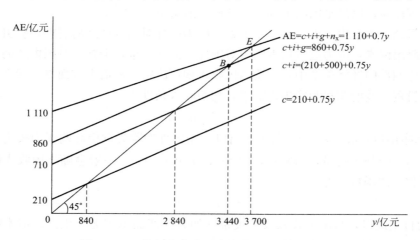

图3-9　四部门均衡收入决定图示（消费函数法）

在图3-9中，从 $c+i+g=860+0.75y$ 曲线到最终的总支出曲线 AE 时，一方面由于出口值 $x=300$ 亿元，大于自主进口值 $m_0=50$ 亿元，支出曲线的纵截距会变大，从860增加到1 110；另一方面，由于进口边际倾向为0.05，总支出曲线的斜率会变小，从0.75减少到0.7，最终的总支出曲线 AE 会平坦一些。

AE 曲线与平分对角线的交点 E 即为均衡点。在 E 点，计划总支出与计划总产出相等，

均衡收入为 3 700 亿元。除 E 点外，其他位置的点都是非均衡状态，如 B 点的收入为 3 440 亿元，此时，进口 $m＝50＋0.05×3\ 440＝222$ 亿元，出口 $x＝300$ 亿元，净出口 $nx＝78$ 亿元，说明国外对国内产品有 78 亿元的净需求。因此，企业扩大生产有利，从而收入会一直增加到 3 700 亿元为止。

同样，可从储蓄函数的角度讨论四部门经济关系中的均衡收入的决定。为了实现均衡收入，计划收入必须等于计划需求，即满足如下的表达式：

$$c+i+g+n_x=c+s+t+f_r \tag{3.17}$$

其中 f_r 表示国外从本国获得的净收入。一方面，一个国家的产品并不全部由本国的生产要素生产，国外的生产要素也可以在本国进行生产，从而获得相应的收入，同时本国政府也可能对国外展开各种援助，这些应加入到 f_r 中；另一方面，国内的生产要素可以从国外获得要素收入，本国政府也可以接受国外的各种援助，这些应该从 f_r 中减去。式（3.17）中两边消去 c，整理可得：

$$i=s+(t-g)+(f_r-n_x) \tag{3.18}$$

其中 f_r-n_x 表示国外对本国的储蓄。在四部门经济关系中，计划储蓄等于私人的计划储蓄、政府的计划储蓄与国外的计划储蓄之和。同样，为了实现均衡收入，计划投资必须等于计划储蓄。但现实经济中，国外的计划储蓄难以把握，四部门经济相对于两部门、三部门经济来说，均衡收入更加难以实现。

类似地，可利用式（3.17）来讨论均衡收入的决定，并作出图形，这里不再详细阐述。

3.1.3　乘数理论

1. 乘数原理

乘数理论用来说明经济变量，如消费、投资、政府购买、出口的变动对均衡收入的影响程度。

乘数概念是凯恩斯的学生卡恩在《国内投资与失业关系》（*The Relation of Home Investment to Unemployment*）一文中首先提出来的。按照卡恩的就业乘数，当净投资增加时，总就业增量将是初始就业增量的倍数。凯恩斯将乘数概念推广到国民收入领域，提出了投资乘数概念，其思想是利用边际消费倾向确定投资乘数。下面通过一个例子来说明乘数原理。

假设社会的边际消费倾向为 0.75，没有政府税收。一个企业想购买一个价格为 10 万元的新机器，即企业需要增加投资 10 万元，这引起社会总需求增加 10 万元。整个社会的收入增加过程如下。

第一轮：机器设备厂由于出售机器而获得收入 10 万元，这些销售收入转化为机器设备厂的生产要素收入。因此，国民收入增加 10 万元。

第二轮：机器设备厂的工人的收入增加了 10 万元，边际消费倾向为 0.75，那么有 7.5 万元用于消费，社会总需求会增加 7.5 万元，如购买粮食。由此，粮食加工厂的工人收入增加 7.5 万元。因此，国民收入又增加 7.5 万元。

第三轮：粮食加工厂工人收入增加 7.5 万元后，其中的 $7.5×0.75＝5.625$ 万元用于消费，如去购买衣服。由此，服装厂的工人收入会增加 5.625 万元。因此，国民收入继续增加 5.625 万元。

服装厂的工人收入增加后，也会继续消费，这个过程不断继续下去……最终，国民收入

增加量并不仅仅是最初的投资增量 10 万元，而应是初始投资加上投资所引起的所有消费支出，即

$$\Delta y = 10 + 10 \times 0.75 + 10 \times 0.75^2 + 10 \times 0.75^3 + \cdots$$
$$= 10 \times (1 + 0.75 + 0.75^2 + 0.75^3 + \cdots)$$
$$= 10 \times \frac{1}{1 - 0.75}$$
$$= 40 \ （万元）$$

(3.19)

其中 Δy 表示收入的变化量。式（3.19）表明，投资增加 10 万元，国民收入最终会增加 40 万元。这 40 万元中，除了初始投资 10 万元外，其余 30 万元就是投资所引起的所有消费支出。

从上述例子可以看出，当投资增加时，国民收入会增加更多。同样，消费、政府购买、政府税收、净出口等需求方面的变动，也都会引起国民收入更大的变动。

由此可总结出乘数原理：某种影响国民收入的因素变化，会导致国民收入有更大的变动。一般来说，收入的变动是影响因素变动的倍数，这就是乘数效应。

定义乘数为：收入变动量与影响因素变动量的比值。

在式（3.19）中，$\frac{1}{1 - 0.75} = 4$ 即为乘数（在这里是投资乘数）。此乘数表明，当投资增加 1 单位时，国民收入最终增加 4 单位，即收入变动是投资变动的 4 倍。如果用 k_i 表示投资乘数，β 表示边际消费倾向，Δi 表示投资变动量，则投资乘数为

$$k_i = \frac{\Delta y}{\Delta i} = \frac{1}{1 - \beta}$$

(3.20)

可见，投资乘数大小与边际消费倾向有关，边际消费倾向越大，乘数也越大。这是因为，边际消费倾向较大，表明收入增加所带来的消费增加也较大，从而促进生产，提高收入。

乘数原理和乘数效应也可以用图形来形象地说明，如图 3 - 10 所示。

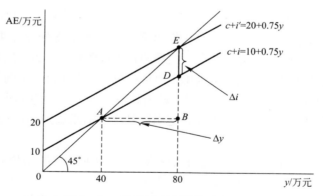

图 3 - 10 乘数原理和乘数效应图示

在图 3 - 10 中，支出曲线最初为 $c + i = 10 + 0.75y$，均衡点为 A 点，均衡收入为 40 万元；假定投资增加 10 万元，支出曲线向上平移到了 $c + i' = 20 + 0.75y$，新的均衡点为 E 点，新均衡收入 80 万元。在此过程中，投资增加量 $\Delta i = 10$ 万元，即 DE 的长度，而收入增加量 $\Delta y = 80 - 40 = 40$ 万元，即 AB 的长度，由于支出曲线的斜率为 0.75（即边际消费倾向），大于 0，AB 的长度一定大于 DE 的长度，即收入变动量大于投资变动量，这就是乘数效应。

当然,如果投资、消费等需求减少时,收入也会成倍地减少。乘数效应是双方面的。

需要指出的是,在一个经济体系中,乘数效应的发生是有条件的:一是各个经济部门之间有联系,或者说,人们各种经济行为使消费不断进行下去;二是社会资源存在闲置,没有得到充分利用,企业可以根据需求的变动来调整生产,以满足各种需求。

2. 两部门经济关系中的乘数

从式(3.4)可以看出,在两部门经济关系中,影响均衡收入的经济变量有两个:消费和投资。对应地,有消费乘数 k_c 和投资乘数 k_i。利用均衡收入表达式(3.4)可以推导出消费乘数。令自主消费从 α_0 变到 α_1,变动量记为 $\Delta\alpha$,均衡收入相应地从 y_0 变到 y_1,变动量记为 Δy,则有

$$\Delta y = y_1 - y_0 = \frac{\alpha_1 + i_0}{1-\beta} - \frac{\alpha_0 + i_0}{1-\beta} = \frac{1}{1-\beta}(\alpha_1 - \alpha_0) = \frac{1}{1-\beta}\Delta\alpha$$

$$\Rightarrow k_c = \frac{\Delta y}{\Delta\alpha} = \frac{1}{1-\beta} \tag{3.21}$$

即消费乘数 $k_c = \frac{1}{1-\beta}$。类似地,可以推导出投资乘数 $k_i = \frac{1}{1-\beta}$[①]。

两部门经济中,消费乘数与投资乘数大小一样,这说明自主消费增加与自主投资增加对经济拉动作用相同。

细心的读者可能会发现,消费乘数实际上就是式(3.4)中消费变量 α 的系数,投资乘数也是投资变量 i_0 的系数。这是因为,系数的大小反映了解释变量变化对因变量(均衡收入)的影响程度。在推导消费乘数和投资乘数时,如果自变量变化很小,可以用求导的方法得到乘数,式(3.4)两边分别对 α、i 求导,即有

$$k_c = \frac{\mathrm{d}y}{\mathrm{d}\alpha} = \frac{1}{1-\beta}, \quad k_i = \frac{\mathrm{d}y}{\mathrm{d}i} = \frac{1}{1-\beta} \tag{3.22}$$

其结果与前面的是一样的。

3. 三部门经济关系中的乘数

类似地,可以推导出,三部门经济在定量税情况下的各种乘数。

消费乘数 $\qquad\qquad\qquad\qquad k_c = \dfrac{1}{1-\beta}$

投资乘数 $\qquad\qquad\qquad\qquad k_i = \dfrac{1}{1-\beta}$

政府购买乘数 $\qquad\qquad\qquad k_g = \dfrac{1}{1-\beta}$

转移支付乘数 $\qquad\qquad\qquad k_r = \dfrac{\beta}{1-\beta}$

税收乘数 $\qquad\qquad\qquad\qquad k_t = -\dfrac{\beta}{1-\beta}$

这些乘数实际上就是式(3.8)中各经济变量的系数,现在来分析它们的经济含义。

第一,政府购买乘数与投资乘数相同。这是因为,政府购买实际上是政府部门的一种消费和投资,类似于居民消费和企业投资。因此,当政府购买支出增加时,国民收入会成倍地

---

① 这里有一点需要注意,在得出某个变量的乘数时,假定其他因素不变。

增加，从而促进经济增长，扩大就业。这也是政府干预经济运行的理论依据之一。

第二，转移支付乘数大于零，但小于政府购买乘数。这是因为，政府购买是一种直接需求，而转移支付是将钱发给居民，由其安排消费带来的总需求增加，而居民不会将转移支付全部消费，其消费的比例由边际消费倾向决定[①]。

第三，税收乘数小于零。说明税收增加，引起人们消费相应减少，即收入变动与税收变动成反向关系；同时，税收乘数的绝对值比消费乘数、投资乘数和政府购买乘数都小，而与政府转移支付乘数相等。这是因为，税收是影响总需求的一个间接因素，当税收增加时，消费减少的量并不等于税收量。因此，税收的乘数效应相对来说较小。

除了上述 5 种乘数外，在三部门经济关系中还有一种平衡预算乘数。平衡预算乘数指政府收入和支出同时以相等数量增加或减少时，国民收入变动对政府收支变动的比率。不同于一个因素对收入的影响，平衡预算乘数讨论的是两个因素对收入的综合影响。

令 k_b 表示平衡预算乘数，下面进行推导。

$$\Delta y = k_g \Delta g + k_t \Delta T = \frac{1}{1-\beta}\Delta g - \frac{\beta}{1-\beta}\Delta T$$

由于 $\Delta T = \Delta g$，则有

$$\Delta y = \frac{1}{1-\beta}\Delta g - \frac{\beta}{1-\beta}\Delta g = \Delta g, \quad \Delta y = \frac{1}{1-\beta}\Delta T - \frac{\beta}{1-\beta}\Delta T = \Delta T$$

即

$$k_b = \frac{\Delta y}{\Delta g} = \frac{\Delta y}{\Delta T} = 1$$

平衡预算乘数等于 1 说明，当政府税收增加 1 单位、政府购买支出也增加 1 单位时，整个国民收入会增加 1 单位。这对财政政策的实施有指导意义：政府征税会减少社会的总需求，从而增加失业，为了解决这一问题，政府需要增加购买支出，以弥补税收增加所带来的消费不足；为防止财政赤字，政府购买支出增加量应等于税收增加量，即平衡预算；由于平衡预算乘数等于 1，所以国民收入会增加，从而就业也会增加。

4. 四部门经济关系中的乘数

同样地，可以推导出四部门经济关系中的各影响因素的乘数。

消费乘数、投资乘数、政府购买乘数都等于 $\frac{1}{1-\beta+\gamma}$。

政府转移支付乘数 $k_r = \dfrac{\beta}{1-\beta+\gamma}$

税收乘数 $k_t = -\dfrac{\beta}{1-\beta+\gamma}$

出口乘数 $k_x = \dfrac{1}{1-\beta+\gamma}$

进口乘数 $k_m = -\dfrac{1}{1-\beta+\gamma}$

平衡预算乘数 $k_b = \dfrac{1-\beta}{1-\beta+\gamma}$

这些乘数与三部门经济关系中的乘数的异同点如下。

---

① 这里有一点需要注意，当边际消费倾向比较小时，政府转移支付乘数可能小于 1，例如，$\beta=0.2$ 时，$k_r=0.25$。

第一，四部门经济关系中的消费乘数、投资乘数、政府购买乘数和政府转移支付乘数，都相对较小，税收乘数的绝对值也相对小一些，这说明这些变量的乘数效应不如在三部门经济关系中那样显著。这主要是因为，在开放经济中，增加的收入中有一部分用于进口国外商品，增加收入越多，进口国外商品也越多，没有起到拉动本国经济增长的作用。

第二，四部门经济关系中有两个新乘数：出口乘数和进口乘数。出口乘数也称对外贸易乘数。出口增加本国总需求，因此，其乘数效应与消费、投资等的乘数效应相同；进口减少本国总需求，会直接减少国内的支出，因此进口乘数为负值，而且比税收的乘数效应要大。

第三，在四部门经济关系中，平衡预算乘数不等于1，而是小于1。这是因为，增加政府购买支出引起收入增加时，进口也会增加，从而削弱了乘数效应。

3.2　产品市场均衡：IS 曲线

上一节给出了简单的国民收入决定模型。之所以称为简单的，一是说在讨论均衡收入决定时，假定各个需求因素之间是相互独立、彼此没有影响的，还特别假定投资是一个外生变量，不受其他需求因素的影响；二是指模型只分析产品市场。

实际的市场经济中，存在两个市场：产品市场和货币市场，这两个市场是相互影响、相互依存的。例如，货币供给量不变时，货币需求增加，会引起利率上升，进而引起投资成本增加，投资支出减少，最终影响总产出。为分析方便，本节分析产品市场均衡模型——IS 曲线，后两节分别分析货币市场均衡模型——LM 曲线和两个市场均衡模型——IS - LM 模型。

在凯恩斯宏观经济学中，IS - LM 模型是国民收入决定理论的核心理论。

3.2.1　IS 曲线的代数推导与几何推导

产品市场均衡是指产品市场上总产出与总支出相等。IS 曲线是反映利率和均衡收入之间函数关系的曲线。曲线上任何一点都满足投资（i）等于储蓄（s）这一关系，故称为 IS 曲线。

1. IS 曲线的代数推导

在两部门均衡收入决定模型中，投资被看作利率的函数，即 $i = e - dr$，其中 e 表示自主投资，r 为利率，d 为利率系数，这样，式（3.4）的均衡收入公式变为

$$y = \frac{\alpha + e}{1 - \beta} - \frac{d}{1 - \beta} r \tag{3.23}$$

从式（3.23）中可以看出，均衡收入 y 不仅与消费 α、自主投资 e、边际消费倾向 β 有关，而且与利率 r 有关。如果把利率 r 和均衡收入 y 看作两个变量，则式（3.23）就是 IS 曲线的代数表达式，表示均衡的国民收入与利率是一种反向关系[①]。

也可以把利率表示为均衡收入的函数，即

$$r = \frac{\alpha + e}{d} - \frac{1 - \beta}{d} y \tag{3.24}$$

---

① 同样，也可以从投资等于储蓄模型（3.5）推导出 IS 曲线。这里不再赘述。

此式是 IS 曲线的另一种代数表达形式。

　　类似地，可以推导出三部门经济和四部门经济中的 IS 曲线。用 $i=e-dr$ 替换模型 (3.6) 中的投资函数，如果实行定量税，则三部门经济中的 IS 曲线为

$$r=\frac{\alpha+g_0+e+\beta t_r-\beta T}{d}-\frac{1-\beta}{d}y \tag{3.25}$$

对四部门经济关系，用 $i=e-dr$ 替换模型 (3.15) 中的投资函数，在定量税情况下，四部门经济中的 IS 曲线为

$$r=\frac{\alpha+g_0+e+\beta t_r-\beta T+x_0-m_0}{d}-\frac{1-\beta+\gamma}{d}y \tag{3.26}$$

　　可以看出，无论是两部门的 IS 曲线，还是三部门、四部门的 IS 曲线，基本关系都是一样的，即均衡收入与利率成反向关系。

　　【例 3.6】 设我国某年的社会消费函数为 $c=100+0.75y$，投资函数为 $i=500-150r$（单位都为亿元人民币），试求 IS 曲线的表达式；当利率 $r=2\%$ 时，均衡收入是多少？

　　解 将消费函数和投资函数代入 $y=c+i$，有 $y=100+0.75y+500-150r$，整理可得 IS 曲线的表达式：$y=2\,400-600r$，或者 $r=400-\dfrac{y}{600}$。

　　当利率 $r=2\%$①时，代入 IS 曲线的表达式，得：$y=2\,400-600\times2=1\,200$（亿元人民币）。

　　根据 IS 曲线的代数表达式，可以作出相应的 IS 曲线图，如图 3-11 所示。

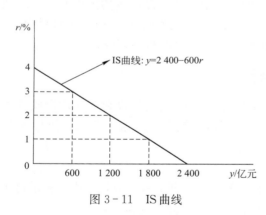

图 3-11　IS 曲线

图 3-11 中，纵轴表示利率，横轴表示收入，根据 $y=2\,400-600r$，利用描点作图法，可以得到 IS 曲线。IS 曲线上任何一点都表示既定利率下所得到的均衡收入，表示总支出等于总产出，即投资等于储蓄。简单地说，IS 曲线上任何一点都表示产品市场均衡。

　　IS 曲线是一条向右下方倾斜的直线。为什么向右下方倾斜呢？这是因为，投资与利率成反向关系，当利率上升时，投资成本增加，企业会减少投资，引起总需求减少，进而使国民收入减少②。

2. IS 曲线的几何推导

　　IS 曲线还可以利用相关的图形（见图 3-12）进行推导，这样能更好地理解其经济含义。

　　图 3-12 (a) 表示投资曲线。纵轴为利率 r，横轴为投资 i。投资需求是利率的减函数。投资函数为 $i=500-150r$，当利率为 2% 时，投资为 200 亿元，即 A 点；当利率从 2% 降为 1% 时，投资增加到 350 亿元，即对应图 3-12 (a) 中的 B 点。

---

　　① 注：利用 IS 曲线计算均衡收入过程中，当代入利率时，为了便于计算，一般不代入百分号，如上例，利率是代入 2，而不是代入 2%。

　　② 在现实经济中，当利率变动时，不仅影响投资，还会影响消费，比如说，如果利率比较高时，人们会增加储蓄，以便将来获得更高的收益，这样就减少当期的消费。为了简化分析，这里并不考虑这一点。

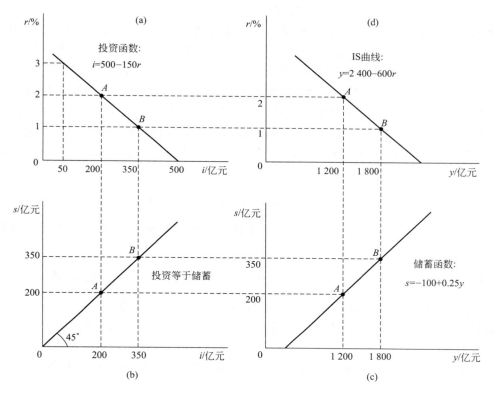

图 3 - 12　IS 曲线推导图示

图 3 - 12 (b) 表示投资等于储蓄的均衡状态。纵轴表示储蓄 s，横轴表示投资 i，平分对角线 AB 上任何一点表示投资等于储蓄。当利率为 2％时，投资为 200 亿元，产品市场均衡时，储蓄也为 200 亿元，即从图 3 - 12 (a) 中的 A 点得到了图 3 - 12 (b) 中的 A 点。当利率从 2％降为 1％时，投资增加为 350 亿元，要实现均衡，储蓄需上升到 350 亿元，得到图 3 - 12 (b) 中的 B 点。

图 3 - 12 (c) 表示储蓄曲线。纵轴为储蓄 s，横轴为收入 y。储蓄函数为 $s = -100 + 0.25y$。社会上的储蓄为 200 亿元时，此时收入应为 1 200 亿元，即从图 3 - 12 (b) 中的 A 点得到了图 3 - 12 (c) 中的 A 点。当利率从 2％降为 1％时，投资与储蓄增加到 350 亿元，为此，需要收入增加到 1 800 亿元，得到图 3 - 12 (c) 中的 B 点。

图 3 - 12 (d) 表示产品市场均衡，即均衡利率与收入的组合。纵轴表示利率 r，横轴表示收入 y。当利率为 2％时，投资为 200 亿元，储蓄相应也为 200 亿元，此时均衡收入为 1 200 亿元，也就是说，从前面三个图形的 A 点得到了图 3 - 12 (d) 中的 A 点。同理，当利率为 1％时，得到图 3 - 12 (d) 中的 B 点。连接 A、B 点，得到 IS 曲线，其代数表达式为 $y = 2 400 - 600r$。

3.2.2　IS 曲线的斜率与移动

1. IS 曲线的斜率

在两部门经济中，从式（3.24）可以看出，IS 曲线的斜率为 $-\dfrac{1-\beta}{d}$，负号表示收入与利率成反向关系，斜率大小由边际消费倾向 β 和投资的利率系数 d 共同决定。

如果边际消费倾向 β 大，则 IS 曲线的斜率绝对值小，IS 曲线就较平坦。这是因为，β 较大时，投资乘数较大，当投资变动时，收入会以较大幅度变动；反之，如果 β 较小，则 IS 曲线的斜率绝对值较大，即 IS 曲线比较陡峭，利率的变动只会引起收入较小的变动。

投资的利率系数 d 表示利率变动一定幅度时投资需求变动的程度。如果 d 值较大，则 IS 曲线的斜率绝对值较小，即 IS 曲线比较平坦。这是因为，利率系数 d 值较大，表示投资对利率比较敏感，利率的变动会引起投资较大的变动，从而引起收入较大的变动；反之，如果 d 值较小，则 IS 曲线的斜率绝对值较大，即 IS 曲线比较陡峭，利率的变动只会引起收入较小的变动。

在三部门经济中，如果实行定量税，从式（3.25）可以看出，IS 曲线的斜率仍是 $-\dfrac{1-\beta}{d}$。这是因为，定量税和政府支出并不随收入的变化而变化，从而不会影响 IS 曲线的斜率，只会影响 IS 曲线的位置[①]。

在四部门经济中，如果实行定量税，从式（3.26）可以看出，IS 曲线的斜率为 $-\dfrac{1-\beta+\gamma}{d}$。由于有了进出口部门，进口量随国内收入增加而增加，因此当利率降低时，收入会增加，但同时会引起进口的增加，进口的增加会减缓国民收入的增长，这样，IS 曲线会比较陡峭，斜率绝对值偏大[②]。

一般地，IS 曲线的斜率主要由投资函数的利率系数 d 决定，因为边际消费倾向 β、税率 θ、边际进口倾向 γ 都比较稳定。

2. IS 曲线的移动

两部门经济中，如果投资函数或储蓄函数发生变化，IS 曲线就会移动。用式（3.23）或图 3-12 来说明。

如果自主投资增加了，投资需求曲线会向右上方移动，IS 曲线也向右上方移动，其移动距离为 $\dfrac{\Delta e}{1-\beta}$。式中 Δe 表示自主投资增加量，其经济含义是：在同样的利率水平下，若自主投资增加 1 单位，则均衡国民收入增加 $\dfrac{\Delta e}{1-\beta}$ 个单位。如例 3.6 中的投资函数 $i=500-150r$ 变为 $i=600-150r$，即自主投资增加 100 亿元，则 IS 曲线变为 $y=2\,800-600r$，新的 IS 曲线向右移 $\dfrac{100}{1-0.75}=400$（亿元）；反之，如果投资需求下降，则 IS 曲线会向左下方移动。

如果自主消费增加了，说明人们的储蓄意愿降低，IS 曲线会向右上方移动，其移动距离为 $\dfrac{\Delta \alpha}{1-\beta}$，其中 $\Delta \alpha$ 表示自主消费增加量，其经济含义是：在同样的利率水平下，若自主消

---

①　但如果实行比例税，情况就不一样了，IS 曲线的斜率为 $-\dfrac{1-\beta+\beta\theta}{d}$，其大小不仅与边际消费倾向 β 和利率系数 d 有关，同时还与税率 θ 有关。在 β 和 d 一定的条件下，税率 θ 越大，IS 曲线的斜率也就越大，即 IS 曲线越陡峭。这是因为，税率越大时，投资乘数会变小，当利率变动引起投资变动时，收入会以较小幅度变动。反之，税率 θ 越小，则 IS 曲线越平坦。

②　如果实行比例税，IS 曲线的斜率为 $-\dfrac{1-\beta+\beta\theta+\gamma}{d}$，相对于两部门、三部门经济中的 IS 曲线来说，这样的 IS 曲线会更加陡峭，斜率也更大。

费增加 1 个单位或储蓄减少 1 个单位，则均衡国民收入增加$\frac{\Delta a}{1-\beta}$个单位。在例 3.6 中，如果

消费函数变为 $c = 200 + 0.75y$，即自主消费增加 100 亿元，则 IS 曲线会右移 $\frac{100}{1-0.75} =$

400（亿元）。

由此，可以得出一条规律：如果某个自发支出量变动 Δa，此支出量的乘数为 k_a，则 IS 曲线移动距离为 $\Delta a \times k_a$，其符号表示移动方向，正号表示向右移动，负号表示向左移动。

三部门经济中，为了更清楚地分析哪些因素及其如何使 IS 曲线移动，把 IS 曲线式 (3.24) 写成

$$y = \frac{\alpha + g_0 + e + \beta t_r - \beta T}{1-\beta} - \frac{d}{1-\beta}r \tag{3.27}$$

自主消费和自主投资增加，会使 IS 曲线向右移动。如果政府购买支出增加量为 Δg_0，则 IS 曲线右移$\frac{\Delta g_0}{1-\beta}$个单位；如果政府转移支付增加量为 Δt_r，则 IS 曲线右移$\frac{\beta}{1-\beta}\Delta t_r$个单位；如果政府税收增加时，IS 曲线左移动的距离为$\frac{\beta}{1-\beta}\Delta T$。这是定量税情况[①]。

在四部门经济中，式 (3.26) 变为

$$y = \frac{\alpha + g_0 + e + \beta t_r - \beta T + x_0 - m_0}{1-\beta+\gamma} - \frac{d}{1-\beta+\gamma}r \tag{3.28}$$

可见，进出口因素变动也会使 IS 曲线移动。当出口值增加时，IS 曲线会向右移动，移动距离为$\frac{\Delta x_0}{1-\beta+\gamma}$，其中 Δx_0 为出口增加量；当进口值增加时，IS 曲线会向左移动，移动距离为$\frac{\Delta m_0}{1-\beta+\gamma}$，其中 Δm_0 为进口增加量[②]。

根据上面的分析，如果政府实行扩张性财政政策，则 IS 曲线向右上方移动；如果实行紧缩性财政政策，则 IS 曲线向左下方移动。这样，政府的财政政策如何影响国民收入，可以形象地通过 IS 曲线的变动反映出来，这也是给出 IS 曲线的重要意义所在。

3.3　货币市场均衡：LM 曲线

IS 曲线中的利率 r 由货币市场上的货币需求和货币供给的均衡决定。下面讨论货币市场均衡及 LM 曲线。

3.3.1　货币市场均衡与 LM 曲线的含义

货币市场均衡指货币需求等于货币供给的状态。一般情况下，货币的供给量由中央银行控制，中央银行会根据国家的经济运行情况来增减货币供给量。因此，分析货币市场均衡时，通常假定货币供给是一个外生变量。货币市场的均衡只能通过调节货币的需求来实现。

---

① 如果实行比例税，也可以类似讨论。

② 对于比例税情况，也可以类似讨论。

一般地，用 LM 曲线讨论货币市场均衡。LM 曲线是反映利率和均衡收入之间函数关系的曲线，曲线上任何一点都满足货币供给（m）等于货币需求（L）这一关系，故称为 LM 曲线。

3.3.2   LM 曲线的代数推导与几何推导

1. LM 曲线的代数推导

已知货币需求函数 $L=L_1(y)+L_2(r)=ky-hr$，令实际货币供给量为 m，为实现货币市场均衡，货币需求必须等于货币供给，即满足 $m=ky-hr$，从而得到均衡收入 y 与利率 r 的关系：

$$y=\frac{m}{k}+\frac{h}{k}r \tag{3.29}$$

或

$$r=-\frac{m}{h}+\frac{k}{h}y \tag{3.30}$$

上述两式就是 LM 曲线的代数表达式，式中 y 表示货币市场均衡条件下的国民收入，据此画出的图形就是 LM 曲线。

从式（3.29）、式（3.30）可以看出，在 LM 曲线中，收入与利率成正向关系，收入随利率升高而增加，随利率降低而减少。这是因为货币市场中，在货币供给量一定的条件下，如果利率升高，货币的投机需求会下降，为了维持货币市场均衡，货币的交易需求（包括预防需求）必须增加，进而增加对产品的需求，引起国民收入增长；反之，如果利率降低，货币的投机需求会增加，交易需求下降，引起国民收入减少。显然，货币并非中性，它对经济是有影响的。

【例 3.7】 设我国某年的货币交易需求函数为 $L_1=0.2y$，货币投机需求函数为 $L_2=200-80r$，实际货币供给量为 $m=280$（单位都为亿元人民币），试求 LM 曲线的表达式；如果利率 $r=2\%$，均衡收入是多少？

解 当货币市场均衡时，货币需求等于货币供给，即满足 $m=L_1+L_2$，代入有关数据得：$0.2y+200-80r=280$，得到 LM 曲线表达式：$y=400+400r$，或 $r=-1+0.0025y$。

当利率 $r=2\%$ 时，有 $y=400+400\times2=1\,200$（亿元人民币）。

根据 LM 曲线的代数表达式，可以作出相应的图形，如图 3-13 所示。

在图 3-13 中，纵轴表示利率，横轴表示收入。根据 LM 曲线 $y=400+400r$，可画出反映利率和收入相互关系的一条曲线，这条曲线就是 LM 曲线。在这条曲线上，任何一点表示货币需求等于货币供给，即货币市场均衡。LM 曲线是向右上方倾斜的，表示利率和收入成正向关系。

2. LM 曲线的几何推导

可以利用相关的图形推导 LM 曲线，以例 3.7 中的数据为例，其推导过程如图 3-14 所示。

图 3-14（a）表示货币投机需求曲线。

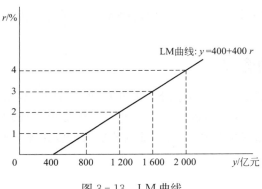

图 3-13   LM 曲线

投机需求是利率的减函数，图中其货币投机需求函数为 $L_2 = 200 - 80r$。当利率为 2% 时，货币的投机需求为 40 亿元，即图中的 A 点。当利率为 1% 时，货币的投机需求为 120 亿元，即图中的 B 点。

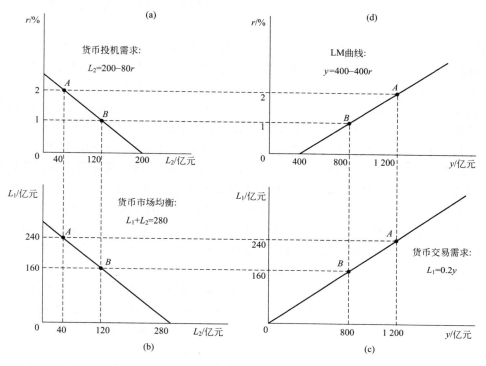

图 3-14　LM 曲线推导图示

图 3-14（b）表示货币市场均衡状态。即 $L_1 + L_2 = 280$，当利率为 2% 时，货币的投机需求为 40 亿元，而整个货币供给量为 280 亿元，根据图 3-14（b），为实现货币市场均衡，货币交易需求为 240 亿元，即从图 3-14（a）中的 A 点得到图 3-14（b）中的 A 点。同理，当利率为 1% 时，得到 B 点。

图 3-14（c）表示货币交易需求曲线。货币交易需求函数为 $L_1 = 0.2y$。根据图 3-14（b），货币交易需求为 240 亿元，为了满足这种需求，国民收入应为 1 200 亿元。这样，从图 3-14（b）中的 A 点得到了图 3-14（c）中的 A 点。同理，当利率为 1% 时，得到 B 点。

图 3-14（d）表示货币市场的均衡。根据前三个图形的分析，当利率为 2% 时，货币投机需求为 40 亿元，从而货币交易需求为 240 亿元，此时收入为 1 200 亿元，即当利率 2% 时，均衡收入为 1 200 亿元，从前三个图形的 A 点得到了图 3-14（d）中的 A 点。同理，当利率为 1% 时，得到 B 点。连接 A、B，就得到图 3-14（d）中的 LM 曲线。

3.3.3　LM 曲线的斜率与移动

1. LM 曲线的斜率

从式（3.30）可以看出，LM 曲线的斜率为 $\dfrac{k}{h}$，正号表示收入与利率成正向关系，斜率大小由货币投机需求的利率系数 h 和货币交易需求的收入系数 k 共同决定。

如果 k 较大，则 LM 曲线的斜率较大，即 LM 曲线比较陡峭。这是因为，k 较大，表示货币交易需求对收入变化很敏感。反过来说，收入对货币交易需求变化不敏感。当利率上升时，货币的投机需求减少，从而增大货币的交易需求，但由于收入对货币交易需求变化不敏感，此时，收入增加的幅度并不大。反之，如果 k 较小，则 LM 曲线的斜率也较小，即 LM 曲线比较平坦。

如果 h 较大，则 LM 曲线的斜率较小，LM 曲线会比较平坦。这是因为，h 较大，表示货币投机需求对利率很敏感，当利率上升时，由于投机成本变大，人们会较大地减少货币的投机需求，从而较大地增大货币的交易需求，这样，收入会增加较快；反之，如果 h 较小，则 LM 曲线的斜率较大，即 LM 曲线比较陡峭。一般认为，货币的交易需求比较稳定，也就是 k 变化较小，因此，LM 曲线的斜率主要取决于货币投机需求的利率系数 h。

当 h 趋向于无穷大时，LM 曲线的斜率为 0，即 LM 曲线是水平的，如图 3-15 所示。这一水平状态的区域称为"凯恩斯区域"，也称"萧条区域"。该区域说明货币的投机需求对利率非常敏感，即当利率很低时，货币的投机需求将是无限的，这就是"流动偏好陷阱"。此时，如果政府实行扩张性货币政策，增发货币，这些增加的货币会全部被用来投机，而不会增加产品的交易，这样收入也不会增加，这就好比一个"陷阱"一样，增发的货币会进入这个"陷阱"（即人们持有货币用来投机）。显然，在"凯恩斯区域"，货币政策无效。凯恩斯认为 20 世纪 30 年代大萧条时期西方国家的经济就属于该区域。

当 h 趋向于 0 时，LM 曲线的斜率为无穷大，即 LM 曲线是垂直的，如图 3-15 所示。该区域说明，如果利率上升到很高水平时，货币的投机需求为零。如图 3-15 中，利率从 r_3 上升到 r_4 时，收入不会变化。此时，如果实行扩张的货币政策，增发的货币可以促进产品的交易，从而提高收入水平。因此，货币政策会非常有效，这一思想符合"古典学派"有关货币政策的一些论述。因此，垂直状态的区域称为"古典区域"。

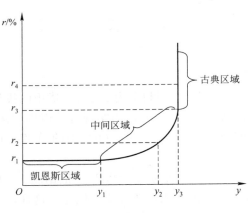

图 3-15　LM 曲线的三个区域

现实经济中很少出现这两种 LM 曲线的极端状态，更多的是在凯恩斯区域和古典区域之间的 LM 曲线中间区域，如图 3-15 所示。h 介于零和无穷大之间，LM 曲线的斜率也介于零和无穷大之间，此时，利率与收入成正向关系。事实上，在作经济分析时，常用图 3-13 中的简单直线代表 LM 曲线。

2. LM 曲线的移动

在货币市场中，实际货币供给量 $m = \dfrac{M}{P}$，其中 M 为名义货币供给量，P 为一般价格水平。因此，中央银行增发货币和变动价格水平都会引起实际货币供给量的变动。其移动距离为 $\dfrac{\Delta m}{k}$。

一般情况下，一个经济体中一般价格水平是国家难以控制的。因此，要变动实际货币供给量，主要通过中央银行的货币政策来实施。

中央银行可以根据经济发展情况调整货币供给量，如果实行扩张性货币政策，则 LM 曲线向右移动；如果实行紧缩性货币政策，则 LM 曲线向左移动。这样，货币政策影响国民收入和利率可以形象地通过 LM 曲线的变动反映出来。类似于 IS 曲线，这也是提出 LM 曲线的重要意义所在。

3.4 产品市场与货币市场均衡：IS - LM 模型

凯恩斯的国民收入决定理论认为：国民收入主要取决于投资，投资又取决于利率，利率由货币需求决定，而货币需求又是由国民收入决定的。这样，收入到底如何决定就成问题了，因为这是一个循环推论。为了解决这个问题，汉森、希克斯建立了一个产品市场和货币市场一般均衡模型，即 IS - LM 模型，其思想是：通过产品市场上产品需求的调节来影响国民收入；同时，通过货币市场上货币需求的调节来影响利率，最终使两个市场同时实现均衡。

3.4.1 两个市场的均衡与非均衡

IS 曲线表示产品市场的均衡，LM 曲线表示货币市场的均衡。要使两个市场同时均衡，可以把 IS 曲线和 LM 曲线放在一起分析，即建立 IS - LM 模型，其代数式为

$$\begin{cases} y=\dfrac{\alpha+e}{1-\beta}-\dfrac{d}{1-\beta}r & \text{（IS 曲线）} \\[2mm] y=\dfrac{m}{k}+\dfrac{h}{k}r & \text{（LM 曲线）} \end{cases} \tag{3.31}$$

解此联立方程组，得收入和利率组合为

$$\begin{cases} y=\dfrac{h(\alpha+e)+md}{h(1-\beta)+kd} \\[3mm] r=\dfrac{k(\alpha+e)-m(1-\beta)}{h(1-\beta)+kd} \end{cases} \tag{3.32}$$

这一收入和利率组合既满足 IS 曲线表达式，也满足 LM 曲线表达式。因此，在此组合下，产品市场和货币市场同时达到均衡。这里给出的是两部门经济中的 IS - LM 模型，类似地，可建立三部门经济和四部门经济中的 IS - LM 模型。

IS - LM 模型也可用图形来描述，如图 3 - 16 所示（以例 3.6 和例 3.7 说明）。

图 3 - 16 中，IS 曲线向右下方倾斜，LM 曲线向右上方倾斜。这两条曲线有一个交点 E，此点上，产品市场和货币市场同时均衡。原因很简单，一方面，E 点在 IS 曲线上，满足投资等于储蓄，因而实现了产品市场均衡；另一方面，E 点又在 LM 曲线上，货币需求等于货币供给。因此，货币市场也达到了均衡。除了 E 为均衡点外，其他任何点都是非均衡的。

下面分析非均衡情况。遵循从特殊到一般的分析思路，先分析特殊点的情况，然后再推广到一般情况。

先来看图中的 E_1 点，利率 $r=1\%$，收入 $y=800$。在该点，货币需求 $L=0.2y+200-$

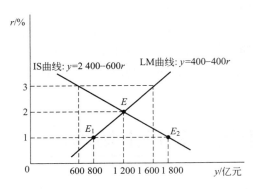

图 3-16　IS-LM 模型图示

$80r=0.2×800+200-80×1=280$，等于货币供给，因此，货币市场是均衡的。而投资 $i=500-150r=350$，储蓄 $s=y-c=-100+0.25y=100$，投资和储蓄不相等，因此，产品市场不均衡。具体来说，投资大于储蓄，即社会总需求大于社会总供给。为满足社会需求，企业会增加产出，收入也会随之增加。进一步，收入增加会导致货币交易需求 L_1 增加，在货币供给量不变的条件下，货币投机需求 L_2 必然相应减少，从而引起利率上升。收入和利率的这些变化则表明 E_1 点的非均衡状态在市场机制的作用下沿 LM 曲线向 E 点移动。

　　E_1 点处在 IS 曲线的下方。推而广之，凡是 IS 曲线下方的点，产品市场的非均衡都表现为投资大于储蓄，市场机制的作用都会拉动收入增加、利率上升；而 IS 曲线上方的非均衡点则表现为投资小于储蓄，市场机制的作用都会使收入减少、利率下降。

　　再来看 E_2 点，利率 $r=1\%$，收入 $y=1\,800$。在该点，投资 $i=500-150r=350$，储蓄 $s=-100+0.25y=-100+0.25×1\,800=350$，投资等于储蓄，因此，产品市场是均衡的。而货币需求 $L=0.2y+200-80r=0.2×1\,800+200-80×1=480$，大于货币供给，因此货币市场不均衡。货币需求大于货币供给会导致利率上升，投资随之下降，投资的下降会通过乘数效应使收入减少。收入和利率的这些变化则表明 E_2 点的非均衡状态在市场机制的作用下沿 IS 曲线向 E 点移动。

　　E_2 点处在 LM 曲线的下方。推而广之，凡是 LM 曲线下方的点，货币市场的非均衡都表现为货币需求大于货币供给，市场机制的作用都会使利率上升、收入减少；而 LM 曲线上方的非均衡点则表现为货币需求小于货币供给，市场机制的作用都会使利率下降、收入上升。

　　图 3-17 中，IS 曲线和 LM 曲线把坐标平面划分为 4 个区域：Ⅰ、Ⅱ、Ⅲ、Ⅳ，现在综合两个市场的非均衡分析可以给出一般结论。例如 A 点，即不在 IS 曲线上，也不在 LM 曲线上，因此，两个市场都呈现非均衡状态。从产品市场来看，A 点在 IS 曲线上方，因此，投资小于储蓄，市场机制的作用会使收入减少、利率下降。再从货币市场来看，A 点在 LM 曲线上方，因此，货币需求小于货币供给，市场机制的作用会使利率下降、收入增加。综合两个市场的非均衡分析，区域Ⅰ的非均衡状态在市场机制的作用下都会使利率下降，但收入的变化不确定，因为产品市场的非均衡会使收入减少，而货币市场的非均衡则会使收入增加。总之，市场调节的结果会使非均衡点向均衡点移动。其他区域的非均衡状态可类似分析，这里不再详述。

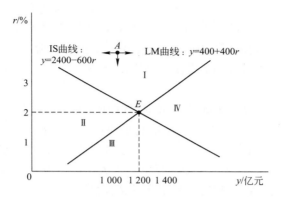

图 3－17　IS－LM 模型中的非均衡情况

上述 4 个区域的非均衡关系可用表 3－2 说明。

表 3－2　产品市场和货币市场的非均衡关系与变化

区域	产品市场		货币市场	
	非均衡状态	经济状态变化	非均衡状态	经济状态变化
Ⅰ	投资小于储蓄	收入减少	货币需求小于货币供给	利率下跌
Ⅱ	投资大于储蓄	收入增加	货币需求小于货币供给	利率下跌
Ⅲ	投资大于储蓄	收入增加	货币需求大于货币供给	利率上升
Ⅳ	投资小于储蓄	收入减少	货币需求大于货币供给	利率上升

各种非均衡状态通过两个市场的竞争，会逐渐趋向均衡。具体来说，产品市场不均衡会导致收入变动——投资大于储蓄会使收入增加，投资小于储蓄会使收入减少；货币市场不均衡会导致利率变动——货币需求大于货币供给会使利率上升，货币需求小于货币供给会使利率下跌。这种调整最终会实现两个市场的均衡，得到均衡收入和均衡利率。

3.4.2　均衡收入和利率的变动

IS 曲线和 LM 曲线的交点实现了产品市场和货币市场同时均衡。但这一均衡收入不一定能够实现充分就业。为了实现充分就业，仅靠市场的自发调节是无法实现的，需要国家通过财政政策或货币政策进行调节，即通过移动 IS 曲线或 LM 曲线，实现充分就业的均衡。

下面分析财政政策和货币政策变化如何引起 IS 曲线和 LM 曲线的移动情况。

如图 3－18 所示，开始的 IS 曲线为 IS_0，LM 曲线为 LM_0，均衡点为 E_0 点，此时均衡收入为 y_0，均衡利率为 r_0。但是，此时存在比较严重的失业问题，政府必须对经济进行干预，或实行积极的财政政策或实行积极的货币政策。

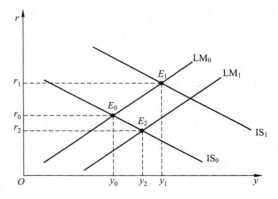

图 3－18　均衡收入和均衡利率的变动

如果实行积极的财政政策，IS 曲线会向右上方移动，移到 IS_1，LM 曲线保持不变。IS_1 曲线与 LM_0 曲线的新交点为 E_1，新均衡收入为 y_1，新均衡利率为 r_1。为什么新的均衡收入和利率大于原有的收入和利率呢？因为，增加政府支出或者降税，社会总需求会增加，这样，一则促进了生产，解决了失业问题；二则国民收入增加扩大了货币的交易需求，进而引起利率提高。

如果中央银行实行扩张的货币政策，增加货币供给量，LM 曲线向右下方移动，如移动到 LM_1，IS 曲线保持不变，IS_0 曲线与 LM_1 曲线的新交点为 E_2，得到新均衡收入 y_2 和新均衡利率 r_2。收入增加了而利率下跌了。为什么会这样呢？因为，当增加货币供给量时，利率会下跌，企业的投资成本降低，会增加投资，扩大生产，引起收入增加。

IS-LM 模型中，均衡收入和均衡利率变动情况见表 3-3。

表 3-3　均衡收入和均衡利率变动情况

情况	IS 曲线	财政政策	LM 曲线	货币政策	均衡变化结果
1	右上移动	扩张	不变	不变	收入增加，利率上升
2	左下移动	紧缩	不变	不变	收入减少，利率下跌
3	不变	不变	右下移动	扩张	收入增加，利率下跌
4	不变	不变	左上移动	紧缩	收入减少，利率上升

上面分析了一条曲线的移动带来的均衡收入和利率变动情况。如果两条曲线同时移动，收入和利率又如何变化呢？例如，政府同时实行积极的财政政策和积极的货币政策，IS 曲线和 LM 曲线都向右移动，此时的收入和利率会怎样变化呢？到底出现何种结果，取决于 IS 曲线和 LM 曲线各自的斜率以及它们移动的具体幅度。

3.5　财政政策和货币政策的影响与效果

财政政策和货币政策是进行总需求管理的两大基本经济政策，其主要目的是对经济运行进行适度的干预，使国家达到充分就业的水平。这些政策的经济效果如何？下面用 IS-LM 模型进行分析。

3.5.1　财政政策效果分析与挤出效应

1. 财政政策效果的 IS-LM 图形分析

财政政策效果是指政府收支变化对国民收入变动的影响大小。显然，财政政策效果不仅与政府收支的各种乘数有关，也与货币市场的变化有关。下面，可从三个方面进行分析。

1）财政政策效果的一般性分析

在图 3-19 中，初始时，产品市场和货币市场均衡分别是 IS_0、LM_0，均衡收入为 y_0，均衡利率为 r_0。假设此时存在失业，政府实行积极的财政政策，引起 IS 曲线从 IS_0 右移动到 IS_1。如果只考虑产品市场，私人的投资水平会保持不变，根据乘数原理，均衡国民收入会增加到 y_2。但 IS_1 曲线与 LM_0 曲线的交点为 E_1，均衡收入增加到 y_1。y_0y_1 就是财政政策效果，显然，y_0y_1 小于 y_0y_2，为什么呢？这是因为，实行积极的财政政策时，对产品的总需求增加，从而增加货币的交易需求，引起利率上升。利率上升会引起私人投资成本的增加，进而导致私人投资的减少。$y_1 y_2$ 就是由于利率上升引起私人投资减少，从而使国民收入减少的量，这就是所谓的"挤出效应"。

2）IS 曲线斜率对财政政策效果的影响

在图 3 - 20 中，货币市场均衡保持不变，为 LM_0 曲线。假设产品市场均衡有两种情况，分别为 IS_0 曲线和 IS_0' 曲线，前者比后者平缓，两者与 LM_0 曲线决定的均衡收入和均衡利率都为 y_0、r_0。现在实行同样的积极财政政策，此时，IS_0 移到 IS_1，IS_0' 移到 IS_1'，由于财政政策相同，IS 曲线在横轴上移动的距离相等，都为 $y_0 y_2$。但是，图中显示，不同的产品市场均衡的财政政策效果是不一样的，当 IS 曲线比较平坦时，国民收入从 y_0 增加到 y_1；当 IS 曲线比较陡峭时，国民收入从 y_0 增加到 y_3，$y_0 y_3$ 要大于 $y_0 y_1$。为什么会出现上述情况呢？这是由于挤出效应不同造成的。

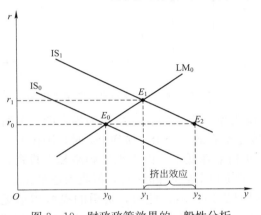

图 3 - 19 财政政策效果的一般性分析

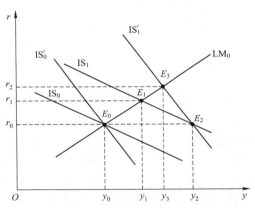

图 3 - 20 IS 曲线斜率对财政政策效果的影响

当 LM 曲线不变时，IS 曲线斜率的绝对值越大，即 IS 曲线越陡峭，则移动 IS 曲线时收入变化越大，也就是财政政策效果越大；反之，IS 曲线斜率的绝对值越小，即 IS 曲线越平坦，则财政政策效果越小。其原因是，IS 曲线越平坦，则其斜率 $-\dfrac{1-\beta}{d}$ 绝对值越小，从而投资函数的利率系数 d 越大，利率上升引起投资下降的幅度就越大，即挤出效应越大。

3）LM 曲线斜率对财政政策效果的影响

货币市场均衡情况对财政政策效果也有影响。当 LM 曲线越平坦时，财政政策效果越大；当 LM 曲线越陡峭时，财政政策效果越小。

如图 3 - 21 所示，LM_0 曲线斜率大于 LM_1 曲线的斜率。当实行积极的财政政策时，IS 曲线从 IS_0 移到 IS_1，在 LM_0 曲线下，均衡收入从 y_0 增加到 y_1；在 LM_1 曲线下，均衡收入从 y_0 增加到 y_3。$y_0 y_3$ 大于 $y_0 y_1$，原因是挤出效应不同。当 LM 曲线较平坦时（如 LM_1 曲线），表示货币需求的利率系数较大，即货币需求对利率变化很敏感，反之，利率变化对货币需求变动不敏感，积极财政政策引起货币需求增加时，利率不会上升太高（从 r_0 上升到 r_2），从而挤出效应较小（$y_3 y_2$），结果财政政策效果较大。相反，当 LM 曲线比较陡峭时（如 LM_0 曲线），表示货币需求的利率系数较小，即利率变化对货币需求变动很敏感，积极财政政策引起货币需求增加时，利率上升较大（从 r_0 上升到 r_1），从而挤出效应较大（$y_1 y_2$），结果财政政策效果较小。

2. 凯恩斯主义的极端情况

当 IS 曲线越陡峭或 LM 曲线越平坦时，财政政策效果越大。如果 IS 曲线为垂直线而 LM 曲线为水平线时，可预见财政政策将十分有效，这种情况称为凯恩斯主义的极端情况。如图 3 - 22 所示。

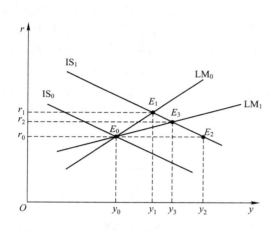

图 3 - 21　LM 曲线斜率对财政政策效果的影响　　图 3 - 22　财政政策的凯恩斯主义极端

图 3 - 22 中，一方面，IS 曲线为垂直线，说明投资需求的利率系数为零，即当实行积极的财政政策时，不存在挤出效应，即财政政策完全有效。当 IS_0 移到 IS_1 时，国民收入从 y_0 增加到 y_1。但如果实行积极的货币政策，即使利率降低了，由于无法刺激私人投资，收入也不会变化，如图 3 - 23 所示，积极的货币政策使利率从 r_0 降到 r_1，但收入还是 y_0。

另一方面，LM 曲线有一段为水平线，这是凯恩斯区域，此时，货币的投机需求无限大，财政政策完全有效。这是因为，由于此时市场上利率水平很低，人们持有大量的闲置货币用来投机，因此，人们愿意把钱借给政府，积极的财政政策不会引起利率上升，从而不会对私人投资产生挤出效应。图中当 IS_0 移到 IS_1 时，国民收入从 y_0 增加到 y_1。实际上，在 LM 曲线的凯恩斯区域中，即使 IS 曲线不垂直，也不存在挤出效应，从而财政政策也是很有效的，如图 3 - 24 所示。

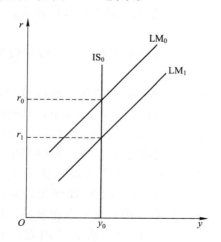

图 3 - 23　IS 曲线垂直时货币政策完全无效

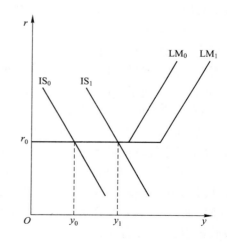

图 3 - 24　LM 曲线水平时财政政策完全有效

可见，当经济处于严重萧条，LM 曲线为水平状态时，为了解决失业问题，促进经济增长，政府首先应该考虑实行积极的财政政策。

3. 挤出效应

狭义来说，挤出效应是指政府购买支出增加所引起的私人投资减少。更广义地讲，挤出效应可以指一种需求的增加引起另一种需求的减少。例如，如果一些公共物品由私人投资来提供，则政府在这方面的支出就会减少。一般地，在经济分析中，使用的是狭义的挤出效应概念。

政府购买支出增加主要从两方面引起私人投资的减少。

一是政府支出增加会引起利率上升，使私人企业的投资成本增加，从而引起私人投资的减少。

二是政府支出增加会产生替代作用。这点在我国尤其突出。我国政府不仅直接进行基础建设，且通过大型"中央企业"提供许多产品，这些都加剧了与民营等企业的竞争，使私人投资减少。

挤出效应的大小与以下几个因素有关。

（1）投资需求对利率的敏感程度。在投资需求函数中，利率系数 d 越大，则利率变化对投资影响就越大，从而挤出效应越大。这种影响因素是最直接的。

（2）货币需求对利率变化的敏感程度。在货币需求函数中，利率系数 h 越大，表示利率对货币需求影响越大；反之，货币需求变化对利率影响比较小。因此，当政府购买支出增加时，货币需求也增加，但利率上升比较小，从而挤出效应比较小。

（3）货币需求对收入变化的敏感程度。在货币需求函数中，收入系数越大，表示收入对货币需求（货币的交易需求）影响越大。因此，当政府支出增加时，收入也增加，此时，货币需求增加比较大，从而利率上升也比较大，因而挤出效应较大。

（4）政府购买乘数的大小。政府购买乘数越大，当政府购买支出增加时，国民收入增加比较大，但收入增加的同时，利率也上升比较高，因此，挤出效应也越大。

一般情况下，政府购买乘数和货币需求中的收入系数比较稳定，挤出效应的大小主要由投资需求和货币需求对利率的敏感程度来决定。

3.5.2　货币政策效果分析

1. 货币政策效果的 IS-LM 图形分析

货币政策效果是指货币供给量变化对国民收入变动的影响大小，其效果也取决于 IS 曲线和 LM 曲线的倾斜程度。

1）货币政策效果的一般性分析

在图 3-25 中，开始时为 IS_0 和 LM_0，均衡收入为 y_0，均衡利率为 r_0。现在中央银行实行扩张的货币政策，LM_0 右移到 LM_1。如果利率仍为 r_0，则货币的投机需求不会变化。增发的货币全部用来交易，从而增加产品和劳务的需求，引起国民收入增长 $y_0 y_2$。但货币供给量的增加会引起均衡利率从 r_0 跌至 r_1。利率的降低，一方面会增加货币的投机需求；另一方面，会使私人投资增加。因此，均衡国民收入只会增加到 y_1。$y_0 y_1$ 就是货币政策效果，小于理想的 $y_0 y_2$，这是由货币的投机需求造成的。

2）IS 曲线斜率对货币政策效果的影响

IS 曲线越平坦，货币政策效果越大；IS 曲线越陡峭，货币政策效果越小。如图 3-26 所示，IS_0 曲线比 IS_1 曲线平坦，当 LM_0 移到 LM_1 时，如果 IS 曲线是 IS_0，均衡国民收入从 y_0 增加到 y_1；如果是 IS_1，均衡国民收入只会从 y_0 增加到 y_3，y_0y_3 小于 y_0y_1。这是因为，IS 曲线比较平坦时，投资函数的利率系数较大，利率对投资的影响比较大，当货币供给增加引起利率下降时，投资从而收入会增加得比较多。

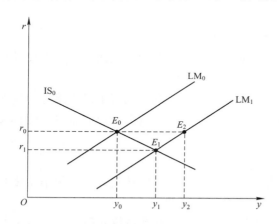 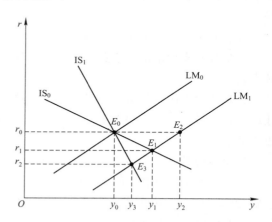

图 3-25　货币政策效果的一般性分析　　　　图 3-26　IS 曲线斜率对货币政策效果的影响

3）LM 曲线斜率对货币政策效果的影响

如果产品市场均衡情况保持不变，LM 曲线越平坦，货币政策效果越小；反之，LM 曲线越陡峭，货币政策效果越大。如图 3-27 所示，产品市场均衡为 IS_0 曲线。货币市场均衡有两种情况，分别为 LM_0 曲线和 LM_0' 曲线，前者比后者平坦，两者与 IS_0 曲线决定的均衡收入和利率都为 y_0、r_0。实行扩张性货币政策时，LM_0 移到 LM_1，LM_0' 移到 LM_1'，LM 曲线在横轴上移动的距离相等，都为 y_0y_2。但是，LM 曲线比较陡峭时，均衡收入从 y_0 增加到 y_3，LM 曲线比较平坦时，均衡收入从 y_0 增加到 y_1，y_0y_3 大于 y_0y_1，这说明 LM 曲线越陡峭，货币政策效果越大。这是因为，LM 曲线比较陡峭，说明货币投机需求的利率系数比较小，当货币供给量增加时，利率下降较多，可以较大地促进投资，同时，货币的投机需求也不会增加太多。

2. 古典主义的极端情况

与凯恩斯主义的极端情况正好相反，如果 IS 曲线为水平线而 LM 曲线为垂直线，可以预见货币政策将十分有效，而财政政策毫无效果。这种情况称为古典主义的极端情况。如图 3-28 所示。

图 3-28 中，一方面，LM 曲线为垂直线，说明货币需求的利率系数为 0，即没有货币的投机需求，这种情况一般发生在利率水平比较高、债券价格也低到了只会上涨的程度。此时，如果增发货币，增加的货币将全部用来增加交易需求，促进国民收入很大地增加。LM_0 移动到 LM_1 时，均衡收入从 y_0 增加到 y_1。此时，如果实行积极的财政政策，政府支出增加会引起利率显著上升，挤出效应是完全的。所以，在 LM 曲线垂直的情况下，货币政策完全有效，而财政政策完全无效。如图 3-29 所示，当积极的财政政策使 IS 曲线从 IS_0 移到 IS_1 时，收入还是保持 y_0 的水平，但利率上升较快。

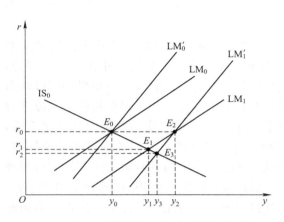

图 3－27　LM 曲线斜率对货币政策效果的影响

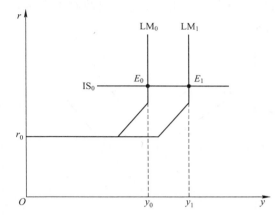

图 3－28　货币政策的古典主义极端

另一方面，IS 曲线为水平线，说明投资需求的利率系数无穷大，即利率即使发生微小的变动都会引起投资需求巨大变化。如果政府支出增加引起利率稍微上升，就会使私人投资大大减少，使挤出效应最大。显然，在 IS 曲线水平的情况下，财政政策完全无效，而货币政策完全有效。如图 3－30 所示，扩张的货币政策使 LM_0 移动 LM_1，这会带来两个后果：一是 IS 曲线水平，从而利率不会变化，货币的投机需求不会变化；二是增发的货币全部用来满足交易需求，从而推动收入大大增加。

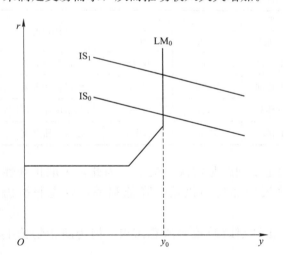

图 3－29　LM 曲线垂直时财政政策完全无效

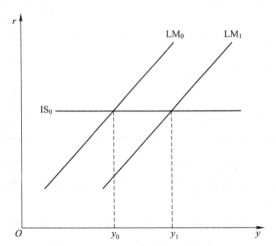

图 3－30　IS 曲线水平时货币政策完全有效

如果 IS 曲线水平，或 LM 曲线垂直，货币政策是完全有效的，而财政政策完全无效。其政策含义是，当经济处于繁荣阶段时，LM 曲线往往是垂直的，此时为了抑制通货膨胀，防止经济过热，政府首先应该考虑的是，实行紧缩的货币政策，而不是紧缩的财政政策。

3.5.3　两种政策的结合使用

以上两种极端情况，在现实经济中极少见。大多数情况下，IS 曲线向右下方倾斜，LM 向右上方倾斜。因此，无论是财政政策还是货币政策，对经济都有一定的作用。如图 3-31 所示。

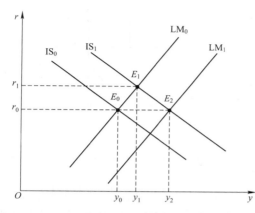

图 3-31　财政政策和货币政策的结合使用

在图 3-31 中，开始时经济处于 E_0 点，收入为 y_0，利率为 r_0。此时，社会上存在失业，为解决这一问题，政府可实行积极的财政政策或实行扩张的货币政策。但积极的财政政策会使利率上升，扩张的货币政策会使利率下降，而利率的大幅波动对人们的经济生活有影响。因此，可结合使用两种政策。如首先实行积极的财政政策，IS 曲线从 IS_0 移到 IS_1，利率上升，产生挤出效应，为此，配合实行扩张的货币政策，LM 曲线从 LM_0 移到 LM_1。利率回到 r_0，私人的投资就不会被挤出，收入会增加到 y_2。在 y_2 水平，失业问题就得到了较好解决。

财政政策和货币政策有多种组合，不同的组合有不同的经济效应。政府和中央银行可以根据具体的经济形势和不同目标，选择不同的政策组合。各种政策组合的效应及适用情况见表 3-4。

表 3-4　各种政策组合的经济效应及适用情况

情况	政策组合		IS 曲线和 LM 曲线		经济效应		适用情况
	财政政策	货币政策	IS 曲线	LM 曲线	收入	利率	
1	扩张	扩张	右上移动	右下移动	增加	不确定	经济严重萧条
2	扩张	紧缩	右上移动	左上移动	不确定	上升	经济比较萧条
3	紧缩	扩张	左下移动	右下移动	不确定	下跌	通货膨胀温和
4	紧缩	紧缩	左下移动	左上移动	减少	不确定	通货膨胀严重

情况 1，当经济严重萧条时，政府面临的主要问题是解决高失业。为此，采取扩张性财政政策增加总需求，同时用扩张性货币政策增加货币供给，降低利率，以克服挤出效应。

情况 2，当经济较萧条但不严重时，用扩张性财政政策刺激总需求，但为防止物价上涨，采用紧缩货币政策控制通货膨胀。

情况 3，当经济出现通货膨胀但不严重时，使用紧缩财政政策减少总需求，以平抑物价，同时用扩张性货币政策降低利率，刺激私人投资，防止经济衰退。

情况 4，当经济出现严重的通货膨胀时，必须双管齐下，采取紧缩的财政政策，减少总需求；同时采取紧缩的货币政策，减少货币供给。

在经济实践中，如何结合使用财政政策和货币政策，不仅是一个经济学问题，也是一个政治问题，同时还是一个艺术问题。说它是个经济学问题，主要是从理论上证明，什么时候适合用什么样的政策，会带来什么样的经济效应。说它是个政治问题，主要考虑不同的政策措施对不同人群利益的影响，如积极的货币政策会向社会投放大量货币，降低利率，这样对企业部门、投资者，特别是房地产开发商十分有利；如果实行积极的财政政策，增加政府购买和投资，对公务员及从事公共事业的人员比较有利；如果实行减税，则可增加广大职工和农民的个人可支配收入，从而增加消费支出。而说它还是个艺术问题，主要考虑政策执行的效率——由于财政政策和货币政策对经济是有影响的，但对不同人群的利益影响不一样，因此，各种政策在具体执行时，会遇到种种困难，一些人可能不愿意接受某种政策，这样一来，政策效果就会大打折扣。

本 章 小 结

1. 本章主要讨论了三方面的内容：简单收入决定理论、IS-LM 模型、财政政策和货币政策对经济的影响。这些理论有一个基本的出发前提，即满足凯恩斯定律：不论需求量为多少，经济制度都能以不变的价格提供相应的供给量。

2. 均衡的国民收入（equilibrium NI）指计划总需求与计划产出相等时的国民收入；潜在的国民收入（potential NI）指利用社会上一切资源所能生产出来的产品和劳务的价值总和，即实现了充分就业的国民收入，也称潜在收入；实际的国民收入（real or actual NI）指核算的国民收入。

3. 有效需求指总供给与总需求相等、经济处于均衡状态时的社会总需求。有效需求不足理论是凯恩斯就业理论的出发点，是凯恩斯理论的核心。

4. 均衡国民收入决定计算方法有两种：消费函数法和储蓄函数法。

两部门经济中均衡国民收入决定模型，如果使用消费函数法，则模型为：

$$\begin{cases} y = c + i & \text{（均衡表达式）} \\ c = \alpha + \beta y & \text{（消费函数）} \\ i = i_0 & \text{（投资函数）} \end{cases}$$

式中，第一个表达式是均衡条件；第二个表达式是消费函数；第三个表达式是投资函数。解得均衡收入：$y = \dfrac{\alpha + i_0}{1 - \beta}$；以此为基础，可计算出相应的三部门经济和四部门经济均衡国民收入。

5. 乘数原理：某种影响国民收入的因素变化，会导致国民收入有更大的变动。一般来说，收入的变动是影响因素变动的倍数，这就是乘数效应。乘数定义为：收入变动量与影响因素变动量的比值。乘数效应是双方面的。

6. IS 曲线表示产品市场均衡，它反映利率和均衡收入之间的函数关系。IS 曲线上任何一点都满足投资（i）等于储蓄（s）。两部门中，IS 曲线的斜率为 $-\dfrac{1-\beta}{d}$，负号表示收入与利率成反向关系，斜率大小由边际消费倾向 β 和投资的利率系数 d 共同决定。

IS 曲线的代数表达有两种形式，以两部门经济为例则有

$$y = \frac{\alpha + e}{1 - \beta} - \frac{d}{1 - \beta} r \quad \text{或} \quad r = \frac{\alpha + e}{d} - \frac{1 - \beta}{d} y$$

自主消费、自主投资增加、政府购买支出增加、政府转移支付增加和政府减税、出口增加时都会使 IS 曲线向右移动；反之，当自主消费、自主投资减少、政府购买支出减少、政府转移支付减少和政府增加税收、进口增加或出口减少时都会使 IS 曲线向左移动。

7. LM 曲线是反映利率和均衡收入之间函数关系的曲线，曲线上任何一点都满足货币供给（m）等于货币需求（L）这一关系，故称为 LM 曲线。LM 曲线的代数表达式有两种，即

$$y = \frac{m}{k} + \frac{h}{k}r \quad \text{或} \quad r = -\frac{m}{h} + \frac{k}{h}y$$

式中，y 表示货币市场均衡条件下的国民收入，据此画出的图形就是 LM 曲线。

LM 曲线的斜率为 $\frac{k}{h}$，正号表示收入与利率成正向关系，斜率大小由货币投机需求的利率系数 h 和货币交易需求的收入系数 k 共同决定。

8. IS 曲线讨论产品市场的均衡，LM 曲线讨论货币市场的均衡。要使两个市场同时均衡，可以把 IS 曲线和 LM 曲线放在一起分析，即建立 IS-LM 模型，其均衡解为

$$\begin{cases} y = \dfrac{h(\alpha+e)+md}{h(1-\beta)+kd} \\ r = \dfrac{k(\alpha+e)-m(1-\beta)}{h(1-\beta)+kd} \end{cases}$$

9. IS 曲线和 LM 曲线的交点实现了产品市场和货币市场同时均衡。但这一均衡收入不一定能够实现充分就业。为了实现充分就业，仅靠市场的自发调节是无法实现的，需要国家通过财政政策或货币政策进行调节，即通过移动 IS 曲线或 LM 曲线，实现充分就业的均衡。

10. 政策效果的大小取决于挤出效应的大小。狭义的挤出效应是指政府支出增加所引起的私人投资减少。广义的挤出效应可以指一种需求的增加引起另一种需求的减少。一般地，在经济分析中，使用的是狭义的挤出效应概念。

挤出效应的大小与投资需求对利率的敏感程度、货币需求对利率变化的敏感程度、货币需求对收入变化的敏感程度、政府支出乘数的大小等因素有关。一般情况下，政府支出乘数和货币需求中的收入系数比较稳定，挤出效应的大小主要由投资需求和货币需求对利率的敏感程度来决定。

知识拓展

金融危机下中美经济形势的差异与货币政策选择[①]

1. 引言

美国次贷危机引发的金融危机向全球逐步扩散，世界经济形势迅速恶化。2008 年 10 月

[①] 苏剑，林卫斌，叶淏尹. 金融危机下中美经济形势的差异与货币政策选择. 经济学动态，2009（9）.

8 日，美国联邦储备委员会、欧洲央行、英国英格兰银行及加拿大、瑞士和瑞典等西方主要国家的央行宣布将基准利率降低 0.5 个百分点。当天，中国人民银行宣布存贷款利率与存款准备金利率同时降低，国务院决定对储蓄存款利息所得暂免征收个人所得税。

在本次全球金融危机中，所有国家同时受到严重的冲击，世界各国的应对措施也该一致。因此，在这个观点的支配下，世界各国采取了统一行动，而且采取的措施也都是扩张性的货币政策。

本次世界经济面临的经济形势的确非常严峻，需要全球联手应对，但是各国，尤其是中国和美国面临的经济形势是有很大不同的，因此，虽然各国应联手应对，但各国的政策措施应有所差异。就中美两国而言，虽然两国面对的都是总需求下降，但总需求下降的原因却完全不同。美国总需求下降，是由于次贷危机导致银行紧缩贷款引发的货币紧缩。中国总需求下降的原因却是全球金融危机导致的出口下降引发的实体经济增长率下降，实体经济出现问题后，由于种种原因，企业投资需求和居民户消费需求均下降，结果导致交易性货币需求下降。因此，美国是金融体系出了问题，蔓延到实体经济，其问题是货币供给不足，货币需求很大；而中国是实体经济因出口大幅度下降而出了问题，蔓延到金融体系，其问题是货币需求不足，货币供给很大，从而会导致资产价格的膨胀，如果像美国一样采取大幅度扩张性货币政策，就会导致资产泡沫加剧，埋下金融危机的隐患。鉴于中美两国的经济形势存在这样的差别，中美两国的货币政策应该有所差别。

2. 美国的经济危机

美国的经济危机是从金融体系开始的。首先是次贷危机的爆发。次贷危机爆发后，银行体系为了保证自己的安全，开始大量持有超额准备金，使货币紧缩，这就导致放贷量必然相应减少，金融危机就转化为经济危机。

（1）美国的经济形势与政策需求。

2007 年中后期，由于次级债无法卖出，100 家以上房屋贷款公司因缺乏资金而破产。为了应对这种局面，商业银行急需流动性，于是在 2007 年 8 月，美国商业银行的超额准备金猛增，比 7 月增加 200％，随后恢复正常。从 2007 年第四季度起，金融机构开始出现巨额亏损；2008 年 3 月，贝尔斯登难以为继，被并入 J.P. 摩根，引发金融体系震荡。到了 2008 年 9 月，美国金融体系几近崩溃："双房"被国有化，雷曼兄弟破产，AIG 被 80％国有化。

金融体系出问题后，金融机构为了自身的安全，希望保留尽可能多的准备金，这可能导致银行减少贷款发放，从而减少投资和消费，对实体经济产生威胁。因此，要想稳定经济，美国就必须保证金融体系有足够的准备金。所以，美国必须采取宽松的货币政策。

（2）美国实际采取的政策。美国中央银行的确这样做了。从 2008 年 9 月起，美联储开始大量注入基础货币，仅 2008 年 9 月就增加基础货币 620 多亿美元，2008 年 10 月再比 9 月增加 3.5 倍，2008 年 11 月再比 10 月翻一番。到 2009 年 1 月，在 5 个月的时间内，美国的基础货币增加了 1 倍，这使得商业银行的超额准备金在同期内增加了 400 多倍。

（3）美国采取政策的效果。美国的货币政策非常及时、非常到位，成功地避免了实体经济的大幅震荡。与基础货币和超额准备金的大幅增加相反，美国的 M_1、M_2、商业银行发放的贷款、总私人国内投资的运行相当平稳，基本上没有大的波动。从 2008 年 6 月到 2009 年 5 月，商业银行发放的贷款增加 3％；从 2008 年 6 月到 2009 年 3 月，美国的季度总私人国内投资仅下降 20%，远小于人们的预期。

美国的货币政策不仅稳定了实体经济，也稳定了资本市场。因此，在本轮金融危机的调控中，美国中央银行的政策是比较成功的，它把危机限制在银行体系之内，没有对实体经济和资本市场产生大的冲击，避免了"大萧条"期间那种股市崩盘、经济崩溃的局面。当然，美国要从经济危机中走出来，还需要较长的时间。

3. 中国的经济下滑

中国的经济下滑是从出口下降开始的。美国次贷危机爆发后，美国的投资和消费能力下降，进口减少，影响到了中国的出口企业。中国出口下降导致了实体经济的衰退，投资和消费下降，这就影响到了交易性货币需求，交易性货币需求的下降使多余的货币大量涌入资产市场，造成了资产市场的泡沫化。

(1) 中国的经济形势。在美国金融危机的冲击下，中国出口形势非常严峻。从 2008 年 10 月起，中国出口逐月下降，在 2009 年 4 月最低降到了 649 亿美元。出口形势不景气导致许多企业尤其是外向型企业经营困难。如广东省关闭、停产、歇业和外迁的中小企业不断增多，截至 2008 年 10 月，这个数字升为 15 661 家，一个月就翻了一倍。

在世界金融危机的打击下，中国的失业问题日趋严重，大量农民工返乡。据《人民日报》报道，由于国际金融危机影响加剧，沿海企业遭遇困难，2008 年上半年，河南全省返乡农民工达 950 多万人。这意味着，在劳动密集型产业为主的我国东南沿海地区，农民工的失业率很可能高达 50%。

实体经济不景气的直接后果就是企业销售额下降，投资额必然随之下降，居民户收入水平或其增长率跟着也会下降，这就会降低消费水平。在货币供给一定的情况下，交易性货币需求的下降就意味着经济中存在着流动性过剩的现象。由于流动性过剩，多余的货币必然流向资产市场，就会导致资产价格的膨胀。

(2) 中国应该采取什么样的政策组合。中国流动性相对过剩是由于对购买商品和服务的需求的下降导致的，所以不会引起商品市场的通货膨胀；但它自然能流向资本市场。因此，中国面临的问题不是货币不足，而是货币过多。所以，扩张性的货币政策非但不能刺激投资、扩大总需求，反而会加重流动性过剩的问题，导致资产价格进一步上涨。所以，中国应该采取财政扩张、货币稳健的政策组合，用财政政策刺激投资和消费，增加总需求；用货币政策吸收过多的流动性，防止资产价格的过度上涨和资产泡沫的加大，预防金融危机。

(3) 中国实际上采取的政策组合。面对美国金融危机的冲击，中国采取了积极财政政策和适度宽松的货币政策。

(4) 目前的政策组合的效果。中国财政、货币政策的组合有力地刺激了总需求，同时也导致了资产价格的迅速上涨。中国的投资稳定增长，消费的增长率、经济增长率相对都比较稳定，没有出现大幅下滑的情况。

在实体经济基本上稳定的同时，中国的资本市场火暴异常。2008 年 11 月之后中国的股市进入一个高涨期，上证指数从最低点的 1 686 点一路走高，至 2009 年 7 月突破 3 300 点，涨幅接近 100%。与股票市场走势相一致的还有房地产市场的走势。全国各大中城市房价均大幅上扬，北京市的房价已经恢复到此前的最高水平。

总之，中国财政、货币的政策组合从客观上抑制了经济的下降，但却也进一步加剧了资产泡沫。

4. 政策建议

（1）对货币政策进行微调，实行稳健的货币政策。我国货币体系中的问题是交易性货币需求下降引起的流动性相对过剩造成的。因此，应该执行稳健的货币政策。中央银行应科学、准确地掌握货币政策的宽松力度，通过公开市场操作等方法来配合扩张的财政政策，从而使我国的宏观调控政策更为合理。

（2）抑制资产泡沫。除了掌握货币政策的宽松力度外，我国还必须采取一些专项政策抑制资产泡沫，以确保经济的长期健康发展。这些措施包括征收物业税、严格资本市场准入审核、推进多层次资本市场建设，优化金融结构等。①物业税的征收。征收物业税对挤出投机性房地产需求有着很大的促进作用。②严格资本市场准入审核制度。目前资产泡沫的形成与国际资本的流动不无关系，在这个前提下，必须继续严格执行资本市场的准入审核制度，防止国际热钱流入。③推进多层次资本市场建设，优化金融结构也是抑制资产泡沫的一种可行方式。如大力发展债券市场，完善债券管理体制、市场化发行机制和发债主体的自我约束机制，进一步丰富债券品种，提高债券融资的规模等。

像经济学家一样思考

让我们回到本章的导入案例，看一看经济学家是怎样思考中国货币政策和财政政策在中国经济中的作用的。

经济学家的分析：

中国改革开放 40 年，在面对各种不确定性和风险挑战中，取得了举世瞩目的经济奇迹，而合理运用财政政策和货币政策等宏观调控手段发挥了非常重要的作用。

财政政策是指政府通过财政的收入和支出变动，如调整政府购买、政府转移支付和政府税收等数量，来改变市场总需求，为经济发展创造良好的宏观环境。2012—2017 年，我国财政部先后实行了营改增税收改革，累计减税近 2 万亿元，与此同时还取消、免征、停征和减征了 1 368 项政府性基金和行政事业性收费，这些措施在减轻企业负担、增强企业活力、刺激企业投资、增加居民消费支出等方面确实收到了明显效果。当然，这样做的结果也引起了财政赤字增加，由 1.2 万亿元增加到 2.38 万亿元。

我国的货币政策是指中央银行根据经济形势变化调整货币供给量和利率，进而调节总投资需求和消费需求的工具。从 2012—2017 年，中国人民银行始终坚持稳健的货币政策，在应对经济下行压力、金融市场波动、房价高企、高杠杆带来的金融风险与资产价格泡沫等重大问题上发挥了关键作用。

十九大明确指出，中国进入新时代，我国经济发展的主要矛盾由需求侧转为供给侧，这就为我国的财政政策和货币政策指出了调整的方向，那就是要为供给侧结构性改革这个主线服务。要从注重大规模扩张需求总量上用力转向稳定经济增长、产业结构和消费结构优化调整上。财政政策要继续降低各项税费以刺激企业投资增加以外，要更加侧重在企业和居民收入所得税费方面的减免上。而货币政策要继续保持"中性"特征，既不激进扩张，也不消极收缩，而是要以实现宏观杠杆率稳中有降为目标，为防范化解重大金融风险发挥更大的作用。

练习及思考题

一、填空题

1. 凯恩斯定律指不论 _____ 是多少，厂商都能以不变的价格提供相应的_____。

2. 凯恩斯认为，影响有效需求的主要有三个心理因素：_____；_____和_____。

3. 潜在的国民收入指利用社会上一切资源所能生产出来的产品和劳务的价值总和，即实现了_____国民收入，简称潜在收入。

4. 两部门经济中有两个部门：_____和_____。三个市场：_____、_____和_____。

5. 根据乘数原理，某种影响国民收入的因素变化，会导致_____有更大的变动。

6. 投资乘数大小与_____有关，_____越大，乘数也越大。

7. 平衡预算乘数是指当政府_____和_____同时以_____增加或减少时，国民收入变动对政府收支变动的比率。

8. 根据货币政策传导机制，中央银行增加货币供给量，则利率会_____，从而刺激投资_____，最后，通过乘数效应，促进国民收入_____。

二、判断题（下面判断正确的在括号内打√，不正确的打　）

（　　）1. 投资乘数大小与边际储蓄倾向有关，边际储蓄倾向越大，乘数也越大。

（　　）2. 均衡国民收入一定等于潜在国民收入。

（　　）3. 转移支付乘数等于政府购买乘数，因为二者都属于政府支出。

（　　）4. 当政府增加税收时，为了实现平衡预算，同时增加等额于税收的政府购买支出，则国民收入会不增不减。

（　　）5. 产品市场均衡时，计划的投资等于计划储蓄。

（　　）6. LM 曲线是用来分析货币市场均衡的。

三、选择题

1. 在某两部门经济中，如果自发消费为 300 亿元，投资为 400 亿元，边际储蓄倾向为 0.1，则均衡收入水平为（　　）。

　　A. 770 亿元　　　　　　　　　B. 4 300 亿元

　　C. 3 400 亿元　　　　　　　　D. 7 000 亿元

2. 在以下四种情况中，投资乘数最大的是（　　）。

　　A. 边际消费倾向为 0.6　　　　B. 边际储蓄倾向为 0.3

　　C. 边际消费倾向为 0.4　　　　D. 边际储蓄倾向为 0.1

3. 如果投资增加 150 亿元，边际消费倾向等于 0.8，则均衡收入水平将增加（　　）。

　　A. 150 亿元　　　　　　　　　B. 600 亿元

　　C. 750 亿元　　　　　　　　　D. 450 亿元

4. 下面哪条曲线是用来分析产品市场均衡的？（　　）

  A. IS 曲线   B. LM 曲线

  C. IS 曲线和 LM 曲线   D. M/P 曲线

5. IS 曲线上的任何一点收入和利率组合，都表示（   ）。

  A. 投资等于储蓄   B. 需求等于供给

  C. 货币需求等于货币供给   D. 消费等于储蓄

6. LM 曲线是用来分析（   ）。

  A. 劳动市场均衡   B. 产品市场均衡

  C. 货币市场均衡   D. 消费市场均衡

7. 在流动性偏好陷阱，（   ）。

  A. 财政政策有效   B. 货币政策有效

  C. 财政政策无效   D. 货币政策无效

8. 如果自主投资增加，会引起下面哪条曲线的移动？（   ）

  A. IS 曲线   B. LM 曲线

  C. IS 曲线和 LM 曲线   D. M/P 曲线

9. "加大政府支出或者降低税收，LM 曲线会向右上方移动。"这句话（   ）。

  A. 对   B. 错

  C. 根据不同条件而定   D. 有时候对，有时候错

10. 向右下方移动 LM 曲线意味着（   ）。

  A. 实行紧缩的财政政策   B. 实行紧缩的货币政策

  C. 实行积极的财政政策   D. 实行膨胀的货币政策

11. 克服通货膨胀最有效的经济政策是（   ）。

  A. 膨胀的货币政策   B. 紧缩的货币政策

  C. 积极的财政政策   D. 紧缩的财政政策

12. 如果产品市场供大于求，货币市场供不应求，则通过 IS－LM 分析（   ）。

  A. 收入会下降   B. 收入会上升

  C. 利率会下降   D. 利率会上升

13. 经济严重萧条时候，政府应该采用（   ）。

  A. 积极财政政策和紧缩货币政策   B. 积极财政政策和积极货币政策

  C. 紧缩货币政策和紧缩财政政策   D. 紧缩财政政策和积极货币政策

14. "紧缩性财政政策和膨胀性货币政策"适用于（   ）。

  A. 严重萧条   B. 不太严重的萧条

  C. 严重通货膨胀   D. 不太严重的通货膨胀

15. "挤出效应"是指（   ）。

  A. 外国商品挤出了本国商品   B. 外国投资挤出了本国投资

  C. 政府购买挤出了私人投资   D. 私人投资挤出了政府购买

16. 挤出效应与下面哪个因素有关？（   ）

  A. 投资需求对利率的敏感程度   B. 政府转移支付乘数

  C. 政府税收乘数   D. 消费市场均衡

17. 如果 IS 曲线陡峭，LM 曲线平缓，则（   ）。

A. 财政政策效果大而货币政策效果小

B. 财政政策效果小而货币政策效果大

C. 财政政策和货币政策效果都大

D. 财政政策和货币政策效果都小

四、问答与论述题

1. 什么是 IS 曲线？其斜率是什么？在什么条件下，该曲线发生移动？

2. 影响挤出效应的主要因素有哪些？

3. 请画图说明在 IS-LM 模型中，均衡利率和均衡国民收入是如何决定的。

4. 画图说明，积极财政政策对均衡利率和均衡国民收入是如何决定的。

五、计算题

1. 假如某两部门经济社会的消费函数为 $c=100+0.8y$，投资为 50 单位。试计算均衡收入、消费和储蓄。

2. 在某三部门经济中，消费函数 $c=100+0.75y_d$，投资 $i=150$，政府购买 $g=130$，税收 $T=160$（单位都是亿元），试求：（a）均衡国民收入；（b）投资乘数、政府购买乘数、税收乘数。

3. 在某三部门经济中，消费函数为 $C=100+0.8y_d$，y_d 可支配收入，投资支出为 $I=50$，政府购买支出为 $G=200$，政府转移支付为 $t_r=62.5$，税收为 $T=250$。求：（a）均衡收入；（b）投资乘数、政府购买乘数、税收乘数、转移支付乘数和平衡预算乘数。

4. 设货币需求函数 $L=0.2y-3r$，货币供给量为 200，消费函数 $c=200+0.8y_d$，投资函数 $i=100-4r$，政府购买 $g=140$（单位都是亿元），试求：（a）IS 曲线和 LM 曲线的表达式；（b）均衡收入、均衡利率。

5. 已知某国宏观经济中消费函数 $C=150+0.5y$，投资函数 $i=150-400r$，货币交易需求函数 $L_1=0.25y$，货币投机需求函数 $L_2=50-100r$，政府购买 $G=50$，货币供给量 $M=180$。求：（a）IS、LM 曲线表达式；（b）均衡收入 y、利率 r、投资量 i、货币交易需求量 L_1 和货币投机需求量 L_2。

第4章
总供求分析：AD - AS 模型

【知识结构图】

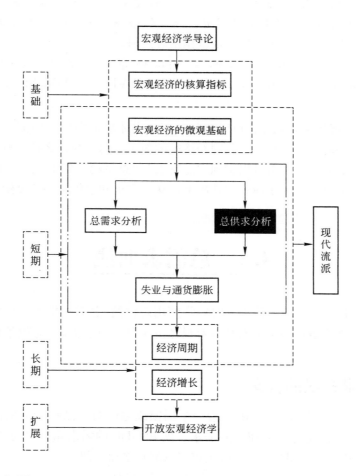

【导入案例】

深入推进供给侧结构性改革

2018年3月5日的第十三届全国人民代表大会第一次会议上，李克强总理代表国务院向大会报告政府工作。报告中对未来五年工作提出了建议，其中第一条建议就是："深入推进供给侧结构性改革。坚持把发展经济着力点放在实体经济上，继续抓好'三去一降一补'，大力简政减税减费，不断优化营商环境，进一步激发市场主体活力，提升经济发展质量。"将供给侧改革作为未来工作建议的第一项，足见中央对于供给侧改革的重视程度。

供给侧改革的第一次提出是在 2015 年 11 月 10 日召开的中央财经领导小组（下称中财小组）会议上。在当天召开的中财小组第十一次会议上，习近平首次提出"加强供给侧结构性改革"。习近平在会上强调指出，在适度扩大总需求的同时，着力加强供给侧结构性改革，着力提高供给体系质量和效益，增强经济持续增长动力，推动我国社会生产力水平实现整体跃升。

加强供给侧结构性改革，意味着中国对经济的宏观调控，由之前的需求端入手引导消费，转向从供给端着力推动产品品质提升，而"供给侧改革"也取代出口、投资、消费"三驾马车"的提法，成了近年来媒体话语体系的热词。

资料来源：http://www.mod.gov.cn/topnews/2018 - 03/05/content _ 4805962 _ 4.htm；http://news.163.com/16/0115/20/BDD9HEVD00014AEE.html.

"扩大内需"是近年来我们经常可以在各种新闻媒体报道中见到的词汇，那么，什么是"内需"，什么是"外需"呢？它们在我国经济中的作用如何？为什么在分析中国宏观经济形势与其他国家经济形势时候常常可以看到"总需求""总供给"等概念？它们和国民收入决定有怎样的关系？本章在第 3 章内容的基础上，从总需求和总供给的角度给出第三个国民收入决定模型。

4.1　总需求曲线

经济学家在分析一国宏观经济形势时经常使用总供给-总需求模型，该模型是研究一国国民收入决定及整体价格水平决定的基本宏观经济工具。对总需求-总供给模型的分析，先从总需求曲线开始。

4.1.1　总需求曲线的含义

总需求（aggregate demand，AD）指一个国家或地区对产品和劳务的需求总量，包括消费需求、投资需求、政府需求和国外需求。实际 GDP 的需求量是实际消费（C）、投资（I）、政府购买支出（G）、出口（X）减去进口（M）之和。即

$$y=C+I+G+(X-M)$$

实际 GDP 需求量是家庭、企业、政府和外国在不同价格水平下计划购买的一国或地区生产的最终产品和劳务总量。他们的购买意愿和购买能力取决于很多因素，主要包括价格水平、宏观经济政策、世界经济形势等因素。

首先分析价格水平与实际 GDP 二者之间的关系。

假定其他几个因素不变，物价水平越高，实际 GDP 总需求就越少；反之，物价水平越

低，实际 GDP 总需求就越大。总需求与价格水平之间成反方向变动的关系。物价与实际 GDP 总需求之间的这种关系可以用总需求函数与总需求曲线来予以描述。

总需求函数可以表示为 $y = f(P)$

总需求可以用 AD 曲线来表示（见图 4 - 1）。

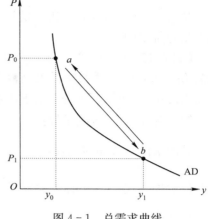

在图 4 - 1 中，纵轴代表物价水平，横轴代表国民收入水平，AD 代表总需求曲线，总需求曲线上每一点代表一定价格水平下，实际 GDP 的总需求量。

图 4 - 1 总需求曲线

4.1.2 总需求曲线的推导

1. 代数方法推导总需求函数

第 3 章学习了 IS 和 LM 方程，下面通过将二者联立的方程组推导出总需求函数。

根据式（3.24），可知两部门经济中的 IS 曲线的代数表达式为

$$y = \frac{\alpha + e}{1 - \beta} - \frac{d}{1 - \beta} r \tag{4.1}$$

或

$$r = \frac{\alpha + e}{d} - \frac{1 - \beta}{d} y \tag{4.2}$$

三部门经济中的 IS 曲线的代数表达式为

$$r = \frac{\alpha + g_0 + e + \beta t_r - \beta T}{d} - \frac{1 - \beta}{d} y$$

根据式（3.30），可知 LM 曲线的代数表达式为 $y = \frac{m}{k} + \frac{h}{k} r$

或

$$r = -\frac{m}{h} + \frac{k}{h} y$$

LM 曲线的代数式中的 $m = M/P$ 代表实际货币供给，M 代表名义货币供给，P 代表整体价格水平。因此，可将其改写为

$$y = \frac{1}{k} \left(\frac{M}{P} \right) + \frac{h}{k} r \tag{4.3}$$

或

$$r = \frac{k}{h} y - \frac{1}{h} \left(\frac{M}{P} \right) \tag{4.4}$$

在 IS 曲线的代数表达式（4.1）或式（4.2）和 LM 曲线的代数表达式（4.3）或式（4.4）中，仍将 y、r 看成未知数，而把其他变量看成是参数来对其进行联立求解，则所求的关于 y 的解式中会含有 P 变量。含有 P 变量的 y 的解式反映了不同整体价格水平 P 与不同实际需求量 y 之间的函数关系，这就是总需求函数。即

$$y=\frac{dM+Ph(\alpha+e)}{P[dk+h(1-\beta)]}=\frac{dM}{dk+h(1-\beta)}\cdot\frac{1}{P}+\frac{h(\alpha+e)}{dk+h(1-\beta)} \tag{4.5}$$

从式（4.5）可知，总需求量与价格之间成反向关系。下面用一个实际的例子来说明总需求量与价格的关系。

【例 4.1】 已知消费函数 $c=100+0.75y$，投资 $i=250-25r$；该社会的货币交易需求函数为 $L_1=0.2y$，货币投机需求函数为 $L_2=200-80r$，名义货币供给量 $M=280$（单位都为亿元人民币）。求该经济的总需求函数。

解 首先求出 IS 线函数：$\qquad y=1\ 400-100r \tag{4.6}$

其次求出 LM 曲线函数：$\qquad y=\frac{1\ 400}{P}-1\ 000+400r \tag{4.7}$

最后根据式（4.5）求出总需求函数为：$\qquad y=920+\frac{280}{P} \tag{4.8}$

从式（4.8）中可以明显看出，总需求与整体价格水平之间成反向关系。

2. 几何方法推导总需求曲线

假定在一个经济中，产品市场和货币市场处于均衡，除了价格水平以外，其他经济变量不发生变化。

根据第 3 章中 LM 曲线的表达式，可知实际货币供给量为 $m=M/P$。这就是说，在名义货币供给量不变的情况下，价格上升会引起实际货币供给量减少，这会引起 LM 曲线向左移动；反之，价格下降引起实际货币供给量增加，引起 LM 曲线向右移动。

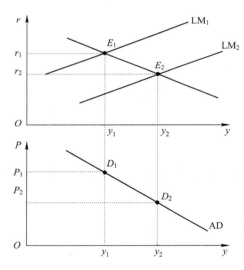

图 4-2 中的 IS 曲线一般不受物价水平的影响。因此，不同物价水平的 LM 曲线就能确定不同的收入和利率组合。图 4-2 分为上下两部分，上半部分表示 IS-LM 图，下半部分表示总需求量与价格之间的关系。

在名义货币供给 M 不变时，价格水平为 P_1，实际货币供给为 M/P_1，LM_1 曲线为货币市场均衡曲线，LM_1 与 IS 曲线相交于 E_1 点，此时，产品市场和货币市场同时均衡，均衡国民收入为 y_1，均衡的利率为 r_1。将价格水平 P_1 及对应的均衡国民收入 y_1 的组合点描到图形下半部分的坐标系里，得到图中的点 D_1。

当价格水平从 P_1 下降到 P_2 时，实际货币供给上升为 M/P_2，实际货币供给增加，LM 曲线从 LM_1 右移到 LM_2，LM_2 与 IS 曲线相交于 E_2 点，

图 4-2 总需求曲线的推导

均衡的国民收入为 y_2，均衡的利率为 r_2。把价格水平 P_2 及对应的均衡国民收入 y_2 的组合点描到下半部分图形的坐标系里，得图中的点 D_2。按照这样的顺序，随着价格的变化会找到产品市场和货币市场均衡时的收入，这样就会有许多的价格与收入对应的点，从而构成下半部分图形中的一系列的点，把这些点连接起来就得到图 4-2 下半部分所示的总需求曲线 AD。

直观看，总需求曲线与微观经济学分析中的某商品的需求曲线形状非常相似，但实际上二者的含义很不同：微观经济中，某种商品需求曲线上的某一点只表示该商品的需求量与其价格之间的关系；而总需求曲线上任一点表示某一价格水平及其对应的产品市场和货币市场同时均衡时的总产出水平，总需求反映的是物价水平引起实际货币供给变动→引起利率水平变动→引起投资变动→引起总产出水平变化这样一个复杂的传导机制。

从 AD 曲线的推导过程可看出，处于总需求曲线上的任一点都实现了产品市场均衡和货币市场均衡，曲线以外的任意一点都表示在给定的价格水平下产品市场或货币市场不能实现均衡。

4.1.3　总需求曲线的斜率：财产效应、利率效应和汇率效应

从图 4-2 中可以看出，总需求曲线向右下方倾斜，是什么原因导致其向右下方倾斜呢？主要原因在于财产效应、利率效应和汇率效应。

1. 财产效应

当其他条件不变、整体物价变动时，人们的实际财产会发生变动。名义财产和实际财产是相对的：名义财产是指用货币量度量的诸如储蓄、债券等资产；而实际财产指人们拥有的储蓄、债券等资产所能购买到的实物量。名义财产不变时，实际财产取决于物价水平：如果物价上升了，人们的实际财产减少；如果物价下降了，人们的实际财产增加。

人们的消费需求取决于财产，财产增加，消费增加；财产减少，消费减少。例如，大学生张三住在北京市，现在他利用暑假勤工俭学积攒 2 000 元，计划作为下一个学期的生活费用，假定现在的物价水平上升了 10%，则张三目前需要 2 200 元才能购买到过去 2 000 元可以买到的东西，这样他就会减少其他方面的消费或储蓄。

消费需求是总需求的组成部分，因此，物价水平变动通过对实际财产的影响而影响消费需求，进而影响总需求，物价水平与总需求之间是反向变动的关系。这就是财产效应。它是由经济学家庇古提出来的，又称为庇古效应（Pigou effect）。

2. 利率效应

当其他条件不变、整体物价变动时，利率会发生变动。决定利率的因素是货币的供给与需求。当货币需求不变时，决定利率的就是货币供给。货币供给增加，利率下降；货币供给减少，利率上升。货币供给分为名义货币供给和实际货币供给。名义货币供给指流通中的货币量，用货币量度量；而实际货币供给指货币量所能购买到的实际商品和劳务的量。名义货币供给不变时，实际货币供给取决于物价水平：物价水平上升了，实际货币供给减少，利率上升；物价下降，实际货币供给增加，利率降低。

在企业预期投资收益不变的情况下，企业投资需求主要取决于利率。因为，无论是自有资本还是借贷资本，利率都是企业投资的成本。当其他条件不变时，利率下降会引起投资增加，利率上升会引起投资减少。投资与利率是反方向变动的关系。例如，当年利率为 2.5% 时，企业借贷 200 万元需支付利息成本 5 万元；而当利率升高为 5% 时，200 万元则需支付利息 10 万元，为此，企业会由于利率成本的提高而减少投资。

投资需求是总需求的组成部分，物价水平变动通过对实际货币供给的影响而影响利率，进而影响总需求，物价水平与总需求之间是反向变动的关系。这就是利率效应。它又称为凯恩斯效应（Keynes effect）。

3. 汇率效应

当其他条件（包括其他国家的整体价格水平）不变时，一国整体物价水平的上升意味着该国生产的产品和劳务相对于其他国家生产的产品和劳务更昂贵。这会引起该国产品出口减少，而进口增加，导致净出口减少。

同理，汇率的变动也会引起净出口的变动。例如，我国人民币与美元原来的汇率是8：1[①]，现在我国人民币汇率上升，与美元汇率变化为6：1。原来1美元相当于我国8元人民币，现在只相当于6元人民币，美元不值钱了。原来，美国某种商品价格为10美元，用我国人民币标价就是80元；当我国人民币升值后，用人民币标价就降低为60元，价格下降，会增加对美国产品的进口。再比如，我国某种产品价格为240元，在汇率为8：1时，用美元表示为30美元；当汇率上升为6：1时，用美元表示该产品价格提高为40美元。这会引起美国减少对我国产品的进口，即我国出口减少。

引起汇率变动的重要原因之一是利率。在资本完全流动的前提下，资本会从低利率国家或地区流入高利率国家或地区。当一国利率提高到高于世界平均利率水平时，资本会流入该国。外国资本在流入该国时需要将外国货币兑换为该国货币。这样由于对该国货币需求增加，该国货币汇率上升使净出口减少。净出口需求是总需求的组成部分，因此，物价水平变动通过对汇率的影响而影响净出口需求，进而影响总需求，物价水平与总需求之间是反向变动的关系，这就是汇率效应，也称为弗莱明-蒙代尔效应（Fleming - Mundell effect）。

综上，当其他条件不变时，一国的物价水平发生变化会引起总需求变化，这种变化在总需求曲线上表现为沿着总需求曲线的移动。图4-1中，假定初始价格为P_0，总需求为y_0，当价格下降到P_1时，需求量增加为y_1，表现为沿着总需求曲线从a点向下移动到b点；反之，当物价水平上升时，会引起沿着总需求曲线向左上方移动。

总之，无论财产效应、利率效应和汇率效应，它们都说明价格水平变化会引起实际GDP总需求的变动。在消费需求、投资需求和净出口需求中，净出口需求属于"外需"，消费需求和投资需求属于"内需"。一个国家不能将自己的总需求过度依赖于外需，因此，拉动内需就显得比较重要。

4.1.4 总需求曲线的移动

实际上，当物价水平不变时，其他因素变动也会引起总需求的变化。此时的总需求AD曲线会是整条曲线的移动。如图4-3所示，综合前面AD曲线的推导，可以看出，当IS曲线和LM曲线移动时会引起总需求曲线的移动。

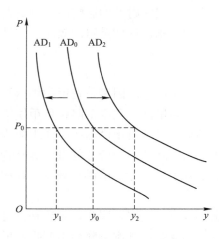

图4-3   总需求曲线的移动

第3章中，我们已经知道，自主消费、自主投资增加、政府购买支出增加、政府转移支付增加和政府减税、进口减少或出口增加时都会使IS曲线向右移动；反之，当自主消费、自主投资减少、政府购买支出减少、政府转移支付减少和政府增加税收、进口增加或出口减

---

① 本章的人民币汇率是为分析方便，并不是准确数字。

少时都会使 IS 曲线向左移动。LM 曲线的移动则主要取决于货币供给量的变化，即政府货币政策松紧的变化。其中，自主消费与居民消费习惯的改变以及政府鼓励或限制消费的财政政策或货币政策有关；自主投资与企业投资意愿的变化以及政府鼓励或限制投资的财政政策或货币政策有关；政府转移支付、税收和政府购买则是政府财政政策的主要内容；进出口的变化则会受到汇率变动的影响。

因此，可以将总需求曲线移动的主要因素归结为：财政政策和货币政策、汇率变化及国外经济形势变化等。

1. 财政政策的变动

当政府实行扩张性财政政策时，政府可以增加转移支付和降低税收，而政府税收的减少和转移支付的增加会引起人们可支配收入的增加，也会引起企业留利的增加。可支配收入增加会引起消费需求的增加，企业留利的增加则会引起企业投资需求的增加，进而引起总需求增加，表现在图形中就是 AD 曲线向右移动。

即使税收和转移支付不变，政府购买商品和劳务的支出增加也会引起总需求的增加。

当然，如果政府实行紧缩的财政政策，减少转移支付、提高税收或减少政府购买支出等措施会引起总需求的减少，表现在图形中就是 AD 曲线向左移动。

2. 货币政策的变化

当中央银行实行扩张性货币政策时，货币供给量增加，引起利率下降，投资增加，带动总需求增加，表现在图形中就是 AD 曲线向右移动；反之，当中央银行实行紧缩性货币政策时，货币供给量减少，导致利率上升，高利率引起投资减少，使总需求减少，表现在图形中就是 AD 曲线向左移动。

3. 汇率变化

当本币汇率上升时，会减少出口需求，导致总需求减少，AD 曲线向左移动；反之，本币汇率下降时会引起出口需求增加，AD 曲线向右移动。

4. 国外经济形势变化

外国经济形势的恶化，如爆发于美国的金融危机导致美国经济形势恶化，减少了美国对我国出口产品的需求。我国出口需求的减少，引起我国总需求减少。我国几十年的经济快速发展，使我国收入水平提高，增加了对欧美国家产品的需求，我国进口增加，进而引起我国净出口需求减少。

可见，政府实行紧缩的财政政策和货币政策会引起 AD 曲线向左移动，如果政府实行积极的财政政策和货币政策会引起 AD 曲线向右移动。这也是政府扩大内需的重要理论依据。

4.2　总供给曲线

学习了总需求曲线之后，现在来了解一下总需求-总供给模型中的另一个重要组成部分——总供给。

4.2.1　总供给的含义

总供给（aggregate supply，AS）是一个国家或地区提供的产品和劳务的总产量。一个国家或地区的总供给状况是与该国或地区的社会资源直接联系在一起的。主要有三个影响总供给的因素：劳动就业量（N）、资本量（K）、技术水平（T）。

在宏观经济学中，用宏观生产函数描述总供给（总产量）与劳动就业量、资本量、技术水平之间的关系。宏观生产函数表示为

$$y = f(N, K, T) \tag{4.9}$$

从宏观生产函数可以看出，N、K、T 越大，y 就越大。

宏观生产函数分为长期宏观生产函数和短期宏观生产函数。短期宏观生产函数假定资本量和技术水平不变，总产量只与劳动就业量有关；长期宏观生产函数中总产量与劳动就业量、资本量和技术水平都有关。

4.2.2　总供给曲线的含义

总供给曲线（aggregate supply curve）反映总供给与价格水平之间的关系，即它说明在每个价格水平时整个社会愿意并且能够提供的产品总量。根据宏观生产函数可知，整个社会愿意供给的产品总量取决于在提供这些产品时所必须支付的劳动与其他投入的成本。因此，总供给曲线反映要素市场（特别是劳动市场）的供求情况。它描述一个经济社会的基本资源用于生产时可能有的产量水平。

宏观生产函数有长短期之分，总供给曲线也有长短期之分。对于长期总供给曲线的形状，不同学派的看法是比较一致的；而关于短期总供给曲线的形状和走势，不同学派的经济学家对其有不同的分析和解释。

4.2.3　古典主义总供给曲线

古典经济理论认为，在短期内，企业的资本存量不变，产量的变动主要取决于劳动这一要素。其生产函数可以写成：$Q = f(\overline{K}, L)$。

企业对劳动的需求量由企业根据"劳动的边际产量＝实际工资$\left(\mathrm{MP_L} = \dfrac{W}{P}\right)$"的利润最大化原则来决定。因此，企业会根据实际工资来调整对劳动的需求量，进而引起劳动就业量的变动，就业量大小直接影响总供给。

实际工资的变动是由价格水平变动引起的。古典经济理论认为，名义工资具有完全的灵活性；当整体价格水平上升时，如果名义工资不变，实际工资会降低，此时，企业会增加对工人的雇用，即企业会增加对劳动的需求。工人却不会被通货膨胀所欺骗，会要求企业提高名义工资以保证自己的实际工资水平不变；相反，当整体价格水平下降时，实际工资提高，企业减少对劳动的需求量，失业会增加，工人为了能够就业就会降低名义工资水平要求，直到实际工资恢复到原来水平。

由于名义工资可以根据整体价格水平变化情况而随时灵活调整，因此实际工资水平总能保持不变，劳动市场总是保持均衡，社会就业水平总是不变的。这表明，无论价格水平如何变动，总供给量都是固定不变的。因此，社会的总供给曲线是一条垂直曲线。如图 4-4 中的 AS 曲线。

图 4-4 中，图（a）表示劳动市场的均衡状况，$N_d = N_d(W/P)$ 表示劳动的需求；$N_s = N_s(W/P)$ 表示劳动供给，由于物价和工资水平可以灵活变动，因此总可以实现劳动

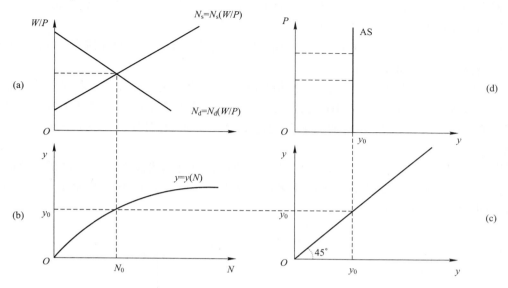

图4-4　古典主义的总供给曲线

市场均衡（$N_d(W/P)=N_s(W/P)$）。图（b）表明在其他资源投入不变的情况下，劳动投入决定总产出。图（c）用45°线进行转换，图（d）就是古典主义的总供给曲线。

对于古典学派关于长期的总供给曲线是垂直的判断，各学派都是比较认可的。因为，就长期来看，经济是可以实现充分就业的。因此，垂直的古典总供给曲线也称为长期总供给曲线（long-run aggregate supply curve）。大多数西方学者都认为，这条垂直的总供给曲线可以作为长期的总供给曲线。这是因为在长期中，经济中的劳动、资本、自然资源和技术水平决定物品和服务的总供给量。然而在短期内，经济却并不一定总处于充分就业状态，所以，可将古典总供给曲线看成是短期的一种特例。

4.2.4　凯恩斯主义总供给曲线与凯恩斯总供给曲线

凯恩斯总供给曲线是在对古典经济理论批判的基础上建立的，是建立在工资——价格刚性基础上的。工资刚性是指：在劳动市场上，工人会反对名义工资下降，从而使名义工资只能上升，不能下降，即名义工资存在向下的刚性。同时，人们有"货币幻觉"，即人们只注意名义工资的变动而没有看到货币的实际购买力变动。所以，他们往往反对价格不变情况下名义工资的下降，而不反对名义工资不变情况下价格水平的上升。同时，由于工资是产品价格的基础，因此价格也存在向下的刚性。

假定工资和价格都具有向下的刚性，且劳动的边际生产力不变，则可以推导出凯恩斯总供给曲线。为了推导凯恩斯总供给曲线，首先来推导凯恩斯主义曲线。

在图4-5中，图（a）表示劳动市场的均衡状况，$N_d=N_d(W/P)$表示劳动的需求；$N_s=N_s(W/P)$表示劳动供给，在价格P_0实际工资为W/P_0时，劳动需求等于劳动供给，实现充分就业。假设名义工资（W）不变，价格水平提高到P_1，实际工资下降为W/P_1。实际工资下降导致劳动需求量增加，劳动的需求大于劳动的供给，为此，厂商会提高名义工资以雇用到更多的劳动。由于劳动者不会阻挠名义工资的上升，所以，名义工资会上升到使实际工资等于原有的实际工资（W/P_0）时为止。此时，劳动的供求相等，就业量为 N_0。这一过程适用于任何大于 P_1 的价格水平。

这就是说，在名义工资（W）不变的情况下，价格水平（P）的任何大于 P_0 的变动都不会影响就业量，就业量总是 N_0。

图（b）表明在其他资源投入不变的情况下，劳动投入决定总产量。把 N_0 的数值代入宏观生产函数中，会得到相应的国民收入的数值 y_0。这也就是说，在名义工资（W）变动的情况下，价格水平（P）的任何大于 P_0 的变动都不会影响国民收入（y）的数值，y 的数值总是等于 y_0。

图（c）用 45°线进行转换。图（d）中的垂直部分就是描述价格 P 与总产量 y 之间的关系。该垂直部分表示：在名义工资 W 上升的情况下，任何大于 P_0 的价格水平（如 P_1），都对应于国民收入均为 y_0。

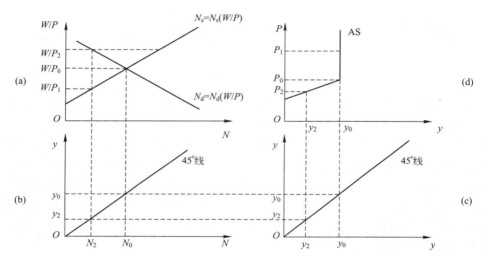

图 4-5   凯恩斯主义总供给曲线

现假设名义工资仍为 W，价格水平下降为 P_2，实际工资上升为 W/P_2。此时，要想维持充分就业的实际工资（W/P_0）水平，名义工资 W 必须下降。但由于工资刚性存在，工人反对名义工资降低。这样，实际工资就上升为 W/P_2。实际工资上升导致劳动供给大于劳动需求，此时，尽管存在过剩的劳动供给，但由于实际工资过高，厂商只雇用等于 N_2 的比较少量的劳动，N_2 代表此时的就业量。N_2 的就业量带来相应的 y_2 产量。由于 N_2 小于 N_0，所以 y_2 也小于 y_0，于是总供给曲线呈现向左下方倾斜的部分。可见，和 P_2 一样，任何低于 P_0 的价格水平都会引起劳动需求减少，进而引起就业量减少，因此产出会减少。

把向左下方倾斜的线段与垂直线段连接在一起就得到了凯恩斯主义总供给曲线。

下面将凯恩斯主义总供给曲线加以简化。把凯恩斯主义总供给曲线的向左下方倾斜的部分画作水平线，将其与垂直部分线段连接起来就得到了凯恩斯总供给曲线，如图 4-6 中的图（d）所示。

图 4-6 中的 AS 曲线就是凯恩斯总供给曲线，该曲线也称为萧条模型的总供给曲线。其总供给曲线水平部分线段的经济含义如下：凯恩斯认为，当社会上存在大量的闲置设备和

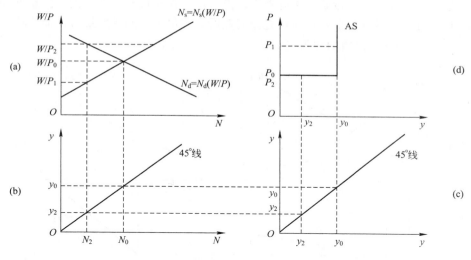

图 4－6　凯恩斯总供给曲线

较为严重的失业时，厂商可以在现行工资水平之下得到它们所需要的任何数量的劳动力。当仅把工资作为企业的生产成本时，这就意味着生产成本不随产量的变动而变动，即劳动的边际生产力不递减，从而价格水平也不会随产量的变动而变动。即由于存在着失业，企业可以在现行工资下雇用到他们需要的任意数量的劳动。这样，在现行价格水平上，企业愿意并且能够供给任意的产品数量，直到充分就业点。

　　而一旦达到充分就业，社会没有了多余生产能力，就不再可能提供更多的产品。凯恩斯总供给曲线的垂直部分线段含义是说，在实现充分就业的国民收入 y_0 后，无论价格水平如何变化，国民收入也不会增加了。

4.2.5　常规总供给曲线

　　新古典综合派认为，凯恩斯总供给曲线和古典主义总供给曲线都属于极端的情况，一般情况下的短期总供给曲线处于两种极端之间。

　　他们首先取消了凯恩斯劳动边际生产力不变的假定，转而假定，企业利润最大化条件为 $\mathrm{MC} = \dfrac{W}{\mathrm{MP_L}} = P$，名义工资不变（即存在向下的刚性）；然后，推导出了常规的总供给曲线。

　　在图 4－7 中，图（b）表明在其他资源投入不变的情况下，劳动投入决定总产出。把 N_0 的数值代入生产函数中，会得到相应的国民收入的数值 y_0。它是抛物线形状，说明劳动的边际生产力递减。

　　图（a）表示劳动市场的状况，$N_\mathrm{d} = N_\mathrm{d}(W/P)$ 表示劳动需求；$N_\mathrm{s} = N_\mathrm{s}(W/P)$ 表示劳动供给，在价格实际工资为 W/P_0 时，劳动需求等于劳动供给，实现充分就业。假设名义工资（W）不变，价格水平提高到 P_1（或更高水平），实际工资会下降为 W/P_1（或更低）。此时，厂商会不断增加雇用劳动，直到 N_0 为止。

　　当价格继续下降时，由于已经实现了充分就业，因此企业只能雇用到生产效率相对较低的工人。因此，劳动量增加尽管可以增加一定的总产量，但却增加得非常有限。这就使总供给曲线在充分就业后越来越陡峭，接近垂直。换言之，在实现充分就业前，产量增加的幅度大，价格上升的幅度相对较小；在达到充分就业后，产量上升的幅度缓慢，而价格上升的幅度较快。图（d）中的总供给曲线就是如此。

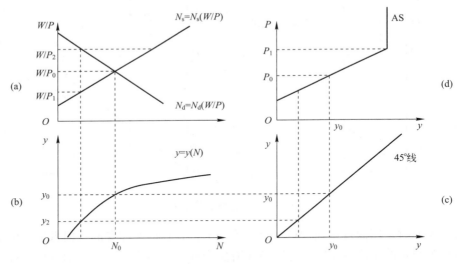

图 4-7　常规总供给曲线

向右上方倾斜的总供给曲线表明价格越高，企业愿意提供的总产量越大。因此，更高的价格水平将导致更高的总产量。当名义工资率、其他资源价格、充分就业的产出都不变的情况下，实际的产出与价格水平之间的这种同方向变动的关系也可以说明短期的供给情况，因此，常规的总供给曲线又被称为短期总供给曲线（short-run supply curve）。

当然，对于短期总供给曲线向右上方倾斜的原因，新凯恩斯主义有新的理解，有关理论将在第 8 章相关流派理论中分析①。

4.2.6　总供给曲线的斜率

从上面的分析可以看出，长期和短期的总供给曲线的斜率是不同的，不同的短期总供给曲线的斜率也不同。总供给曲线的斜率大小反映了总供给量对价格变动的反应程度。总供给曲线的斜率大（即总供给曲线较为陡峭），说明总供给量对价格变动的反应小；总供给曲线的斜率小（即总供给曲线较为平坦），说明总供给量对价格变动的反应大。凯恩斯总供给曲线的斜率最小，其总供给曲线呈水平状；古典主义总供给曲线的斜率最大，其供给曲线呈垂直状；常规的总供给曲线的斜率介于二者之间。因此，有些经济学家将这样三个不同斜率的总供给曲线画在了一个图上，这样可以看得更明显（见图 4-8）。

4.2.7　沿着总供给曲线的移动

现在把短期总供给曲线和长期总供给曲线放在一个图中，来说明沿着总供给曲线移动的情况。

---

① 有关新凯恩斯主义关于价格黏性和工资黏性的理论参见第 8 章相关内容。

在图 4-9 中，LAS 表示长期总供给曲线，处于潜在产量水平；SAS 是短期总供给曲线，它表示实际的产量水平与物价水平的关系。在价格水平为 P_1 时，实际产出水平为 y_1，此时正好等于充分就业产量水平，也就是潜在产量水平；当价格水平为 P_2 时，实际产出水平为 y_2，小于充分就业产出水平；当价格水平为 P_3 时，实际产出水平为 y_3，大于充分就业产出水平。

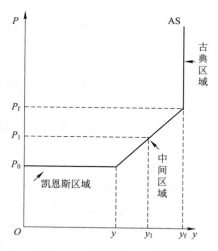

图 4-8 总供给曲线的三个区域　　　　图 4-9 长期总供给曲线和短期总供给曲线

当物价水平上升而名义工资和其他要素价格不变时，实际总产量会增加，这就是沿着短期总供给曲线移动（如图中从 A 点到 B 点的移动）；而当物价水平、名义工资、其他要素的价格按照相同比例共同提高时，则实际产出与潜在产出一致，这时存在沿着长期总供给曲线的移动（如图中从 B 点向垂直上方的移动）。

4.2.8　总供给曲线的移动

沿着短期总供给曲线和长期总供给曲线的移动都不改变总供给曲线的位置，而当非物价因素变化引起的总产量变动时，总供给曲线会发生整条曲线的移动。

1. 长期总供给曲线的移动

长期总供给曲线的移动是由 4 个原因的变动引起的。

1）劳动变动引起长期总供给曲线移动

一般而言，生产过程中投入的工人数量的增加会引起总产量的增加，这样长期的总供给曲线会随着劳动量的增加而向右移动；相反，投入的工人数量减少会引起长期总供给曲线向左移动。例如，政府提高最低工资水平会引起失业上升，经济中的产出会减少，结果长期总供给曲线向左移动。

2）资本变动引起长期总供给曲线移动

一般来说，经济中的资本存量增加，劳动生产率相对提高，产出的产品和服务就增加，结果使长期总供给曲线向右移动。例如，发达国家的资本存量远大于发展中国家的资本存量，则其潜在人均国内生产总值远大于发展中国家；相反，当经济中的资本存量减少时，会引起总供给曲线向左移动。当然，资本包括人力资本，人们通过学习和培训获得的技能越大，潜在的产出就越大。

3）资源变动引起长期总供给曲线移动

生产过程除了必要的资本和劳动外，还需要资源，如土地、矿藏和气象条件等。一种新矿藏的发现会增加生产中投入的资源，引起长期总供给曲线右移；而国外进口的资源减少会引起长期总供给曲线左移。

4）技术条件变动引起长期总供给曲线移动

技术进步可以提高劳动、资本的生产率，因此，即使是资本和劳动投入不变，技术进步也会带来更多的产品和服务，引起长期总供给曲线右移。

2. 短期总供给曲线移动

劳动、资本、资源和技术的变动都会引起长期总供给曲线的移动，同样也可以引起短期总供给曲线的移动。例如，当由于技术进步引起生产效率提高时，企业可以生产出更多的产品和服务，无论长期还是短期曲线都会向右移动；而当洪涝灾害发生时会引起减产，进而引起长期和短期总供给曲线向左移动。

除此之外，还有其他因素可以引起短期总供给曲线发生移动。

第一，预期物价水平的变动引起短期总供给曲线移动。当工人预期物价水平上升时，他们会要求提高工资，而高工资增加了企业的生产成本，在物价水平实际没有发生变化的情况下，企业会减少产品和服务的供给量，结果引起短期总供给曲线向左移动；相反，如果工人和企业都预期物价水平下降时，会降低工资水平，这样就降低了企业的生产成本，在物价水平实际没有发生变化时，企业会扩大产品和服务的生产量，进而引起短期总供给曲线向右移动。

第二，名义工资变动引起短期总供给曲线移动。在价格水平不变的情况下，名义工资水平越高，企业的生产成本越大，这样企业在每个价格水平下愿意生产的产品和服务就越少，导致短期总供给曲线向左移动；相反，名义工资降低可以降低企业的生产成本，企业会扩大产品和服务的供给量，引起短期总供给曲线向右移动。

4.3　AD－AS 分析

前面已经学习了总供给和总需求曲线，现在用总需求-总供给模型来解释实际产出和物价水平的变动之间的关系。为了达到这样的目的，需要将总供给与总需求结合在一起确定总供求均衡。

4.3.1　总供求均衡

1. 短期宏观经济均衡

当实际总需求等于实际总供给时就实现了短期宏观经济均衡（short-run macroeconomic equilibrium）。在图中表现为短期总供给曲线和总需求曲线的交点（见图 4-10）。

图 4-10 中价格为 P_e，实际产出为 y_e，此时，总供给与总需求相等，企业卖出的产品量正好等于社会能买到他们需要的产品量，宏观经济实现均衡。如果物价水平上升了，大于 P_e 时，企业生产的产品量大于社会总需求，非意愿存货增加，企业会减少产量并降低价格

来减少产品积压，生产和价格一直下降到企业卖出去自己的全部产量时、总供给量等于总需求量实现均衡为止；如果物价水平下降了，小于 P_e 时，企业生产的产品量小于社会总需求，企业为此会提高产品价格并增加产量，随着物价整体水平提高，社会总需求量减少，直到总供给量等于总需求量实现均衡为止。

需要注意的是，短期的宏观经济均衡并不一定就是实现了充分就业。

2. 长期宏观经济均衡

当实际的产出等于潜在的或充分就业的产出时，就实现了长期的宏观经济均衡（long-run macroeconomic equilibrium），在图中表现为长期总供给曲线和总需求曲线的交点（见图 4 - 11）。

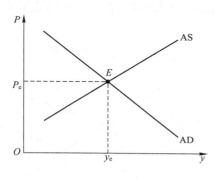

图 4 - 10　短期宏观经济均衡

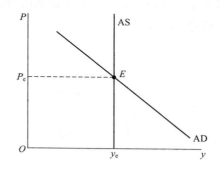

图 4 - 11　长期宏观经济均衡

图 4 - 11 中价格为 P_e，实际产出为 y_e，此时，总供给与总需求相等，企业卖出自己的产品量正好等于社会能买到他们需要的产品量，宏观经济实现均衡。因为在长期中，名义工资率会发生变化，从而可以实现充分就业。长期的潜在产出和总需求决定了物价水平，而物价水平变动会引起名义工资率变动，在长期均衡时，名义工资率调整到通过长期均衡点的短期总供给上。

4.3.2　萧条

总需求-总供给模型不仅能清楚解释宏观经济均衡，还可以用来说明现实经济现象，如萧条、膨胀和滞胀。下面分别进行分析。

图 4 - 12 表示的是经济萧条下的总需求曲线 AD 和短期总供给曲线 SAS 的情况。

从图中可以看到，总需求曲线 AD 和短期总供给曲线 SAS 的交点 E 决定了产量或收入为 y，价格水平为 P。这种情况下的总需求水平较低，较低的总需求水平导致物价水平也低，企业产品积压并且利润下降，因此企业会紧缩生产规模，导致失业增加，经济处于萧条状态。实际的产出水平远低于充分就业的产出水平 y_f。

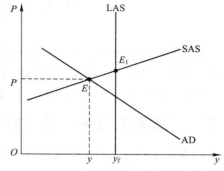

图 4 - 12　经济萧条下的 AD 和 SAS

4.3.3　高涨

图 4 - 13 表示的是经济膨胀下的总需求曲线 AD 和短期总供给曲线 SAS 的情况。

从图中可以看到，总需求曲线 AD 和短期总供给曲线 SAS 的交点 E 决定了产量或收入为 y，价格水平为 P，这种情况下的总需求水平较高，较高的总需求引起物价水平走高，企业产品脱销且利润空间扩大。因此，企业会进一步扩大生产规模，导致投资增加，物价继续走高，实际产出远大于充分就业的产出水平 y_f，经济处于膨胀状态。

4.3.4　滞胀

滞胀是指经济中同时发生通货膨胀与经济衰退的经济现象。图 4 - 14 描述了滞胀下的总供给与总需求曲线。

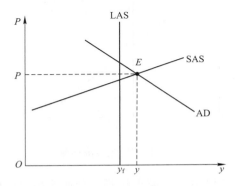
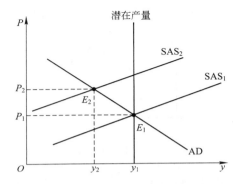

图 4 - 13　经济膨胀条件下的 AD 和 SAS　　　　图 4 - 14　滞胀下的 AD 和 SAS

图 4 - 14 中的 AD 是总需求曲线，SAS 是短期总供给曲线。SAS_1 与 AD 两者的交点 E_1 决定的产量或收入为 y_1，价格水平为 P_1。假定现在由于出现供给冲击，短期总供给曲线 SAS_1 向左移动到 SAS_2，总需求曲线 AD 和短期总供给曲线 SAS_2 的交点 E_2 决定的产量或收入为 y_2，价格水平为 P_2，这样的产量低于原来的产量，说明存在经济停滞，而价格水平却高于原来的价格水平，说明存在通货膨胀，停滞和通货膨胀同时出现了。

4.4　宏观经济稳定政策

从前面的分析可以知道，宏观经济的运行并不总是平稳均衡的，经常会由于总需求或总供给的原因而发生波动，因此，需要政府从总需求和总供给的角度进行经济政策的干预。就已有的经验和实践来看，政府对总需求的干预和总供给的干预一般采用总需求政策和总供给政策。

4.4.1　总需求政策：紧缩性政策与扩张性政策

总需求政策包括紧缩性的货币和财政政策、扩张性的货币和财政政策。

1. 货币政策与总需求

根据前面有关总需求曲线的推导过程，可以知道，中央银行货币供给量的增加或减少会引起总需求曲线的移动。正是根据这一理论，政府可以通过中央银行调节货币供给量来进行总需求管理。中央银行使用货币政策工具扩大经济中的货币供给量，就是扩张性货币政策；如果减少了经济中的货币供给量，就是紧缩性货币政策。

中央银行通过调节货币量影响总需求，进而影响宏观经济均衡的情况。如图4-15是扩张性货币政策引起的总需求增加。

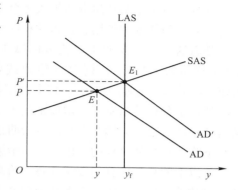

图4-15　扩张性货币政策引起的总需求增加

图4-15中，最初的总需求曲线为AD，短期总供给曲线为SAS，均衡点为E，此时的均衡国民收入为y。这时，由于过低的总需求水平导致经济存在萧条情况，中央银行希望通过扩张的货币政策刺激经济扩张，中央银行降低法定准备率（或通过公开市场买进政府债券，或降低贴现率）增加货币供给量，货币供给增加导致利率下降，利率下降引起投资增加，投资需求增加导致总需求增加，总需求曲线向右移到AD'，和总供给曲线在更高的水平相交，此时，新的经济收入达到了y_f。

中央银行实行紧缩性的货币政策，产生的效果是相反的，请读者自己画图说明。

2. 财政政策与总需求

根据前面有关总需求曲线的推导过程，可以知道，一国或地区的中央政府通过调整政府购买支出和税收也会引起总需求曲线的移动。在第3章我们已知道，政府购买支出增加或减税政策会引起IS曲线右移，而IS曲线的右移会引起总需求曲线向右移动。也就是说，政府实行扩张的财政政策会引起总需求曲线向右移动，显然，它可以带来类似图4-15那样的政策效果。政府实行紧缩的财政政策则引起总需求曲线向左移动。

4.4.2　总供给政策：减税

凯恩斯主义在强调总需求政策时，忽略了财政政策对总供给的任何潜在影响。但供给学派却认为财政政策对于供给的影响是比较大的，因此值得分析。

供给学派认为，减税可以加强激励作用，并增加社会总供给。对于这样的看法在经济学家中始终存在争论。运用总需求-总供给模型来看，这样的主张是否正确呢？为了说明这个问题，下面从增加所得税（增税）开始分析。

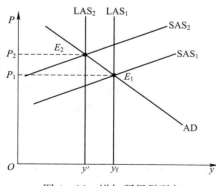

图4-16　增加所得税引起
总供给曲线移动

在图4-16中，y_f表示潜在的产出或充分就业的产出。潜在的产出取决于充分就业的劳动量、资本量、自然资源量和技术状况。税收如果可以影响这几个量，则税收政策对于潜在的产出是有影响的。这里的税收主要是所得税。

劳动量是由劳动市场的供求决定的，在没有所得税时，均衡工资水平可以保证劳动的需求等于劳动的供给。现在假设政府决定征收所得税，税收削弱了对工作的激励，工人减少了劳动供给，劳动需求不变，供给减少，会导致劳动工资上升，劳动时间减少。

同理，资本量和自然资源投入量会由于政府所得税的征收而减少。此外，所得税还会削弱人们开发新技术和使用新技术的积极性，引起技术发展的缓慢。

随着这 4 种重要的生产投入的减少，潜在的产出水平减少，导致长期总供给曲线由 LAS_1 移动到 LAS_2，长期总供给曲线的移动引起短期总供给曲线的左移（从 SAS_1 到 SAS_2），引起的实际产出由 y_f 减少为 y'，物价水平从 P_1 上升为 P_2。

从以上分析可以发现，增加税收导致均衡产出减少，物价上升；如果政府不实行增税而实行减税的政策，显然会引起总供给曲线的右移，这样是利于均衡产出增加的，且物价水平还会下降。正是从这样的考虑，供给学派主张政府实行减税的政策来刺激总供给。[①]

从以上的总需求管理政策和总供给政策来看，减税是一个对总需求和总供给都产生影响的财政政策，只是主张总需求政策理论注意到了减税对总需求的影响，而主张总供给政策的理论强调了减税对总供给的影响。现在把减税这一财政政策的供给效应和需求效应结合在一起分析。

在图 4-17 中，由于减税政策实施，导致总需求曲线由 AD_1 右移到 AD_2，所以，均衡的国民收入由原来的 y_1 增加到了 y_2，尽管均衡收入增加幅度较大，但同时也引起了物价水平的上升（$P_1 \rightarrow P_2$）。但实际上，减税也会引起总供给的增加，在图中表现为供给曲线右移，但显然供给增加带来的均衡国民收入增加幅度小得多，其好处是不会引起物价上升，而是会引起物价的下降。

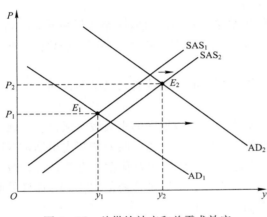

图 4-17　总供给效应和总需求效应

本 章 小 结

1. 总需求曲线表示在每一种物价水平时，家庭、企业、政府和外国用户想要购买的物品和劳务量的曲线。它说明在任何一种既定的物价水平时经济中需求的所有物品和劳务量，即总需求曲线表示在某个特定的价格水平上，社会需求的产出水平。总需求曲线表示产品市场和货币市场同时均衡时的价格和产出水平关系，因此，可以利用 IS-LM 模型来推导。

2. 凯恩斯效应（Keynes effect），又称利率效应，指当物价水平下降时，会引起利率（r）下降，利率的下降引起投资（I）增加，进而引起产出（y）增加；相反，当物价水平上升时，会引起利率上升，利率的上升会引起投资减少，进而引起产出减少。庇古效应（Pigou effect），又称财产效应，是指未达到充分就业的情况下，物价水平的下降，会使得私人部门的净财富的实际价值上升，从而拉动消费需求上升；反

①　对于供给学派的相关理论观点参看第 8 章的有关内容。

之，物价水平上升会引起消费需求下降。弗莱明-蒙代尔效应（Fleming-Mundell effect），又称汇率效应，指物价水平上升会引起出口减少，进口增加，导致净出口减少，社会总需求下降；而物价水平下降会引起出口增加，进口减少，导致净出口增加，社会总需求上升。

3. 总需求曲线上任一点表示某一确定的价格水平及其对应的产品市场和货币市场同时均衡时的产出水平；总需求曲线外任意一点所表示的价格水平与产出水平组合都将导致在给定的价格水平下产品市场和货币市场不能实现均衡。总需求曲线向右下方倾斜表明价格水平越高，社会需求量越小；价格水平越低，社会需求总量越大。

4. 总供给曲线（aggregate supply curve）说明的是价格与产量的结合，即在某种价格水平时整个社会的厂商愿意供给的产品总量。所有厂商愿意供给的产品总量取决于它们提供这些产品时所获得的收入，以及它们在生产产品时所必须支付的劳动与其他生产要素的成本。一般而言，总供给主要是由生产性投入（最重要的是劳动与资本）的数量和这些投入组合的效率（即社会的技术水平）决定的。总供给曲线的走势根据所考察时间长短的不同而不同。各派经济学家对总供给有不同的解释。

5. 古典经济理论认为，名义工资和价格水平具有完全的灵活性，社会总是可以实现充分就业的，因此，社会的总供给曲线是一条垂直曲线。古典总供给曲线也称为长期总供给曲线（long-run aggregate supply curve）。凯恩斯总供给曲线是建立在工资—价格刚性基础上的，凯恩斯总供给曲线呈现了水平的部分。总供给曲线水平段的经济含义是：当社会上存在大量的闲置设备和较为严重的失业时，厂商可以在现行工资水平之下得到他们所需要的任何数量的劳动力，劳动的边际生产力不递减；一般情况下短期总供给曲线是一条向右上方倾斜的曲线，表明价格越高，企业愿意提供的总产量越大。

6. 非物价因素变化引起的总产出变动时，总供给会发生变动，从而引起长期总供给曲线移动和短期总供给曲线的移动。

7. 总需求-总供给模型不仅能清楚地说明宏观经济均衡，还可以用来解释现实经济现象，如萧条、膨胀和滞胀。

8. 宏观经济的运行不总是平稳均衡的，经常会由于总需求或总供给的原因而发生波动，因此，需要政府从总需求和总供给的角度进行经济政策的干预。就已有的经验和实践来看，政府对总需求的干预和总供给的干预一般采用总需求政策和总供给政策。减税是一个对总需求和总供给都产生影响的财政政策。

▶ 知识拓展 ◀

中国宏观经济形势中的 AD－AS 模型①

1. 引言

2008 年，一场美国"百年来最严重的金融危机"触动了"多米诺骨牌"。美国、日本等

---

① 胡春阳，鲍步云. 从通缩到滞胀的中国宏观经济形势分析. 当代经济研究，2010（1）.

国家出现了罕见的失业率上升和 GDP 增长放缓甚至"停滞"现象；中国也出现了 2 000 多万的农民工失业返乡、实际失业率近 10％水平、GDP 增长率 6 年来首次降为 10％以下等现象。面对全球经济衰退，许多国家都不同程度地实施了经济刺激方案。奥巴马政府推出了首轮 7 870 亿美元的经济刺激计划。中国确立了"一保一防"的方针，在实施总额 4 万亿元的两年投资计划的同时，通过广义货币增长 17％、贷款新增 5 万亿元等一系列措施确保 2009 年城镇登记失业率、GDP 增长分别实现 4.6％和 8％的目标。

在现代西方经济学的理论中，无论是卢卡斯的不完全信息-市场出清模型，还是新凯恩斯模型均表明政策扩张（如名义货币存量 M 的增加）带来的需求冲击在经过长期的调整之后（尤其是当工资和物价得以充分调整后），对 GDP 乃至就业的贡献是微乎其微的；而在短期内由于未预期到的货币数量增加、工资和物价调整的滞后性会对 GDP、就业产生一定的促进作用。同时，来自供给方面的冲击也会对通胀、GDP 和就业带来不可忽视的影响。在世界迎来全面经济衰退，石油、铁矿石、粮食价格再次持续走高的今天，我国要落实科学发展观，构建社会主义和谐社会，必须正视这样的问题。

近年来一些学者在研究我国当前经济条件下的总需求-总供给（AD－AS）模型等问题时提出了许多和西方经济理论不一致甚至相悖的论述，给宏观经济分析及决策带来了困惑。我们试图检验传统 AD－AS 模型，测算宏观经济指标，然后尝试建立修正 AD－AS 模型，并据此对 2009 年总需求和总供给冲击的调整状况进行分析，探讨我国当前宏观经济形势及应对策略。

2. AD－AS 模型的计量检验

总供给函数和总需求函数可以用来分析 GDP 或 GDP 增长率与通胀等变量。这里试图运用传统理论设定 AD－AS 模型估计方程形式，然后利用最新统计数据进行回归分析和数据检验，判断模型拟合效果的优劣，并根据实证结果和当前我国实际情况对传统理论进行修正和再评估。

通过建立模型与估计工作，发现：①如果 2009 年中国经济要"保 8"，全年通缩率必须小于 4.21％，参照 2009 年上半年狭义货币量增长率均值 15.93％，2009 年 GDP 增长率可达 9.22％；②当经济系统受到较强的需求冲击（除货币供应量外）和供给冲击（如石油、铁矿石等大宗商品价格上涨）时，模型的准确性是难以确定的。

3. 修正 AD－AS 模型

1）供给函数方程式

通过 Milton Friedman 和 Edmund Phelps 的附加预期的 Phillips 模型配合奥肯法则，并在假设生产函数 $Y＝\alpha N$、产品价格为成本加成价格基础上，建立起供给函数方程式。这种方法看似完美，事实上存在的缺陷容易导致结果无效、偏离甚至错误。为减少偏差，下面从生产函数的角度来推导总供给函数。

2）总需求函数方程式

首先考虑产品市场，建立四部门产品市场均衡模型。

令总支出 $AD＝C＋I＋G＋N_X$，总收入 $Y＝C＋S＋(TA－TR)$，由四部门经济的国民收入核算恒等式 $C＋I＋G＋NX≡C＋S＋(TA－TR)$ 得出四部门产品市场的均衡模型为

$$Y＝\alpha(A－br)＝[A－b(i－\pi)]/[1－c(1－t)]$$

其中，α 为包含给定税率在内的综合乘数，b 为投资利率乘数，$r＝i－\pi$（π 为通胀率），c 为

边际消费倾向，t 为税率，A 为自发支出且有

$$A=c(TR-T_0)+G+I+NX+\alpha$$

其中，A 的形式与 NX 等的函数形式有关。又由货币市场均衡条件和产品市场的均衡条件 $i=(kY-M/P)/h$ 联立得到两个市场同时均衡时的总需求

$$Y_0=\gamma A+\beta M/P+\gamma b\pi^e$$

其中，k 为交易需求函数；M 为名义货币量；P 为一般价格水平；β 为货币政策乘数；γ 为财政政策乘数，且有 $\gamma=\Delta Y/\Delta G=\alpha/[1+kb\alpha/h]$；$\pi^e$ 为预期通胀率。公式写成如下差分形式的泰勒展开式即为需求函数方程式。

$$\ln Y_t=\ln Y_{t-1}+l_1 f+l_2(m_t-\pi_t)+\eta(\Delta\pi^e)$$

其中，l_1、l_2 为系数；f 为财政政策变量且有 $f=dA/A$；m_t 为货币政策变量，且有 $m=dM/M$；π_t 为通胀率；η 为预期通胀率对真实 GDP 的影响系数；$\Delta\pi^e$ 为通货预期变动部分。考虑到我国当前资本管制、汇率制度的特殊性，利率和汇率在某种程度上也可视为外生变量。

4. 2009 年度需求及供给冲击影响的修正 AD－AS 模型分析

为应对全球经济衰退以及能源价格再次攀升等国际不确定因素，确保 2009 年 GDP 增长、失业率控制在 8% 左右的目标，我国计划新增 17% 的广义货币 M2 和 5 万亿元以上的贷款，并实施 4 万亿元的两年期投资计划。如此强烈的需求和供给冲击必给我国经济带来巨大的影响。

我们拟通过以上建立的修正 AD－AS 模型来逐一分析当经济受到来自需求和供给方面的冲击时，模拟在短期和中长期的调整机制，分析我国宏观经济可能呈现的态势，以便有针对性地采取措施和策略。由于通胀预期和技术水平的变动会导致 AS、AD 曲线的移动，并最终影响通胀率和产出增长率，此处暂时假定这两个变量为常数。赵昕东（2008）等指出我国近年来"产出缺口"已经逐步趋近零甚至为正值，因此我们将模型中关于 2009 年的均衡设置在潜在产出增长率附近，得出 2009 年需求和供给冲击的短期和中长期调整，如图 4-18 和图 4-19 所示。

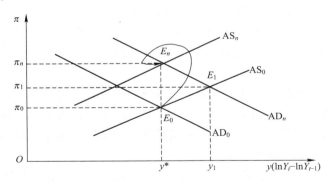

图 4-18　2009 年需求冲击的短期和中长期调整

图 4-18 显示，初始时总供给和总需求的均衡点为 E_0，均衡时通胀率和产出增长率分别为 π_0 和 y^*。当经济只受到来自需求方面的冲击时，AD 曲线在短期内向右移动达到新的均衡，即均衡点由 E_0 转向 E_1。均衡时通胀率和产出增长率分别增至为 π_1 和 y_1；中长期内，AS 曲线、AD 曲线不断调整并达到新的短期平衡，直到均衡产量增长率等于 y^* 为止。此时均衡点为 E_n，通胀率由 π_1 继续上涨到 π_n，经济呈现出某种曲线型运动形式。

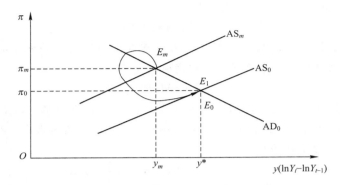

图 4-19　2009 年供给冲击的短期和中长期调整

图 4-19 显示，当经济只受到来自供给方面的冲击时，产品生产成本上升，AS 曲线在短期内向左移动达到新的均衡，即均衡点由 E_0 转向 E_m。均衡时通胀率增至 π_m，而产出增长率则下降为 y_m；中长期内，AS 曲线会重新回归到均衡产量增长率等于 y^* 的均衡点，即原均衡点 E_0。通过对以上调整模型的分析，得出以下结论。

（1）短期内，需求冲击带来产量效应，加剧通胀；供给冲击直接影响产量，同时加剧通胀；

（2）中长期内，需求冲击和供给冲击都不会带来产量效应。但前者可能引发高通胀，如果再计入通胀预期，可能进一步降低产量和加剧通胀。

（3）中长期内，在全球经济普遍衰退的条件下，如果石油、铁矿石等大宗商品价格持续走高而相关政策措施没有持续的扩张力度，中国经济将可能面临更大的"滞胀"压力。

5. 结论与建议

（1）短期内，GDP 仍将保持较快增长，CPI、PPI 也将再次回升，但务必警惕产能过剩。由于短期内供给方面不太可能出现 2008 年类似的强烈冲击，因此可以认为我国短期内的经济增长主要取决于总需求。显然，4 万亿元的两年期投资计划及其对民间投资的推动效应、5 万亿元以上新增贷款，将弥补全球经济危机所带来的出口需求损失，确保短期内 GDP 较快增长，同时 CPI、PPI 也将克服此前紧缩性财政政策和货币政策的滞后影响，再次回升。

要实现经济长期均衡增长，生产资料和消费资料要满足一定的比例关系且社会总供给必须与社会总需求保持平衡。我国长期以来依靠高投资拉动经济增长，宏观经济运行陷入投资过热的非良性循环的运行状态，生产资料和消费资料的比例关系遭到破坏，出现有效需求不足、产能过剩、经济增长放缓等现象。

（2）中国未来可能面临更大的"滞胀"压力。中国近年来经济的持续快速增长主要是依靠资本、资源和劳动力的高投入来实现的。随着农村富余劳动力减少、人口结构老龄化、不可再生能源枯竭、环境恶化、资本投资结构不合理以及劳动力供求结构失衡等问题的凸显，这种粗放式增长模式必然导致总供给曲线出现左移和潜在经济增长率下降，而石油、铁矿石、有色金属等资源价格及用工成本等的上涨还可能导致总供给曲线进一步左移，从而影响产量，加剧通胀。同时，总需求中也出现有效投资增长放缓、消费需求比重缩小、边际消费倾向递减的现象，一旦全球经济持续衰退致使出口受阻，产量增长将进一步减缓。

中长期必须提高生产要素的供给效率。人力资源方面切实抓好社会职业技能培训，深化高校教育教学改革势在必行。能源方面则应致力于开发新能源，适时提高能源战略储备，调整产业结构，减少能源密集型产业尤其高能耗企业，大力发展高新技术产业和第三产业，倡导节能减排。

像经济学家一样思考

让我们回到本章的导入案例，看一看经济学家是如何看待总需求和总供给之间的平衡发展的。

经济学家的分析：

国民经济的平稳发展取决于经济中总需求和总供给的相对平衡。

总体而言，总需求和总供给都属于总量管理。新古典经济学和凯恩斯主义经济学都假设了总供给不变的前提下，总需求管理的思想。这样的思想更侧重于在反周期概念下，重视对各个年度短期视野内调节经济生活中的总需求方面。

在需求管理理论中，掌握好投资、消费和进出口这"三驾马车"就认为可处理好经济运行的动力问题。然而，这样的认识对于现实世界的解释并不完整。比如，仅从需求侧看消费，就过于静态分析了。现实中的许多新消费动力的产生并不是因为消费的需求发生了变化，而是因为供给侧发生了变化。以手机产品为例，在 20 世纪 80 年代前手机还没有被发明出来，人们对于手机的消费需求完全是不存在的；而当这种新兴产品投放市场后，需求侧产生了相应的增量，这一现象仅从需求侧是无法观察到的。

从我国应对亚洲金融危机和世界金融危机冲击的实践来看，我国总需求管理为主的宏观调控手段和作用的空间已明显受限，即仅以短中期调控为眼界的需求管理已不能适应客观需要，亟须注重在整个经济体系中的供给侧改革。为此，习近平总书记提出，在适度扩大总需求的同时，着力加强供给侧结构性改革，着力提高供给体系质量和效率。

推进供给侧结构性改革，是适应和引领经济发展新常态的重大创新，是适应国际金融危机发生后综合国力竞争新形势的主动选择，是打造经济升级版的必然要求。所谓"供给侧改革"，就是从供给、生产端入手，通过解放生产力，提升竞争力促进经济发展，其核心在于提高全要素生产率。

我国的供给端存在的问题：一方面产能过剩，另一方面老百姓需求的高品质、高附加值的产品却难以满足，致使大量国内消费需求转向海外。这些问题有需求总量方面的问题，但结构性问题却更为突出。在有效供给不能适应需求总量和结构变化的情况下，必须着力加强供给侧结构性改革，扩大有效供给，提高供给结构适应性和灵活性，提升全要素生产率，提高供给体系质量和效率。

当然，供给侧改革的同时，需求方面也不能偏废，需要"两头促进"，不能"一头沉"。二者之间要有效平衡，相对平衡，唯有如此，经济才能良性发展。

练习及思考题

一、填空题

1. 总需求曲线表示＿＿＿＿＿＿＿＿＿＿＿和＿＿＿＿＿＿＿＿＿＿＿关系。

2. 引起长期总供给曲线移动的原因主要有_____、_____、_____、_____。

3. 凯恩斯效应指的是_____最先变化，最终引起总需求量的变化。

4. 凯恩斯的短期总供给曲线的形状是_____，主要原因在于_____。

5. 古典总供给曲线的形状是_____，主要原因在于_____。

6. 凯恩斯的"名义工资刚性"假设，是指工人反对货币工资的_____，欢迎货币工资的_____，但工人有"货币幻觉"，即他们只注意货币的票面价值，而不注意货币的_____。

二、判断题（下面判断正确的在括号内打√，不正确的打　）

（　　）1. 引起短期总供给曲线移动和引起长期总供给曲线移动的原因完全一样。

（　　）2. 需求线上任何一点都表示产品市场和货币市场同时实现了均衡。

（　　）3. 凯恩斯认为，物价上升会引起实际货币供给量的减少，进而引起利率提高，导致投资需求减少，最后导致总需求量减少。

（　　）4. 古典经济理论认为，价格和工资具有向下的刚性。

（　　）5. 减税会导致总需求曲线移动，而不会引起总供给曲线的移动。

（　　）6. 总供给曲线垂直说明劳动市场存在市场失灵。

（　　）7. 总供给-总需求模型可以说明宏观经济均衡的情况。

三、选择题

1. 总需求曲线是由下面哪条曲线推导出来的？（　　）

　　A. IS 曲线　　　　　　　　　　　B. LM 曲线

　　C. IS 曲线和 LM 曲线　　　　　　D. M/P 曲线

2. 总供给曲线是由以下哪个市场推导出来的？（　　）

　　A. 劳动市场均衡　　　　　　　　B. 产品市场均衡

　　C. 货币市场均衡　　　　　　　　D. 消费市场均衡

3. 凯恩斯效应强调（　　）。

　　A. 价格对实际财富增加的影响　　B. 价格对货币供给量的影响

　　C. 价格对利率的影响　　　　　　D. 价格对货币需求量的影响

4. 垂直于横轴的总供给曲线是（　　）。

　　A. 凯恩斯主义总供给曲线　　　　B. 古典主义总供给曲线

　　C. 新凯恩斯主义总供给曲线　　　D. 新古典主义总供给曲线

5. 长期总供给曲线的移动，主要由下面哪个因素变动引起？（　　）

　　A. 资本存量　　　　　　　　　　B. 劳动供给量

　　C. 自然资源　　　　　　　　　　D. 技术水平

6. 当实际总需求小于潜在总需求时会导致经济（　　）。

　　A. 萧条　　　　　　　　　　　　B. 高涨

　　C. 滞胀　　　　　　　　　　　　D. 均衡

四、问答与论述题

1. 简述凯恩斯效应的主要含义。

2. 什么是总需求曲线？

3. 总供给曲线的形状是怎样的？为什么？

4. 请分析不同总供给曲线形状下的财政政策和货币政策的有效性。

5. 用 AD-AS 模型分析通货膨胀、经济萧条、滞胀的形成，说明应采取的政策手段，并图示政策效果。

第5章
失业与通货膨胀

【知识结构图】

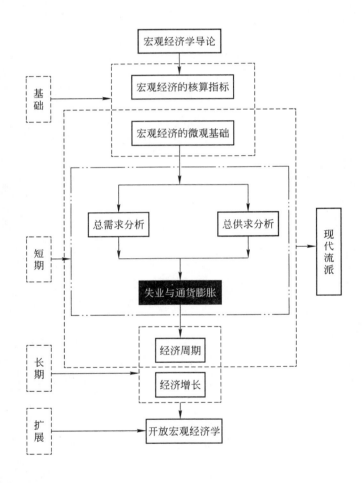

【导入案例】

津巴布韦的通货膨胀

有人说，世界上有两样事情不能实验：第一个是地震，第二个就是通货膨胀。因此，当某个国家发生比较严重的通货膨胀时，研究宏观经济的经济学家们往往会给予极大关注。他们对通货膨胀产生的原因、演变过程，以及对所在国经济的影响都充满极大的兴趣。一个世纪以来，伴随着金本位制的解体，纸币走上前台，于是，通货膨胀开始频繁地发生。第二次世界大战期间的德国、20 世纪 80 年代的南美国家、苏联刚解体时的俄罗斯和东欧国家、分裂前的南斯拉夫、我国解放前夕的国民党统治区等，都发生过天文数字般的恶性通货膨胀，而 21 世纪迄今为止最严重的通货膨胀则发生在津巴布韦。

津巴布韦是地处南部非洲的内陆国家，曾是非洲最富裕的国家，经济发展水平一度是非洲国家的典范。津巴布韦 1980 年 4 月 18 日摆脱英国殖民统治而独立建国，并开始发行自己的纸币——第一代津巴布韦元，当时 1 津元折合 1.47 美元。由于持续的通货膨胀，津元逐渐贬值，到 2008 年 7 月 30 日，津元官方汇率达到 1 美元等于 637 亿津元。2006 年，津巴布韦中央银行从原来的货币面值上去掉 3 个零，发行了第二代津元；2008 年 8 月，该国央行从津元面值上又去掉 10 个零，发行了第三代津元；2009 年 2 月，该国央行不得不再一次从第三代津元面值上去掉 12 个零，发行了第四代津元。仅仅两年多的时间里，津巴布韦的币值变更了 3 次，累计去掉了 25 个 0。2009 年年初，津巴布韦通货膨胀率高达惊人的 231 000 000%，致使津元的纸面价值已经低于印刷钞票的纸的价值。

津巴布韦的通货膨胀是 21 世纪发生的最严重的通货膨胀。是什么原因导致津巴布韦发生了恶性通货膨胀？通货膨胀给津巴布韦经济造成了什么危害？应该采取什么样的措施进行治理？要回答这些问题，需要学习本章内容。

（根据新浪网、东方网、青年参考、凤凰网等报道整理）

失业与通货膨胀是各国宏观经济运行中时常会遇到的两个问题，是宏观经济发展失衡的表现，也是政府制定和实施宏观经济政策着重要解决的两个问题，这两个问题有各自的特点，也有内在联系。在本章，我们将利用第 4 章所学的 AD - AS 模型，对失业与通货膨胀产生的原因、后果，以及治理措施等进行系统分析。

5.1　失业的含义及分类

5.1.1　失业的含义

失业和许多其他社会现象一样，人们从不同的角度，给出的定义和解释是不同的。简单地理解，把正在工作并以此谋生的现象称为就业，而与此相反就是失业。

比较权威的关于失业的定义是国际劳工组织（ILO）1982 年在瑞士日内瓦召开的第 13 届国际劳工统计大会上给出的："失业是指在一定年龄范围内，在考察期内有工作能力、愿意工作而没有工作，并在寻找工作的状态。"

目前，世界上许多国家，如欧盟国家、OCED 国家等在测度失业时，都遵循国际劳工组织给出的定义。但国际劳工组织给出的只是测度失业的一些参考标准，各国在使用时都根据自身具体情况进行了灵活处理，因此，各国对失业的定义事实上存在着很大差异。例如，美国劳工局给出的定义："满足下列各项条件的人是失业人员：在既定工作周中未曾被雇用的人；在既定时期本可以工作却没有岗位的人；在既定工作周中为找工作做过4周努力但却未能成功的人；已被解雇并正在期待重返岗位或再就业的人。"[1]

我国对失业的界定是："年龄在16周岁以上，在调查期间没有工作、愿意接受最低标准的工资且以采取实际行动寻找工作的人员所处的状态。"[2] 我国对就业和失业的统计都是以当地常住人口而不是以户籍人口为基础的。另外，我国的失业统计只限于城镇范围，农业人口都视为就业。因为在城市中，这个定义还是比较清楚的；但在农村中，这个定义就不是很清楚。例如，我国北方广大农村终年从事农业劳动的农民，在冬季有长达几个月的"冬闲"期，那他们在这段时间是处于就业状态吗？

5.1.2 失业的分类

1. 自愿性失业和非自愿性失业

按照劳动者的意愿，可以把失业分为自愿性失业（voluntary unemployment）和非自愿失业（involuntary unemployment）两种。自愿性失业是指劳动者不愿意接受现行的工资标准而造成的失业；非自愿失业是指劳动者愿意接受现行的工资标准，并正在努力寻找工作，但仍找不到工作的失业状态。自愿性失业和非自愿性失业如图5-1所示。

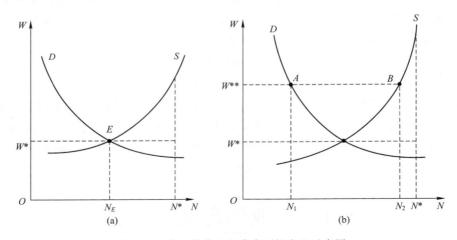

图5-1　自愿性失业和非自愿性失业示意图

在图5-1中，纵轴 W 表示劳动的价格，即工资；横轴 N 表示劳动力的数量；D、S 分别表示劳动需求曲线和劳动供给曲线。图5-1（a）表示劳动市场在 E 点实现均衡，均衡工资为 W^*，劳动力的均衡数量为 N_E，劳动力总量为 N^*。此时，社会处在充分就业的状态，未就业的劳动力 $N_E N^*$ 是因为他们不愿意接受现行的工资水平 W^*，属于自愿性失业。图5-1（b）表示劳动力市场未处在充分就业状态。此时，社会工资水平为 W^{**}，在这一工资水平上，劳动需求数量为 N_1，劳动供给数量为 N_2，因此，社会就业量为 N_1，失业量为

①　萨缪尔森，诺德豪斯. 经济学. 箫琛，译. 18版. 北京：人民邮电出版社，2008.

②　李晓西. 宏观经济学（中国版）. 北京：中国人民大学出版社，2005.

$N_1 N^*$。其中，$N_1 N_2$ 为非自愿失业，因为这部分劳动力愿意接受工资水平 W^{**}，但仍处在失业状态，$N_2 N^*$ 是自愿性失业的数量。

2．摩擦性失业、结构性失业、季节性失业和周期性失业

按照失业的性质，失业可以分为摩擦性失业、结构性失业、季节性失业和周期性失业4 种。

摩擦性失业（frictional unemployment）是指劳动者在不同地区、不同工种、不同工作岗位转换过程中造成的临时性、局部性失业。如举家迁移到新的城市，工作还没有着落；大学生刚从学校毕业，尚未找到工作；孕妇在生育后需要重新归入劳动者队伍，都属于摩擦性失业。摩擦性失业对劳动者来说是短期的、过渡性的，是人们在工作岗位调换中出现的正常现象，因此，通常不被认为是严重的、需要治理的社会问题。

结构性失业（structural unemployment）是指由于产业结构的变化造成的失业。经济高速发展、社会产业结构和居民消费结构快速变化是造成结构性失业的主要原因。例如，计算机的普及使打字机失去了市场，以操作打字机为生的打字员也就没有了用武之地；家用空调器的出现导致电风扇生产企业倒闭；家庭轿车的大量增加使很多单位不再需要专职司机；数字程控交换技术的快速发展使电话接线员不得不改换新的职业。结构性失业的特点是大量失业人口和职位空缺并存，而失业者因没有适当的技术和能力，无法填补空缺的职位。例如，因为环境污染或土地成本上升迫使钢铁厂迁出城市，造成该市出现钢铁工人失业；而新投资崛起的电子信息产业又同时使它面临着软件工程师稀缺的问题。

季节性失业（seasonal unemployment）是指由于季节变化因素造成的失业。例如，旅游胜地在旅游旺季就业人口增加，而到了旅游淡季则失业人口增加；江河湖海的休渔制度会造成在休渔期渔民的失业，我国北方农业的"冬闲"则使得以农业为生的农民在冬季处于事实上的失业状态。

周期性失业（cyclical unemployment）是指由于经济周期性波动造成的失业。一般来说，当经济陷入衰退、社会总需求和总供给下降时，所有领域的失业都会随之增加；而当经济开始复苏、社会总需求和总供给上升时，所有领域的失业又都会随之减少。

区分摩擦性失业、结构性失业、季节性失业和周期性失业可以帮助政府决策者和经济学家们准确了解劳动力市场的状态，并采取针对性的政策解决失业问题。一般来说，摩擦性失业是经济社会发展过程中存在的正常现象，属于自愿性失业的范畴，不需要、也无法通过出台专门的政策消除。对于结构性失业，可以通过有计划的劳动者再培训工程降低失业率。例如，针对钢铁厂外迁造成的钢铁工人失业问题，可以通过培训计划，使失业的炼钢工人在保险销售、汽车修理等其他行业实现再就业。对于旅游城市的季节性失业，可以通过在该地区有计划地投资工艺品加工等其他产业降低失业率。对于针对周期性失业，则需要政府制定、实施适度刺激经济的财政政策和货币政策来降低失业率。

【实例链接】　　　**中国改革开放后逐渐消失的十种职业**[①]

中国改革开放以来，人们的生活发生了巨大变化，随着生活水平的提高，那些曾给人们生活带来方便和乐趣的很多走街串户的小买卖生意人都不见了踪影。下面盘点一下中国改革

① 　http://club. china. com/data/thread/1011/2680/40/85/0 _ 1. html。

开放后逐渐消失的十种职业。

1. 修钢笔

早年间，人们习惯用钢笔书写，也以拥有一支舶来的派克金笔为自豪。派克金笔手感极有分量，笔尖的顶部有一点点黄金，字迹圆润，书写起来极其流畅。但使用久了，磨损很大，就要找修钢笔的师傅镶金。另外，如果钢笔的部件损坏了，也需要找修钢笔的师傅修理或更换。

随着计算机的普及，人们用笔的机会越来越少，用的也大都是一次性的签字笔。于是，修钢笔这门职业也就不知不觉中淡出了人们的日常生活。

2. 补锅

补锅这个行业也有分工，有专门补铁锅的，补搪瓷器皿的，补铝锅水壶的，技术、火候各有不同。当然，大师傅是可以"通吃"的，样样拿得起，放得下。一些补锅匠走街串户，悠悠的"补——锅——嘞——"绕梁不绝，走在弄堂里，锅碗瓢盆一阵乱碰乱响，酷似一支五音不全的打击乐队，十分热闹。

随着居民家庭炊具的更新换代，补锅生意逐渐萧条，一些头脑灵活的补锅匠，又开始在琢磨修理高压锅、电炒锅或者电饭煲了。时代在迫使每一个人前进，手艺人又怎么能够例外？

3. 卖凉开水

卖凉开水属于家庭妇女的求生之道，经营地点一般就选在自家住宅的路边，谁也不会为了这点小买卖去租房子的。她们通常在门口摆一个桌子，放上几条凳子，用玻璃杯子倒好各种饮水，再用方玻璃片盖住杯口，以示卫生。

由于生意过于清淡，因此，不知从什么时候开始，卖凉开水的摊子也卖起可乐、矿泉水、易拉罐来了，有的干脆全部瓶装饮料，外加香烟、糖果、卫生纸什么的，凉水摊子就升级为杂货铺了。在经济利益的驱使下，一杯凉水就能折射出环境的变迁。

4. 剃头匠

走街过巷的剃头匠都挑一副沉重的担子，有火炉、铁锅、竹椅、理发刀具、镜子，以及自己吃饭的锅碗瓢盆和米面等，正所谓剃头挑子一头热。剃头匠只需对着弄堂里缓悠悠地喊一嗓子："剪——头——哟——"，声震百十丈开外。每当一个陌生人来理发，剃头匠总是分外小心，力求留下好印象，蓄个长买主。剃头匠的记忆很好，对老顾客基本能记住原来的要求。

剃头匠的收费标准多年没变过。只是到了 20 世纪 90 年代，才开始适应市场经济，一次也不过两三块钱，比起门面光鲜的理发店，剃头匠真是太不合时宜了。

5. 缝穷

缝穷是北方话语，在南方就直接呼为"补衣服的"，听起来不好听，但人已经落魄到替人补破烂，是穷人在赚穷人的银子，也没有什么好听与否了。有篇小说描写了缝穷寡妇给一个汉子补衣服补出了感情的事，文笔清淡而执中，让人颇有伤感的印象。

从事缝穷的是些中老年妇女，劳动力逐渐丧失了，又不愿意成为家里的累赘，靠着多年在针线上的修炼，赚点小菜钱而已。除了补衣服，她们平素也做些针线东西出卖，如鞋垫、尿布、布鞋等，都是用零碎布做出来的，但拼接合理，富于美感，扎实耐用，很受下层人的欢迎。

6. 翻瓦匠

过去，城市里平房很多，而且一般使用小青瓦，年代久了，尘土、枯枝、树叶堵塞瓦沟，雨水倒灌瓦缝，或者瓦片碎裂了，就必须请翻瓦匠来翻瓦。翻瓦本只是一个泥水匠的小工序，之所以发展成了一个职业，还是需求量较大的市场促成的。

请翻瓦匠来翻瓦，主人一般要免费供应茶水、香烟，中午、晚上两顿饭，然后再结算费用。工价一般按房子的面积及补的新瓦数量计算，泾渭分明，清白明晰。

7. 守墓人

对坟墓的敬重，体现在中国人的传统伦理思想中，可以说是空前的。不要说皇家陵园的威严和气势，单就是在民间，也是体现忠孝情怀的关键所在。

一个家族，往往会把逝世的亲人埋葬在一起，既便于祭奠，又便于管理。守墓人多是与家族血缘远些的孤寡老者，也许长期在墓园吸纳朝雾和夕辉，他们总给人阴气弥漫的感觉。守墓人的生活费用均由家族供给。他主要的工作有两样：一是打扫墓园，清理杂草，种植花木；二是守夜，防止盗墓贼和野兽打扰先灵。

守墓人一般都是有神论者，对亡灵周围发生的一切偶然的事件，诸如树木死亡、墓碑垮塌、长蛇显身、蚂蚁搬家等，他会迅速报经家族，然后进行妥善处理。守墓人都是行善之人，对别人的请求从不拒绝，倾力帮助，总坚信今生修行、来世有报答。

斗转星移，时代更替，墓园已经纳入政府的土地管理范畴，不得随意建造，浪费耕地。守墓人连同那些墓园和几乎凝滞的时光，好像一并消失在历史的尘烟里了。

8. 收荒匠

早年的收荒匠并不是付钱的，而是以废旧物品来换东西，如锅碗瓢盆、糖果、草纸等生活必需品。他们通过门路搞到这些处理品，再以物易物，实现商品的两次利差。在什么生活物品都需要票证的年代，老百姓首肯这种交易方式，常常是一幢宿舍楼就把收荒匠的东西换光了。

后来，随着生活的改善，老百姓就拒绝收荒匠的处理品了。收荒匠只好开始蘸着口水数钞票了。他们身上全是1角、2角、5角的角票，摸出来一大摞，实际上没多少，所以从没听说过收荒匠被抢的事。

现在，很多家庭居室豪华，破烂随手就扔了，还卖什么钱？收荒匠就到垃圾堆里寻宝，但每每又跟"垃圾王"发生争执！收荒匠跨行业了，就叫越俎代庖……

9. 流动照相

流动的照相师傅从20世纪初就奔走在乡村与城市之间，他们也是文明的传播者。

由于交通不便，师傅照完相，要隔两三周才会送来照片，让望眼欲穿的姑娘小伙等得很不自在。那个年代，照片上的颜色都是用颜料染的。

逐渐地，照相馆与美容美发店都占领了乡村，使流动照相的师傅失去最后的根据地。他们不得不另外开辟领地，在风景区揽生意，在一定程度上满足游人的需要。

需要说明的是，这些流动照相的师傅，摄影技术都不怎么样，仅仅是能够按动快门而已。与摄影家的要求，有云泥之差！

10. 电话总机

作为声音的二传手，电话总机接线员在很长时间都是受到尊敬的职业，不少人通过各种手段，做梦也想当上总机接线员，而能够如愿的大都是有燕语之声的年轻女人。

　　以前，由于电话难打，总机接线员往往缺乏耐性，接到陌生的电话就冒火："接哪里？说清楚，你耳朵聋了吗？"对这种近乎命令的语气，人们已经习惯了，必须忍受："小姐，您是总机吧，喂喂喂……"线路已经被掐断。

　　总机都是全天候值班，值夜班的接线员偶尔接到电话，不免显得有气无力，"哪里？哪里？我说哪里？接哪里？"这一惊一乍，人也清醒了，就全神贯注地守着接收机，把自己想象成《永不消逝的电波》里的人物……

　　短短 30 年的时间，经济的迅猛发展带动产业结构迅速升级，职业的变迁也折射出中国改革开放带来的巨大变化。

5.1.3　自然失业与自然失业率

　　宏观经济学中所讲的充分就业有两种理解：一是广义的理解，是指所有的生产要素都按自己意愿的价格参与生产的状态；二是狭义的理解，专指劳动这种生产要素，即经济中消灭了周期性失业的就业状态。因此，当经济社会实现充分就业时，仍然存在失业。此时，社会失业率称为自然失业率，自然失业率是指在没有货币因素干扰（即通货膨胀率为 0）的情况下，劳动市场和商品市场自发供求力量作用时，总需求和总供给处于均衡状态的失业率。为什么它是通货膨胀率为 0 时的失业率，可以在后面介绍菲利普斯曲线时体会到。下面，来分析如何判断一个经济社会的自然失业率。

　　设 N、E、U 分别为社会劳动力总数、就业者人数和失业者人数；l 为离职率，如果考察的时间周期为一个月，l 即为每个月失去工作的就业者比例；f 为就职率，即每个月找到工作的失业者比例，并假定劳动力总数 N 不变。则有

$$N=E+U$$

$$失业率 = \frac{U}{N}$$

如果劳动市场处于稳定状态，即实现了充分就业时，失业率保持不变，则

$$fU=lE=l(N-U)$$

因此，自然失业率

$$\frac{U}{N}=\frac{l}{l+f}$$

取决于离职率 l 和就职率 f。离职率 l 越高，自然失业率越高；就职率 f 越高，自然失业率越低。

　　需要指出的是，自然失业率并不是一个固定不变的值，它随着经济社会的发展而变化，一般由政府根据有关调研数据来确定。因此，如何确定一个符合本国国情的自然失业率，是各国政府面临的一个较大的课题。那么，如何直观地判断一个经济社会是否实现了充分就业呢？根据前面对失业的分类，当一个社会的失业率接近于自然失业率时，可以判断它实现了充分就业；或者，当一个社会只存在自愿性失业（含摩擦性失业）时，则该社会实现了充分就业。一般地，当一个国家或地区失业率为 4%～6% 时，就认为它实现了充分就业。例如，美国在一个较长的时期内确认其自然失业率为 5%，也就是说，当美国的失业率在 5% 或以下时，政府一般不会采取措施来干预劳动市场的运行。

5.2　失业的原因与危害

5.2.1　失业的原因

是什么原因造成了失业呢？不同的经济学家给出了不同的解释，主要观点包括技术失业论、古典主义失业论和凯恩斯主义失业论。

技术失业论认为，工业自动化水平的提高使生产等量单位产品的劳动力需求越来越少，机器把工人"挤出"了工作岗位，导致了失业率的上升。如马克思认为资本有机构成的提高是造成资本主义国家失业上升的根本原因。

古典主义失业论认为，工资和产品价格具有弹性，失业是由于实际工资过高导致劳动力市场失衡造成的。而由于工资的调整是有弹性的，劳动力市场供给大于需求会使实际工资下降，"看不见的手"会自动引导劳动市场实现充分就业，无须政府干预。

凯恩斯主义认为，非自愿性失业是社会有效需求不足导致的，由于工资的下降是刚性的，市场机制并不能自动消除失业，政府应通过需求管理政策降低失业率。这个观点，也是凯恩斯主义经济学和古典主义宏观经济学的本质区别。

5.2.2　失业的危害

失业既是经济问题，也是社会问题。说它是经济问题，是因为失业会造成社会资源的巨大浪费；说它是社会问题，是因为失业人员收入的减少会造成家庭和社会的不稳定。

失业的经济影响体现在，失业率上升往往伴随着经济增长率的下降，而经济增长率的下降则意味着社会总产出的减少，打个形象的比喻，犹如本应该由失业人员创造的巨额社会财富丢失了。

从社会的角度来说，失业往往是家庭和社会不稳定的根源。长时间的非自愿性失业会给失业者造成巨大的精神损失，使其家庭丧失稳定的收入来源，甚至导致家庭的破裂。西方国家的情况表明，高失业率往往与高犯罪率、高离婚率、吸毒等社会现象相关联。有关研究也指出，失业给人们造成的心理创伤甚至比亲友去世或学业失败更为严重。

近些年，失业表现出一些新的特征。

（1）失业者年轻化的趋势仍存在。根据国际劳工组织发布的报告，2017 年全球失业人口 1.93 亿，同比增长 5.6%，创历史新高。国际劳工组织发布的《2017 年全球青年就业趋势报告》指出，在 2017 年全球失业人口中，年轻人占 35% 以上。与 2009 年高峰期的 7 670 万青年失业人口相比较，2017 年情况有所改善，将有 7 090 万青年失业。北非、阿拉伯国家、拉丁美洲和加勒比地区的青年失业率在 2010 年至 2016 年期间增加显著。报告称，由于经济增长与就业增长严重脱节，全球总体经济增长并未带来相应的就业增长。相反，经济的不稳定性却导致青年人失业增加。此外，青年人与成人失业人口的比率在过去 10 年几乎没有变化，这说明年轻人在劳动力市场上的劣势仍然存在。

（2）高学历者失业明显。高学历者失业问题日益恶化。韩国统计厅数据显示，2017 年第二季度，大学以上学历的失业者人数为 54.6 万人，同比增加 11.8%，创 1999 年变更该项统计标准以来单季最高记录，占同期失业总人数（108.2 万人）的 50.5％，首次超过一半。青年失业率高达 10.4％，创下历史最高。

（3）社会损失主要集中在失业者身上，他们正是社会中的弱者。以农民工为例，自 2012 年起，"零点有数"连续 6 年对农民工群体的生活状态进行追踪研究。在社会保障方面，实现农民工与其他社会群体保障均等化、广覆盖仍有难度。数据显示，农民工在回答"迁徙到新地区的居民，是否应当能够从新居住地获得养老、医疗保险等社会保障"时，选择同意的比例常年在七成以上。然而，在北上广深三产农民工群体中，没有医疗保险的比例仍达五至六成；没有养老保险的比例更高，长期维持在六至七成。在劳动保障方面，国内农民工用工不规范，缺乏相应法律框架下用工协议保障的问题也较为突出。

5.2.3　奥肯定律

失业率和经济增长率变动之间的关系是由美国经济学家奥肯（Artur Okun）发现的。奥肯于 1971 年在《繁荣的政治经济学》中提出了奥肯定律：超出自然失业率 1％ 的失业率，将产生 2％ 的 GDP 缺口。用公式表示为

$$\frac{y - y_f}{y_f} = -\alpha(u - u^*) \tag{5.1}$$

在式（5.1）中，y 表示经济社会的实际产出水平；y_f 表示潜在产出水平；u 表示实际失业率；u^* 表示自然失业率。需要说明的是，式（5.1）是利用大量统计数据得出的失业率和经济增长率之间的相关关系，在不同的国家或不同的时期，α 不一定相同，也不一定严格等于 2，但很接近于 2。

西方学者认为，奥肯定律揭示了产品市场与劳动市场之间极为重要的联系。它描述了 GDP 与失业率之间的关系。奥肯定律告诉我们，为防止失业率上升，实际 GDP 必须保持和潜在 GDP 同样快的增长速度；而要降低失业率，则必须使实际 GDP 增长率快于潜在 GDP 增长率。

5.3　通货膨胀的含义及分类

5.3.1　通货膨胀的含义和度量

通货膨胀（inflation）是指价格总体水平显著的、持续的上升。或者说，通货膨胀是指大多数商品和劳务的价格持续和轮番的上涨。因此，个别商品价格上涨并不能说发生了通货膨胀，甚至当一个国家或地区发生通货膨胀时，不排除个别商品价格不上涨甚至下降。

通货膨胀表现为货币贬值或货币购买力下降。因此，当一个国家或地区发生比较严重的通货膨胀时，其货币面值可以达到惊人的数额。图 5-2 分别是我国解放前夕国民党统治区发生恶性通货膨胀时发行的我国历史上面值最大的钞票、南斯拉夫解体前和 2009 年津巴布韦发生恶性通货膨胀后发行的巨额面值钞票。

一般地，表示通货膨胀程度的是通货膨胀率，其计算公式为

$$\pi = \frac{P_t - P_{t-1}}{P_{t-1}} \tag{5.2}$$

(a) 解放前夕我国新疆省银行发行的面值60亿元纸币

(b) 南斯拉夫解体前发行的5000亿第纳尔纸币钞票

(c) 2009年津巴布韦发行的100万亿津巴布韦元新钞票

图 5-2　世界上发行过的巨额面值钞票

　　衡量通货膨胀的时间周期 t 一般为一年，但如果发生比较严重的通货膨胀，一年的通货膨胀率会达到天文数字。为了更有效地测算商品和服务价格变动的幅度，需要缩短时间周期，如一个月甚至一天。

　　如果把价格 P 看成时间 t 的连续函数，$P=P(t)$，则

$$\pi=\frac{\mathrm{d}P/\mathrm{d}t}{P} \tag{5.3}$$

　　如果通货膨胀率小于 0 时，则称为通货紧缩（deflation）。也就是说，通货紧缩是指一般价格水平的持续和轮番的下降。通货紧缩和衰退是相联系的。例如，美国判断经济是否处在衰退期的标准就是连续两个季度的消费者物价指数 CPI 为负值。因此，通货紧缩和通货膨胀一样，也是宏观经济发展失衡的表现。

　　人们每天消耗的商品有成千上万种，那么，如何测算经济社会是否发生了通货膨胀呢？一般来说，用价格指数来反映一定时期内若干种商品价格水平的变化程度。常用的衡量通货膨胀的价格指数有三个，即消费者价格指数 CPI（consumer price index，也称零售物价指数）、生产者物价指数 PPI（producer price index，也称批发物价指数）和 GDP 折算系数。

　　其中，最常用的衡量通货膨胀的价格指数是消费者物价指数 CPI，它反映消费者家庭所消费的主要消费品价格在过去一段时期内的变化程度。CPI 的计算公式为

$$CPI=\frac{一组固定零售商品按当期价格计算的价值}{按基期价格计算的价值}\times100\%$$

PPI 的计算公式为

$$PPI = \frac{一组固定原料和中间投入品按当期价格计算的价值}{按基期价格计算的价值} \times 100\%$$

PPI 反映企业生产过程所消耗的主要中间投入品，如原材料、燃料、动力等中间产品价格在过去一段时期内的变化程度。因为企业生产成本的上升最终都会反映在其生产的最终产品价格上，所以一般来讲，生产者物价指数 PPI 是消费者物价指数 CPI 的先行指标，也就是说，发生通货膨胀一般都是 PPI 上涨在先，CPI 上涨在后。

严格地说，用 CPI 和 PPI 测算经济社会一般价格水平的变动都不够全面，因为它们分别只反映消费者消费的最终产品和企业消耗的中间投入品价格的变动幅度，而 GDP 折算系数则是比较全面反映社会商品价格变动幅度的理想指标。有关 GDP 折算系数的含义和计算公式在第 1 章已经讲过，不再赘述。

5.3.2　通货膨胀的类型

1. 温和的通货膨胀、奔腾的通货膨胀和恶性通货膨胀

按一般价格水平上涨速度，通货膨胀可以分为温和（爬行）的通货膨胀（moderate inflation）、奔腾的通货膨胀（galloping inflation）和恶性通货膨胀（hyperinflation，也称超级通货膨胀）。如果 $\pi < 10\%$，则称其为温和的通货膨胀；如果 $10\% < \pi < 100\%$，则称其为奔腾的通货膨胀；如果 $\pi > 100\%$，则称其为恶性通货膨胀。

一般来说，温和的通货膨胀对经济的副作用不大，反而会刺激经济的增长，因此，政府往往不会出台严厉的措施进行治理。如果通货膨胀率达到两位数，则必须出台政策予以遏止；否则，由于商品价格上涨速度比较快，消费者对价格上涨有强烈的预期，为防止价格上涨造成的损失，会采取相应的保护措施。最常见的措施就是把手中的货币尽快脱手，加快货币支出的频率，而货币流通速度的加快反过来又会使通货膨胀加剧。因为惯性作用，通货膨胀会像一匹奔腾的野马越跑越快，愈演愈烈。此时，人们对货币逐渐失去信任，转而用外币等其他金融资产进行交易活动。当发生恶性通货膨胀时，价格持续猛烈上涨，人们对本国货币完全失去信任，正常的社会经济活动无法进行，严重时会从根本上摧毁一个国家的金融体系和经济体系，甚至会导致政权的更迭。

2. 均衡的通货膨胀和非均衡通货膨胀

按对价格影响的差别，通货膨胀可分为均衡的通货膨胀和非均衡通货膨胀。当发生通货膨胀时，如果每种商品的价格都大体上按相同比例上涨，则称为均衡的通货膨胀；否则称为非均衡通货膨胀。迄今为止，世界上发生的绝大多数通货膨胀都是非均衡的，通货膨胀使社会商品价格结构发生了重大变化。

3. 预期到的通货膨胀和未预期到的通货膨胀

按预料程度，通货膨胀可分为预期到的通货膨胀和未预期到的通货膨胀。如果人们已经预测到未来可以发生的通货膨胀，则称这种通货膨胀为预期到的通货膨胀；反之，如果人们对发生的通货膨胀没有任何预感，属于突然发生的，则称为未预期到的通货膨胀。一般来说，通货膨胀这种经济现象具有惯性，如果发生通货膨胀时政府不采取治理措施，那么人们可以预计到，在未来的一段时间内，通货膨胀将以更快的速度持续下去。

4. 显性的通货膨胀和隐性的通货膨胀

按表现形式，通货膨胀可以分为显性的通货膨胀和隐性的通货膨胀。如果发生的通货膨胀通过商品价格明显地表现出来，称为显性的通货膨胀。隐性的通货膨胀发生在对商品实行价格管制的国家或地区。对商品实行严格价格管制并不等于不会发生通货膨胀，只是没表现在价格水平的上涨上，而是表现在商品短缺、黑市猖獗等方面。

5.4　通货膨胀的原因及影响

5.4.1　产生通货膨胀的原因

发生通货膨胀的原因大体有 4 个：货币发行过多、需求拉动、成本推动和经济结构的变化。

1. 货币发行过多导致通货膨胀

如果以 M 表示货币供给量，V 表示货币流通速度，P 表示名义价格水平，Y 表示实际国民收入水平，则货币交易方程为

$$MV = PY \tag{5.4}$$

对式（5.4）两边取对数，再求各变量对时间的导数，则有

$$\pi = m' - y' + v' \tag{5.5}$$

其中，π 为通货膨胀率，m' 为货币增长率，y' 为产量增长率，v' 为流通速度变化率。

由式（5.5）得出，货币供给数量的增加、货币流通速度的增加和产出增长率的降低都会诱发通货膨胀。

一般来说，货币流通速度和收入增长率比较稳定，因为前者是由社会的支付习惯决定的，后者则受一个国家的资源禀赋条件和生产技术水平制约。因此，产生通货膨胀主要是货币供给增加的结果，或者说，货币供给的增加是发生通货膨胀的主要原因。

历史上发生过的恶性通货膨胀往往都和货币超量发行有密切关系。当一个国家处于战争、动乱等特殊时期时，其财政支出会随之大幅度增加，而此时政府的信用也降低到了很低的程度，通过发行债券等途径弥补财政赤字难以达到目的。此时，政府不得不通过向中央银行透支即超量发行货币的办法来弥补支出不足，而超量发行货币的结果必然导致通货膨胀；通货膨胀又使政府财政支出的实际购买力大大下降，所以又不得不再次加大超量发行货币的力度，使通货膨胀加剧；如此反复，带来的自然是愈演愈烈的恶性通货膨胀。在这种情况下，超量发行货币往往是政府财政收入的主要来源。

2. 需求拉动型通货膨胀

需求拉动型通货膨胀是指在总供给水平基本保持不变的情况下，由于总需求超过总供给引起的一般价格水平的持续显著上涨。超额的总需求可能来自居民消费、国外需求，也可能是由于企业过量增加投资或政府加大财政支出力度造成的。以图 5-3 解释。

在图 5-3（a）中，AD 曲线和 AS 相交在 AS 曲线比较平坦的地方，对应的是经济社会处在萧条的时期，总需求的增加即 AD 曲线右移明显刺激了经济增长，而只引起价格水平轻微的上升。而在图 5-3（b）中，AD 曲线和 AS 相交在 AS 曲线比较陡峭的地方，对应的是经济社会处在通货膨胀时期，总需求的增加加剧了通货膨胀。

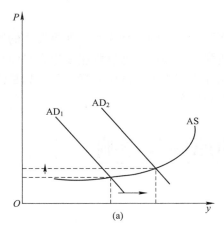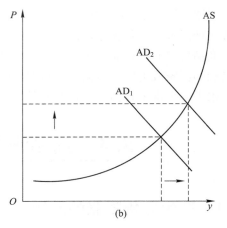

图5-3　需求拉动型通货膨胀

3. 成本推动型通货膨胀

成本推动型通货膨胀是指在没有超额需求的情况下，由供给成本的提高引起的一般价格水平持续和显著上涨，如图5-4所示。

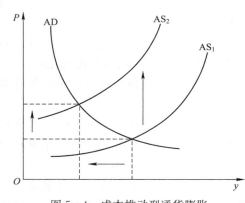

图5-4　成本推动型通货膨胀

在图5-4中，企业成本的上升使总供给曲线从 AS_1 上升到 AS_2，造成了总产出水平的下降，同时价格水平抬高，即产生了通货膨胀。

成本推动型通货膨胀理论又分为三种。

1）工资成本推动型通货膨胀理论

这种理论认为，强有力的工会组织对雇主提出过分的增加工资的要求，使工资的增长率大于劳动生产率的增长率，这就引起产品成本的提高和物价水平的上升。它存在于不完全竞争的劳动市场。有工会的部门中，工会的压力迫使雇主不得不提高工资。由于工资决定中的"攀比原则"，没有工会的部门也不得不提高工资。这样，一个部门的工资提高，迟早会扩展到所有的部门。厂商无法抵制这种工资的提高，只好把工资的增加打入成本，提高产品的价格，于是，在总需求没有任何增加的情况下，就产生了工资成本推动型通货膨胀。

2）利润推动型通货膨胀理论

这种理论认为，在市场拥有垄断地位的厂商可以自行决定产品价格，这样，他们就可以不管市场商品的供求关系，以成本增加为借口，使产品价格上升的幅度大于成本增加的幅度。这种厂商为了获得更多利润而使价格上升所引起的通货膨胀就是利润推动型通货膨胀。这种通货膨胀的根源在于商品市场的不完全竞争。

3）进口型通货膨胀与出口型通货膨胀理论

一国经济中一些重要的进口品价格上升会引起用这些进口品作为原料的本国产品生产成本的上升，从而导致物价水平的上涨。这种类型的成本推动型通货膨胀就是进口型通货膨胀，也称输入型通货膨胀。这种通货膨胀极容易变为滞胀。例如，20世纪70年代发生在西方资本主义国家的滞胀就是由于国际石油价格暴涨导致的进口型通货膨胀。与此相应，如果出口迅速扩张，以致出口生产部门的边际生产成本上升，国内市场的产品供给不足，也会导致国内物价水平上升。这种情况就是出口型通货膨胀。

4. 结构型通货膨胀

结构型通货膨胀是指由于经济的各个行业和各个部门之间发展得不平衡，所导致的一般价格水平的上涨。一般来说，在经济发展过程中，生产率的不同造成不同部门发展速度快慢不同。而发展慢或衰落的部门工资和价格向发展快的部门"看齐"，导致一般价格水平的上涨，诱发通货膨胀。

假设经济社会由生产率提高快的部门 A 和生产率提高慢的部门 B 两个部门组成，这两个部门的产量相同。部门 A 的生产增长率 $\left(\dfrac{\Delta y}{y}\right)_A = 10\%$，工资增长率 $\left(\dfrac{\Delta W}{W}\right)_A = 10\%$；部门 B 的生产增长率 $\left(\dfrac{\Delta y}{y}\right)_B = 5\%$，但工资增长率向部门 A 看齐，达到 $\left(\dfrac{\Delta W}{W}\right)_B = 10\%$。

由此，全社会的工资增长率为 $\quad \dfrac{\Delta W}{W} = \left[\left(\dfrac{\Delta W}{W}\right)_A + \left(\dfrac{\Delta W}{W}\right)_B\right] \div 2 = 10\%$

而全社会生产增长率 $\quad \dfrac{\Delta y}{y} = \left[\left(\dfrac{\Delta y}{y}\right)_A + \left(\dfrac{\Delta y}{y}\right)_B\right] \div 2 = 7.5\%$

这样，全社会的工资增长率超过全社会生产增长率。美国经济学家萨缪尔森提出，通货膨胀率、工资增长率和生产增长率之间的关系是[①]：

$$通货膨胀率 = 货币工资增长率 - 劳动生产增长率$$

因此，劳动生产增长率慢的部门的工资攀比劳动生产增长率快的部门的结果会诱发通货膨胀。

在以上 4 个原因相互作用下发生的通货膨胀会越来越严重，导致出现惯性的通货膨胀。惯性的通货膨胀也叫预期的通货膨胀。当居民对通货膨胀已经形成预期并采取自我保护时，通货膨胀会在需求拉动和成本推动的相互作用下愈演愈烈，由这类保护行为所引起的通货膨胀，称为惯性的通货膨胀。如图 5-5 所示。

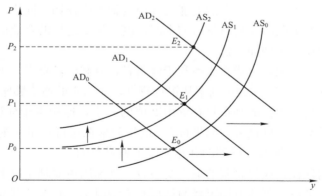

图 5-5 惯性的通货膨胀

在图 5-5 中，经济社会最初位于 AD_0 和 AS_0 相交的均衡点 E_0，一般价格水平为 P_0。如果总需求和总供给因素发生变化，如总需求增加，则总需求曲线由 AD_0 右移到 AD_1，导致一般价格水平上涨，即通货膨胀；而通货膨胀使企业生产成本上升。相应地，总供给曲线

① 高鸿业. 西方经济学：宏观部分. 4 版. 北京：中国人民大学出版社，2007.

由 AS_0 上移到 AS_1，此时，一般价格水平上升到 P_1。一般价格水平的上涨导致消费者货币的实际购买力下降，进一步刺激总需求右移到 AD_2，而由总需求增加又使企业生产成本上升，总供给曲线上移到 AS_2，一般价格水平上升到了 P_2……由此可见，一旦发生通货膨胀且不采取措施治理，则需求拉动和成本推动作用会相互交替发生，使通货膨胀愈演愈烈。

5.4.2　通货膨胀的效应

1. 经济效应

假如发生均衡的通货膨胀，即所有商品和劳务的价格与收入水平都同比例上涨，似乎对我们而言没什么影响，因为实际收入水平没有变化。但实际结果远非如此，通货膨胀还是会给人们的经济生活带来很大的影响，主要体现在以下两个方面。

1）再分配效应

通货膨胀的一个直接后果是它会造成社会财富的重新分配。设想一下，如果你在年初把 10 000 元钱现金锁在了保险柜里，而与此同时社会发生了通货膨胀率为 100% 的通货膨胀，那么到了年底你这 10 000 元钱的购买力只相当于年初的 5 000 元了，其结果和你丢失了 5 000 元钱一样。但没有任何人偷走了你的钱，是通货膨胀把你的财富"转移"到了别处，是通货膨胀使你的货币购买力下降了。通货膨胀的这种再分配效应主要体现在以下三个方面。

第一，通货膨胀不利于靠固定货币收入维持生活的人，如领取固定工资、失业金和救济金的人；有利于靠变动收入维持生活的人。当发生通货膨胀时，虽然靠固定货币收入维持生活的人的名义收入也可能上升，但上升的速度一般会明显慢于通货膨胀率。

而靠变动收入维持生活的人的名义收入上升速度则一般会快于通货膨胀率，因此，他们是通货膨胀的受益者。在西方国家，一些力量强大的行业工会在和资方进行工资谈判时，往往要求工人工资的上涨和通货膨胀挂钩，就是这个道理。例如，1998/1999 赛季，NBA 球员工会因和资方谈判破裂举行了长达 191 天罢工，使当年的常规赛只打了 50 场；而球员工会方面提出的一个要求就是球员工资的上涨要和通货膨胀率挂钩。同样，如果企业销售的产品价格上涨速度快于其采购的原材料价格的上涨速度，那么这样的企业也是通货膨胀的受益者，因为他们的收益比成本增加得快。

第二，就借贷关系来说，通货膨胀不利于储蓄者，有利于借贷者；不利于债权人，有利于债务人。例如，如果你按 5% 的年利率从银行贷款，而当年的通货膨胀率达到 10%，那么从购买力来看，你支付给银行的利息只有货币贬值的一半，这相当于你还款的数额减少了，你成了通货膨胀的受益者；反过来，如果按 5% 的年利率在银行存了一笔定期存款，而当年的通货膨胀率达到 10%，那么你得到的利息实际上就是负的。

第三，公共部门往往是通货膨胀的最大受益者。其原因主要基于以下两点。

首先，自凯恩斯理论得到西方国家普遍认可和采纳以来，政府公共支出占国民收入的比例越来越高，也远远高于政府税收增加的比例。而政府弥补支出不足的主要手段就是发行政府债券，其结果导致政府积累的财政赤字越来越大，公共部门事实上成了最大的债务人。例如，2007 年由美国次贷危机引发了近百年来最严重的全球性经济危机，为了摆脱由此造成的经济衰退，各国政府纷纷出台了通过增发政府债券、扩大政府支出的经济刺激计划。其中，美国 7 000 亿美元、德国 5 000 亿欧元、法国 3 000 亿欧元、英国 500 亿英镑、日本 15.4 万亿日元、中国 4 万亿元人民币，全球累计救市资金超过 30 000 亿美元。扩大政府支出的结果使美国联邦政府赤字节节攀升，据美国财政部 2009 年 7 月 13 日公布的数据显示，在截至 6 月 30 日的 2008—2009 财政年度的前 9 个月，美国联邦财政赤字首次超过 1 万亿美元。

其次，各国实行的个人所得税基本上都是累进制的，这使人们在经历通货膨胀时交纳的税赋比例提高，税赋增加。例如，根据 2018 年 10 月 1 日正式实施的个人所得税法，我国工资薪金所得应缴个税的免征额调整为 5 000 元。新个税法规定，个税的部分税率级距进一步优化调整，扩大 3％、10％、20％三档低税率的级距，缩小 25％税率的级距，30％、35％、45％三档较高税率级距不变。例如，某人在 2018 年 10 月份税前工资 12 000 元，需要缴纳各项社会保险金 1 100 元，应纳所得额＝税前工资收入金额－五险一金（个人缴纳部分）－起征点＝12 000－1 100－5 000＝5 900（元）。参照工资税率表不含税部分，超过 3 000 元至 12 000 元的部分，则适用税率 10％，速算扣除数为 210。即该人应缴纳个人所得税税额＝应纳所得额×税率－速算扣除数 5 900×10％－210＝380（元）。

当通货膨胀率为 50％时，工资收入相应上涨 50％，该人税前工资上涨为 18 000 元，需交纳各项社会保险金仍为 1 100 元时，则应纳所得额＝18 000－1 100－5 000＝11 900（元），应缴纳个人所得税税额＝11 900×10％－210＝980（元），税负增加大于 60％。因此，通货膨胀导致了货币收入者的实际购买能力下降，这被称为"通货膨胀税"或"铸币税"。当经济陷入恶性通货膨胀时，铸币税往往是政府的主要收入来源。

2）对财富存在形式的影响

在发生通货膨胀时，居民财富的存在形式对其财富变化的影响也是很大的。一般来讲，如果持有的财产为可变价格资产，如房屋、土地、汽车、贵重金属、收藏品等，那么他可能受到的损失比较小，甚至得益；而如果资产财富存在形式为不变价格的金融资产，如现金、银行存款等，则可能受到的影响比较大，严重受损。因此，在发生比较严重的通货膨胀时，理性的消费者会想方设法转换他们的财产存在形式，以抵御通货膨胀可能带来的损失。

2. 通货膨胀的产出效应

（1）非均衡的通货膨胀会扭曲价格关系，从而影响企业生产的微观效率。前面讲过，如果发生的通货膨胀是非均衡的，则产品价格的变动幅度会有很大差别，有的显著上涨，有的只是轻微上升，有的甚至下降，从而造成社会商品的比价关系发生扭曲。如果这种价格扭曲现象很严重，会引导社会资源配置发生偏移甚至逆转，从而影响到企业生产的微观效率。例如，企业可能会更热衷于囤积原材料，而不是生产产品；房地产开发商更乐意捂盘，而不是促销。

（2）需求拉动型通货膨胀会促进总产出水平的提高。从图 5-3 可以看出，总需求的增加在引起一般价格水平上涨的同时，也刺激了总产出水平的提高。因此，如果由需求拉动诱发的通货膨胀不是很严重（见图 5-3（a）），即属于温和（爬行）的通货膨胀，那么，它给社会带来的财富再分配等负面影响不是很大，但对产出和就业有正面的扩大效应。因此，一般来说，此时政府不会出台严厉的措施进行治理。

（3）成本推动型通货膨胀会抑制经济增长，引致失业。如图 5-4 所示，企业生产成本的上升会使总供给曲线向左上方移动，使总产出水平下降，而厂商为降低成本往往会采取减少雇员数量的办法，从而引起失业率上升。

（4）恶性通货膨胀会使货币丧失交换职能，导致经济陷入混乱甚至崩溃。从前面的例子可以看出，如果通货膨胀失控，演化成恶性通货膨胀，则民众会产生强烈的通货膨胀预期，为了避免通货膨胀可能带来的损失，人们会尽快将手中持有的货币脱手，形成过度消费；企业会努力增加存货，无暇扩大生产和增加投资；交易双方在签订合同时则会采用外国货币、附加条款等方式来避免损失；银行会减少甚至停止贷款，大幅度提高利率。总之，此时货币已经丧失了交换职能，经济完全陷入混乱的状态，甚至会倒退到物物交换的时代。因此，当一个国家发生恶性通货膨胀时，政府往往会采用冻结物价、冻结存款、改革币制等最严厉的治理措施。

5.5 失业与通货膨胀的关系——菲利普斯曲线

5.5.1 常规菲利普斯曲线

在本章的开始讲过，失业和通货膨胀是宏观经济运行中最常遇到的两个问题，而且是两

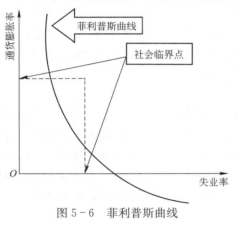

图 5-6 菲利普斯曲线

个有内在联系的问题。它们的内在联系表现为：当政府着力解决其中一个问题时，另一个问题会显现出来。也就是说，如果政府努力降低失业率，则通货膨胀率会上升；反之，如果政府出台政策治理通货膨胀，则失业率又会提高，总是面临两难取舍。失业和通货膨胀的这种交替关系最早是由英国著名经济学家 W. 菲利普斯于 1958 年在《1861—1957 年英国失业和货币工资变动率之间的关系》一文中提出，后经萨缪尔森等人改进，把描述失业和通货膨胀的这种交替关系的工具称为菲利普斯曲线，如图 5-6 所示。

在图 5-6 中，横轴表示失业率，纵轴表示通货膨胀率。菲利普斯曲线表示，社会通货膨胀率和失业率成反向变动，如果通货膨胀率下降，则失业率上升；反之亦然。一般来说，政府希望通货膨胀和失业都处在一个适度的范围，即有一个社会临界点，在这个临界范围内，可以认为社会物价水平和就业都运行在安全区域，政府可以不进行干预；如果超出这个临界点，则会以牺牲另一个为代价进行治理。也就是说，如果失业率过高，政府会以提高通货膨胀率为代价来降低失业率；反之，如果发生严重的通货膨胀，政府会把稳定物价水平摆上议事日程，即使失业率上升也在所不惜。

菲利普斯曲线的解析式为

$$\pi = -\varepsilon(u - u^*) \tag{5.6}$$

其中，π 为通货膨胀率，u 为失业率，u^* 为自然失业率，ε 是衡量通货膨胀率对失业率反应程度的系数。从式（5.6）还可以看出，当社会处在充分就业状态即实际失业率为自然失业率时，通货膨胀率恰好为 0。

5.5.2 长期菲利普斯曲线

菲利普斯曲线所揭示的失业与通货膨胀之间的替换关系与美国等西方发达国家 20 世纪 50—60 年代的实际运行数据较为吻合。但是，到了 20 世纪 70 年代末期，由于"滞胀"的

出现，失业与通货膨胀之间的这种替换关系不存在了，于是，人们对失业与通货膨胀之间的关系又有了新的解释。

1968 年，美国货币主义学派代表人物米尔顿·弗里德曼（Milton Friedman）指出了菲利普斯曲线分析的一个严重缺陷，即它忽略了影响工资变动的一个重要因素：工人对通货膨胀的预期。他认为，企业和工人关注的不是名义工资，而是实际工资，当劳资双方谈判新工资协议时，他们都会对新协议期的通货膨胀进行预期，并根据预期的通货膨胀相应地调整名义工资水平。根据这种观点，人们预期通货膨胀率越高，名义工资增加就越快，因此，弗里德曼把式（5.6）表示的菲利普斯曲线称为短期菲利普斯曲线。

这里所说的"短期"，是指从预期到需要根据通货膨胀作出调整的时间间隔。短期菲利普斯曲线就是表示在预期通货膨胀保持不变的条件下，通货膨胀率与失业率之间关系的曲线。在短期中，工人来不及调整通货膨胀预期，预期的通货膨胀率可能低于以后实际发生的通货膨胀率。这样，工人所得到的实际工资可能小于先前预期的实际工资，从而实际利润增加，刺激了投资，就业增加，失业率下降。在这个前提下，通货膨胀率与失业率之间存在着交替关系。也就是说，向右下方倾斜的菲利普斯曲线在短期内是可以成立的，因此，在短期中引起通货膨胀率上升的扩张性财政政策与扩张性货币政策是可以起到减少失业的作用的，这就是通常所说的宏观经济政策的短期有效性。

在长期中，工人将根据实际发生的情况不断调整自己的预期，工人预期的通货膨胀率与实际发生的通货膨胀率迟早会一致。这时工人会要求增加名义工资，使实际工资不变，从而通货膨胀就不会起到减少失业的作用。也就是说，在长期中，失业率与通货膨胀率之间并不存在替换关系，因此长期菲利普斯曲线是一条垂直于横轴的直线。并且在长期中，经济总能实现充分就业，经济社会的失业率将处于自然失业率的水平，因此，通货膨胀率的变化不会影响长期中的失业率水平。

由于人们会根据实际发生的情况不断调整自己的预期，所以短期菲利普斯曲线将不断移动，从而形成长期菲利普斯曲线。如图 5 - 7 所示。

在图 5 - 7 中，假定某一经济体系处于自然失业率 u^*，预期通货膨胀率为 3% 的 A 点，此时若政府采取扩张性政策，以使失业率降低 u_1，由于扩张性政策的实施，总需求增加，导致价格水平上升，通货膨胀率也上升至 5%。由于在 A 点处，工人预期的通货膨胀率为 3%，而现在实

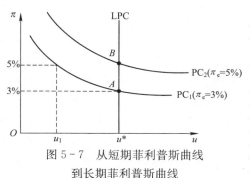

图 5 - 7　从短期菲利普斯曲线
到长期菲利普斯曲线

际的通货膨胀率为 5%，高于其预期的通货膨胀率，从而工人的实际工资下降，导致厂商生产积极性提高，产出水平和就业率增加，于是失业率下降到 u_1。于是就会发生图中短期菲利普斯曲线 PC$_1$（π_e＝3%）所示的情况，失业率由 u^* 下降到 u_1，而通货膨胀率则从 3% 上升到 5%。

当然，这种情况只是短期的；经过一段时间，工人们会发现价格水平的上升和实际工资的下降，这时他们便要求提高货币工资，与此同时，工人们会相应地调整其预期，即从原来的 3% 调整到现在的 5%。伴随着这种调整，实际工资回落于原有的水平，相应地，企业生产和就业也都回到了原有的水平，失业率又回到了原来的 u^*，但此时，经济已经处于具有较高通货膨胀率（即 5%）预期的 B 点。

以上过程重复下去。在短期内，由于工人不能及时改变预期，存在着失业和通货膨胀之间的替换关系，表现在图形上，便有诸如 PC_1，PC_2 等各条短期菲利普斯曲线。随着工人预期通货膨胀率的上升，短期菲利普斯曲线不断上升。

从长期来看，工人预期的通货膨胀与实际的通货膨胀是一致的，因此，企业不会增加生产和就业，失业率也就不会下降，从而便形成了一条与自然失业率重合的长期菲利普斯曲线 LPC。图 5-7 中，垂直于自然失业率水平的长期菲利普斯曲线表明，在长期中，不存在失业与通货膨胀的替换关系。换句话说，长期菲利普斯曲线告诉我们，从长期来看，政府运用扩张性政策不但不能降低失业率，还会使通货膨胀率不断上升，这也就是通常所说的宏观经济政策的长期无效性。

本 章 小 结

失业与通货膨胀是任何国家或地区经济发展中都会遇到的两大顽症，任何国家或地区的经济发展都无法避免这两大问题的冲击，由于这两大经济现象会对一国或地区的国民经济和居民生活造成巨大影响，因此，是宏观经济学研究的两大中心问题。

失业是指有劳动能力、愿意接受现行工资水平但仍然找不到工作的现象。经济学中所说的失业指的是非自愿失业。失业可以分为摩擦性失业、结构性失业、季节性失业和周期性失业等不同的种类。失业会对国民经济造成巨大损失，奥肯定律提示了这一规律：失业率每高于自然失业率一个百分点，实际 GDP 将低于潜在 GDP 两个百分点。宏观经济学的一大目标是实现充分就业。充分就业并不等于百分之百就业，而是一个社会中消除了周期性失业，只剩下摩擦性失业和结构性失业的状态，此时失业率即为自然失业率。

通货膨胀指一般物价水平在一定时期内持续和显著地上升，或者说货币实际购买力在一定时期内持续地下降。衡量通货膨胀有三种主要价格指数：消费者物价指数 CPI、生产者物价指数 PPI 和 GDP 折算指数。其中，消费者物价指数 CPI 与居民日常生活最为相关，因而通常被作为衡量通货膨胀的主要指标。造成通货膨胀的原因主要有货币发行过多、需求拉动、成本推动和经济结构变化等。

通货膨胀不利于靠固定货币收入维持生活的人，而有利于靠变动收入维持生活的人；不利于储蓄者，而有利于借贷者。在发生通货膨胀时，持有可变价格资产的人可能受到的损失比较小，而持有不变价格金融资产者则可能受到严重损失。

非均衡的通货膨胀会扭曲价格关系，从而影响企业生产的微观效率。需求拉动型通货膨胀会促进总产出水平的提高；成本推动型通货膨胀会抑制经济增长，引致失业；恶性通货膨胀会使货币丧失交换职能，导致经济陷入混乱甚至崩溃。

菲利普斯曲线是一条用来描述失业与通货膨胀之间关系的曲线。现代经济学认为，在短期中，失业与通货膨胀之间存在替代关系，即政府可以通过一定的政策来牺牲失业率换取降低通货膨胀率，反之也成立；在长期中，失业与通货膨胀之间并不存在替代关系，因而在长期中政府的宏观经济政策是无效的。

像经济学家一样思考

现在，让我们回到本章的导入案例，看一看经济学家是如何看待这些问题的。

经济学家的分析：

通过本章的学习可知，发生通货膨胀的原因主要有 4 个：货币发行过多、需求拉动、成本推动和经济结构的变化。

津巴布韦的经济困局与西方国家的制裁有很大关系。西方的制裁，特别是出口骤减、外资撤出，以及冻结其在西方国家的资产，使津巴布韦面临越来越严重的财政危机，而穆加贝政府试图为了弥补财政赤字、解救危机的措施很简单——印更多的钞票，而这正是津巴布韦发生通货膨胀的主要原因。

津巴布韦自从 1980 年独立以来，一直经历着通货膨胀，虽然其政府也屡次出台措施治理，但均未奏效。由于通货膨胀的惯性作用，其通货膨胀率节节攀升，终于酿成天文数字般的恶性通货膨胀。

通货膨胀使津巴布韦经济陷入混乱，本币丧失了一般等价物的功能。据报道，由于恶性通货膨胀，津巴布韦货币流通速度惊人，民众在领到薪水后会马上花出去，否则很快就变成废纸。自从 2008 年 9 月份开始，津巴布韦中央银行已经至少批准了 1 000 家商店用外币计价销售商品。杂货买卖、公立医院账单、财产出售、出租、法律费用、蔬菜甚至手机充值卡都是以外币结算的。到 2009 年年初，该国不得不改用美元为 13 万军人、教师和公务员发薪水。2009 年 3 月 18 日，津巴布韦新任财政部长滕达伊·比蒂宣布取消强制使用本国货币定价的制度，收回形同废纸的本国货币，至少一年不会在市面上流通，实际上等于承认了本国货币已不复存在的事实。

练习及思考题

一、填空题

1. 国际劳工组织对失业的解释是，失业是指 _____ ，在考察期内 _____ 、愿意工作而没有工作，并在 _____ 的状态。

2. 按照失业的性质分类，失业包括摩擦性失业、 _____ 、季节性失业和 _____ 4 种。

3. 通常，我们衡量通货膨胀的指数有 _____ 、 _____ 和 _____ 。

4. 通货膨胀率在 _____ 的称为温和的通货膨胀，通货膨胀率达到 _____ 的称为奔腾的通货膨胀，通货膨胀率超过 _____ 的称为恶性通货膨胀。

5. 可能产生通货膨胀的原因主要有 _____ 、需求拉动、成本推动和 _____ 4 种。

6. 按照通货膨胀的再分配效应，就收入形式来说，通货膨胀有利于 _____ ，不利于 _____ ；就借贷关系来说，通货膨胀有利于 _____ ，不利于 _____ 。

二、判断题（正确的在括号内打 √ ，不正确的打 ）

（　　）1. 当所有的劳动力都找到了工作时，经济社会就实现了充分就业。

（　　）2. 摩擦性失业、结构性失业、周期性失业都是严重的社会问题，需要政府出台措施进行治理。

（   ）3. 通货膨胀意味着高物价。

（   ）4. 当经济发生通货膨胀时，消费者与生产者均受其害。

（   ）5. 均衡的通货膨胀并不会产生社会财富的再分配效应。

（   ）6. 通货膨胀在引起一般物价水平上涨的同时，也会刺激社会总产出水平的增加。

三、选择题

1. 充分就业的含义是（   ）。

    A. 人人都有工作   B. 每个有劳动能力的人都有工作

    C. 只存在摩擦性失业的就业状态   D. 只存在自愿性失业的状态

    E. C 和 D

2. 自然失业率是指（   ）。

    A. 恒为零的失业率   B. 由价格水平决定的失业率

    C. 经济处于充分就业时的失业率   D. 没有摩擦性失业时的失业率

3. 根据奥肯定律，失业率每高于自然失业率 1%，实际 GDP 将低于潜在 GDP（   ）。

    A. 1% B. 2%

    C. 3% D. 5%

4. 年通货膨胀率达到 80% 的通货膨胀称为（   ）。

    A. 温和的通货膨胀   B. 奔腾的通货膨胀

    C. 超级通货膨胀   D. 恶性通货膨胀

5. 如果导致通货膨胀的原因是"货币过多而商品过少"，则此时的通货膨胀是（   ）。

    A. 结构型的   B. 需求拉上型的

    C. 成本推动型的   D. 混合型的

6. 下列哪一项可能不是产生通货膨胀的原因？（   ）

    A. 中央银行增发货币   B. 政府增加支出

    C. 政府增发国债   D. 工资水平上升

7. 通货膨胀（   ）。

    A. 有利于获得固定收入的人，不利于获得变动收入的人

    B. 有利于获得变动收入的人，不利于获得固定收入的人

    C. 对两类人都有利

    D. 对两类人都不利

8. 菲利普斯曲线说明，降低通货膨胀率将（   ）。

    A. 降低失业率   B. 抑制经济增长

    C. 提高失业率   D. 促进经济增长

四、问答与论述题

1. 衡量通货膨胀的指标有哪些？各自有什么特点？

2. 通货膨胀对经济有何影响？

3. 如果你的房东说："工资、公用事业及别的费用都涨了，我也只能提高你的房租。"这属于需求拉动型还是成本推动型的通货膨胀？如果某店主说："可以提价，别愁卖不了，店门口排队争购的多着呢！"这又属于什么类型的通货膨胀？

第6章
经济增长与经济周期

【知识结构图】

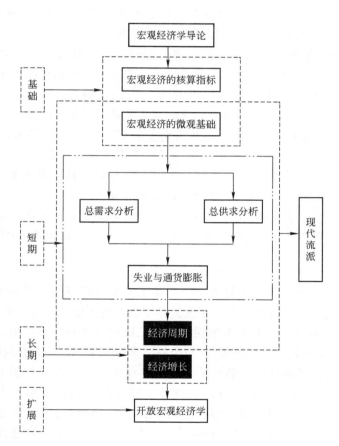

【导入案例】

从数字看我国改革开放 40 年来的经济增长

改革开放以来，我国国民经济大踏步前进，经济总量连上新台阶，成功地从低收入国家迈入中等偏上收入国家行列，综合国力和国际影响力显著提升。1978 年，我国国内生产总值只有 3 679 亿元，1986 年 1 万亿元，1991 年 2 万亿元，2000 年突破 10 万亿元，2006

年超过 20 万亿元，2017 年站上 80 万亿元的历史新台阶，达到 827 122 亿元。40 年来，GDP 年均增长 9.5%，平均每 8 年翻一番，远高于同期世界经济 2.9% 左右的年均增速。

经济的快速增长带动了城乡居民收入大幅提升。1978 年全国居民人均可支配收入仅 171 元，2009 年达到 10 977 元，2014 年达到 20 167 元。2017 年，全国居民人均可支配收入达到 25 974 元，扣除价格因素，比 1978 年实际增长 22.8 倍，年均增长 8.5%。居民财产性收入则从无到有、从少到多，2017 年全国居民人均财产净收入占全部可支配收入的比重达到 8.1%。2017 年，城镇居民家庭平均每百户彩色电视机拥有量为 123.8 台，比 1990 年增加 64.8 台，增长 1.1 倍，1991—2017 年年均增长 2.8%；农村居民家庭平均每百户彩色电视机拥有量为 120.0 台，比 1990 年增加 115.3 台，增长 24.5 倍，年均增长 12.7%。2017 年，城乡居民家庭平均每百户彩色电视机拥有量相差 3.8 台，与 1990 年相差 54.3 台相比，差距大幅缩小。2017 年，全国恩格尔系数为 29.3%，比 1978 年下降 34.6 个百分点。居住条件显著改善。2017 年，城镇居民、农村居民人均住房建筑面积分别比 1978 年增加 30.2、38.6 平方米。汽车进入千家万户，城镇居民、农村居民平均每百户拥有的家用汽车数量分别上升为 2017 年的 37.5、19.3 辆。

改革开放以来，扶贫工作稳步实施，农村贫困状况得到极大改善。按照 2010 年标准，1978 年，我国有 7.7 亿农村贫困人口，贫困发生率 97.5%。2017 年末，我国农村贫困人口减少为 3046 万人，累计减少 7.4 亿人，贫困发生率下降至 3.1%。

改革开放 40 年取得的伟大成就，归功于党和政府制定的制度改革、对外开放国策，也是尊重经济增长规律、适应经济发展潮流的必然结果。

根据以下资料整理：国家统计局. 波澜壮阔四十载 民族复兴展新篇：改革开放 40 年经济社会发展成就系列报告之一 . http://www. stats. gov. cn/ztjc/ztfx/ggkf40n/201808/t20180827 _1619235. html.

经济增长问题是每个国家的决策者、经济学家乃至平民百姓都普遍关心的问题。可以说，世界经济史就是一篇经济增长史。综观世界经济发展历史，有的国家在一段历史时期内实现了经济腾飞，整体经济实力大大增强，如第二次世界大战以后的联邦德国和日本、20 世纪 70 年代的"亚洲新兴工业经济体"、当今的"金砖国家"等，而有的国家多年来则徘徊不前。另外，世界各国经济的发展都不是一成不变地增长的，而是伴随着经济增长的总体趋势，呈现有规律的扩张、高涨、衰退、萧条、复苏的周期性波动。本章将讨论经济增长和经济周期现象，回答下列问题：是什么因素决定、制约着一个国家或地区经济的增长？这些因素的变动如何影响其增长的轨迹？为什么在经济增长的过程中会出现周期性的波动？等等。

6.1　经济增长的核算与因素分析

6.1.1　经济增长的含义

反映一个国家或地区经济长期运行的概念有两个：经济增长和经济发展。这两个概念既有联系，又有区别。

经济增长（economic growth）是指一个国家或地区总产出水平或人均产出水平的提高。美国经济学家西蒙·库兹涅兹（Simon Kuznets）给出的定义是："一个国家的经济增长，可以定义为给居民提供种类日益繁多的经济产品的能力的长期上升，这种不断增长的能力是建立在先进技术以及所需要的制度和思想意识相应的调整的基础上的。"

每个国家都在为发展而奋斗。但什么是发展，存在着众说纷纭的解释。一般认为，经济发展（economic development）是指一个国家总体发展水平的提高，既包括经济增长，也包括生活质量、社会经济结构和制度结构的进步。托达罗（M. P. Todaro）在其所著《第三世界的经济发展》一书中，将发展定义为"一个社会或社会体系向着更加美好和更为人道的生活的持续前进"。联合国前秘书长吴丹在制定第二个十年（1970—1980）国际发展战略时，将发展概括为"经济增长＋社会变革"，正是反映了对发展作为一个多方面变化过程的认识。熊彼特则认为，经济发展就是指整个资本主义社会不断实现生产要素和生产条件的新组合。金德尔伯格（C. P. Kindleberger）和赫里克（B. Herrick）在谈到经济增长和经济发展的关系时就曾说过："经济增长指更多的产出，而经济发展则既包括更多的产出，同时也包括产品生产和分配所依赖的技术与体制安排的变革。经济增长不仅包括由于扩大投资而获得的增产，同时还包括由于更高的生产效率，即单位投入所生产的产品的增加。经济发展含义则不止这些，它还意味着产出结构的改变，以及各部门投入分布的改变。"

综合来说，经济增长衡量的是产出水平的增加，是比较狭义的"量"的概念，而经济发展是比较广义的"质"的概念。经济发展包含经济增长，也包含国民的生活质量、整个社会经济结构和制度结构的总体进步，是一个反映社会经济总体发展水平进步的宽泛的、综合性的概念。本章的讨论主要限于经济增长，关于经济发展的更深入的问题，大家可以通过后续的"发展经济学"等课程学习。

6.1.2　经济增长的衡量

衡量经济增长的指标有两个：一个是总量指标，一个是人均量指标。其计算公式分别为

$$G_t = \frac{Y_t - Y_{t-1}}{Y_{t-1}}$$

其中，G_t 表示总产出增长率，Y_t 为 t 时期的总产量，Y_{t-1} 为 $t-1$ 时期的总产量。

$$g_t = \frac{y_t - y_{t-1}}{y_{t-1}}$$

其中，g_t 为人均产出增长率，y_t 表示 t 时期的人均产量，y_{t-1} 表示 $t-1$ 时期的人均产量。

6.1.3　经济增长的核算

宏观经济的运行是社会总投入与总产出之间的投入产出关系，在经济学中，描述这一投入产出关系的工具是生产函数，因此用宏观生产函数来研究经济增长问题。假设在研究的过程中，土地资源保持不变，则投入的生产要素只有劳动和资本两种，宏观生产函数的表达式为

$$Y_t = A_t F(N_t, K_t) \tag{6.1}$$

其中，Y_t、N_t、K_t 分别表示 t 时期的总产出、投入的劳动量和资本量，A_t 表示 t 时期的技术水平。对式（6.1）两边取差分，并略去时间符号 t，得到

$$\Delta Y = MP_N \Delta N + MP_K \Delta K + F(N_t, K_t)\Delta A \tag{6.2}$$

其中，ΔY、ΔN、ΔK、ΔA 分别为变量 Y_t、N_t、K_t、A_t 的差分，MP_N、MP_K 分别为劳动和资本的边际产品。对式（6.2）进行整理，得：

$$\frac{\Delta Y}{Y} = \frac{MP_N}{Y}\Delta N + \frac{MP_K}{Y}\Delta K + \frac{\Delta A}{A}$$

$$\frac{\Delta Y}{Y} = \left(\frac{MP_N \times N}{Y}\right)\frac{\Delta N}{N} + \left(\frac{MP_K \times K}{Y}\right)\frac{\Delta K}{K} + \frac{\Delta A}{A}$$

$$= \alpha \times \frac{\Delta N}{N} + \beta\frac{\Delta K}{K} + \frac{\Delta A}{A} \tag{6.3}$$

其中，$\alpha = MP_N \times N/Y$ 表示经济增长中劳动的（贡献）份额，$\beta = MP_K \times K/Y$ 表示经济增长中资本的（贡献）份额，即

产出增长＝劳动份额×劳动增长＋资本份额×资本增长＋技术进步

由式（6.3）得到，社会经济增长源自三种因素：劳动、资本和技术进步，或者说，经济增长取决于劳动、资本投入的增长和技术进步。

如果宏观生产函数是 Cobb - Douglas 生产函数：$Y = Af(N, K) = AN^\alpha K^\beta$，其中，$Y$、$N$、$K$ 分别为社会产出总量、劳动投入量和资本存量，A 代表技术进步因素，α、β 分别代表劳动和资本投入贡献率。将其两边取对数，则有

$$\ln Y = \ln A + \alpha\ln N + \beta\ln K \tag{6.4}$$

这样，可以用简单的二元线性回归分析进行经济增长的核算，即连续统计若干年产出、劳动和资本投入数据，利用回归分析求出 A、α、β 的具体数值，以测算技术进步、劳动和资本投入对经济增长的贡献率。

6.1.4　经济增长的因素分析

从增长核算方程（6.3）可知道，社会经济增长源自劳动、资本和技术进步三种因素，但这三种因素所包含的内容过于宽泛，若想对影响经济增长的因素作深入分析，还需要进一步细化。在众多分析经济增长因素的理论中，以美国经济学家丹尼森（E. F. Denison）的研究最为著名。

20 世纪 60 年代初，丹尼森受美国经济发展委员会委托，根据美国历史统计资料，对美国 1909—1929 年和 1929—1969 年经济增长的因素作了对比分析和估算。丹尼森把影响经济增长的因素分为两大类：生产要素投入量和生产要素生产率。其中，生产要素投入量包括劳动、资本和土地投入量。如果把土地投入量看成是不变的，则影响经济增长的要素投入因素有劳动和资本两种；其中，劳动要素包括就业者数量和质量、劳动时间、劳动者受教育程度等；资本包括一个国家或地区机器、设备、厂房等资本品的装备总量和水平，以及社会可提供的货币资本总量。生产要素生产率是产量与投入量之比，即单位投入的产出量。这种划分隐含着，在劳动和资本投入量不变的条件下，单位投入的产出量增加也会带来经济的增长。

事实上，第二次世界大战以后西方国家的经济增长在很大程度上源自这类因素。而决定生产要素生产率，即单位投入的产出量的因素主要包括资源配置状况、规模经济和知识进展。这里，知识进展可以理解为技术的进步。综上，丹尼森把影响经济增长的因素归纳为 6 个：劳动、资本、资源配置状况、规模经济、知识进展、其他影响单位投入量的因素。

丹尼森对美国 1929—1982 年经济增长分析的结果如表 6 - 1 所示。

表 6 - 1　1929—1982 年美国经济增长分析的结果

	1929—1948	1948—1973	1973—1982	1929—1982
人均国民收入	1.24	2.26	0.23	1.55
总要素投入	0.23	0.61	0.15	0.38
劳动	0.40	0.18	−0.04	0.20
教育	0.38	0.40	0.44	0.40
工作时间	−0.21	−0.24	−0.33	−0.25
年龄-性别构成	0.00	−0.15	−0.24	−0.11
其他	0.23	0.17	2.09	0.16
资本	−0.12	0.48	0.26	0.23
土地	−0.05	−0.05	−0.07	0.05
单位投入的产出	1.01	1.65	0.08	1.17
知识进展	0.49	1.08	−0.05	0.68
规模经济	0.22	0.32	0.21	0.27
资源配置改善	0.29	0.30	0.07	0.25
法律和人文环境	0.00	−0.04	−0.17	−0.04
其他	0.01	−0.01	0.02	0.01

资料来源：爱德华·丹尼森《美国经济增长趋势，1929—1982》（华盛顿特区，布鲁金斯研究所，1985）表 18 - 4。

学者在表 6 - 1 的基础上，结合当时其他数据归纳出：①1929—1982 年美国平均经济增长率为 2.92%；②其中，1.9% 归功于要素投入，1.02% 归功于要素生产率的提高；③在要素生产率提高中，2/3 归功于知识进展，即技术进步的贡献。因此，知识进展（技术进步、管理知识）是发达国家经济增长最重要的因素。

我国的经济学家们也对影响经济增长的因素做过大量研究。例如，李斌等利用 CES 生产函数和 C - D 生产函数组合模型，对 1979—2007 年影响我国经济增长因素进行了分析，结果发现，在这期间，科技进步对我国经济增长的贡献率平均值为 35.5%[①]。

6.2　新古典增长理论

到目前为止，西方经济学家对经济增长的研究大体经历了两个时期：第一个时期是 20

---

① 李斌，黄乐军. 科技进步对中国经济增长贡献的实证研究. 科技与经济，2009（3）.

世纪 50—60 年代，标志性成果是以 1987 年诺贝尔经济学奖获得者、美国著名经济学家罗伯特·索洛（Robert M. Solow）为代表的新古典增长理论；第二个时期由罗默（Paul M. Romer）和卢卡斯（Robert Lucas）等从 20 世纪 80 年代开始、在改进索洛模型基础上所开创的内生增长理论。本节介绍新古典增长理论，下一节介绍内生增长理论。其中，新古典增长理论主要介绍两个经典模型，即哈罗德-多马模型和索洛模型。

6.2.1　哈罗德-多马模型

哈罗德-多马模型（Harrod-Domar model）是在 20 世纪 40 年代由英国经济学家哈罗德（Roy Forbes Harrod）和美国经济学家多马（Evsey David Domar）相继提出的分析经济增长问题的模型。哈罗德-多马模型在凯恩斯就业理论的基础上，将凯恩斯《就业、利息和货币通论》中的内容长期化、动态化，标志着现代经济增长理论的开端。

1. 假设条件

哈罗德-多马模型的假设条件如下。

（1）全社会只生产一种产品，可以是消费品，也可以是投资品。

（2）储蓄 S 是国民收入水平 Y 的正比例函数：$S=sY$，其中 s 为社会储蓄比例（倾向），并假定为不变的常数。

（3）只使用两种生产要素 L、K，而且这两种生产要素不能相互替代。

（4）劳动力 L 按照一个固定不变的比例增长。

（5）不存在技术进步，也没有资本折旧。

（6）生产规模报酬不变。

2. 模型的建立

根据假设条件（2），储蓄与国民收入成正比关系，即

$$S=sY \tag{6.5}$$

社会资本存量 K 与总产出水平 Y 也成正比例关系，即

$$K=v^*Y \tag{6.6}$$

v^* 称为资本-产量比，K、Y 分别代表经济社会资本存量、产量。对式(6.6)两边取差分，得

$$\Delta K=v^*\Delta Y \tag{6.7}$$

由于不存在折旧，因此资本增量等于投资，即

$$\Delta K=I \tag{6.8}$$

产品市场均衡条件为

$$I=S \tag{6.9}$$

所以

$$v\Delta Y=sY$$

$$\frac{\Delta Y}{Y}=\frac{s}{v} \tag{6.10}$$

显然，$\dfrac{\Delta Y}{Y}$ 是社会的经济增长率。因此，式（6.10）表明：要实现均衡的经济增长，国

民经济增长率必等于社会储蓄倾向与资本-产量比二者之比。

即均衡的国民收入实际增长率

$$G_\text{A} = \frac{s}{v} \tag{6.11}$$

在私有制生产条件下，资本积累（投入）主要取决于资本家（企业家）的意愿。用 v_r 表示企业家意愿中所需要的资本-产量比，则企业家满意的增长率为

$$G_\text{W} = \frac{s}{v_\text{r}} \tag{6.12}$$

称式（6.12）为"有保证的增长率"。

由此

$$G_\text{A} v = G_\text{W} v_\text{r} \tag{6.13}$$

如果 $G_\text{A} = G_\text{W}$，则

$$v = v_\text{r} \tag{6.14}$$

即：如果实际增长率 G_A 等于企业家感到满意的增长率（有保证的增长率）G_W，则实际资本-产量比 v 必然等于企业家所需要的资本-产量比 v_r。

只要国民收入按照 G_W 增长，就会使企业家保持"愿意进一步实现类似增长"的心理，从而国民收入就会年复一年地按照 G_W 增长下去。

哈罗德-多马模型的结论有两个问题。

第一，存在性问题。经济沿着均衡途径增长的可能性是否存在？

显然，要实现充分就业的均衡增长，则国民收入实际增长率 G_A 必须等于人口增长率 n，因此

$$G_\text{A} = \frac{s}{v} = G_\text{W} = \frac{s}{v_\text{r}} = n$$

其中，n 为一国人口增长率，称为"自然增长率"。即实现充分就业的均衡增长，必须满足：

$$\frac{s}{v} = \frac{s}{v_\text{r}} = n$$

从理论上讲，s/v、s/v_r、n 相等，即实现充分就业均衡增长的可能性是存在的。但是，这三个量分别由不同的因素决定，恰好相等是一种巧合。因此，经济很难按照均衡增长途径增长。

第二，稳定性问题。经济活动一旦偏离了均衡增长途径，能否自动趋向于均衡增长途径？关于这个问题，有如下结论。

哈罗德不稳定原理：实际增长率和有保证的增长率一旦发生了偏差，不仅不能自我纠正，还会发生更大的偏离。

因此，资本主义经济发展很难稳定在一个不变的发展速度上——连续上升或连续下降，而是呈现出剧烈波动的状态。

哈罗德-多马模型揭示：通过提高投资（储蓄）率，可以促进经济增长。对于发展中国家来说，发达国家的发展援助可以通过技术转移降低资本系数（k），即提高资本生产率（$1/k$），进而促进经济增长，从而突出了发展援助在经济增长中的作用。但是，由于该模型有"经济增长是不稳定的"结论，因此，被认为不是经济增长理论的"正统"理论。

6.2.2　索洛模型

1. 假设条件

（1）全社会只生产一种产品，可以是消费品，也可以是投资品。

（2）储蓄 S 是国民收入水平 Y 的正比例函数：$S=sY$，其中 s 为社会储蓄比例（倾向），并假定为不变的常数。

（3）劳动力 N 按照一个固定不变的比例 n 增长。

（4）不存在技术进步。

（5）生产规模报酬不变。

和哈罗德-多马模型的假设条件相比，索洛模型考虑了资本折旧问题，同时放宽了两种生产要素不可替代的限制。索洛模型利用人均生产函数 $y=f(k)$ 进行分析，被称为集约化形式的生产函数，其中 y 为人均产量，k 为人均资本。

随着每个工人拥有的资本量 (k) 的上升，每个工人的产量也增加，但人均产量增加的速度是递减的（边际报酬递减规律）。

2. 基本方程

产品市场均衡条件　　　　　　　　　$I=S$

设 δ 为折旧率，$0<\delta<1$，则资本折旧为 δK，资本存量的变化

$$\Delta K=I-\delta K=sY-\delta K \tag{6.15}$$

对式（6.15）两边除以劳动力 N，有

$$\frac{\Delta K}{N}=sy-\delta k \tag{6.16}$$

进而有

$$\frac{\Delta k}{k}=\frac{\Delta K}{K}-\frac{\Delta N}{N}=\frac{\Delta K}{K}-n \tag{6.17}$$

式（6.17）两边乘以 K，整理得

$$\Delta K=\frac{\Delta k}{k}K+nK \tag{6.18}$$

式（6.18）两边再除以 N，结合式（6.16），得

$$\frac{\Delta K}{N}=\Delta k+nk=sy-\delta k \tag{6.19}$$

最终得到

$$\Delta k=sy-(n+\delta)k \tag{6.20}$$

式（6.20）就是索洛模型的基本方程。其中，Δk 为人均资本的增量，sy 为人均储蓄。nk 为劳动力的增长率与人均资本之积，δk 为折旧率与人均资本之积。$(n+\delta)k$ 称为资本的广化，是人均资本用于装备新工人和替换折旧的部分。人均储蓄超过资本广化的部分，即 $\Delta k=sy-(n+\delta)k>0$ 的部分，则导致人均资本 k 上升，称为资本深化。所谓资本广化，是指为每一新增的人口提供平均的资本装备；而资本的深化是指人均资本的增加，即为每一个

人配备更多的资本装备。也就是说，一个社
会的人均储蓄一部分用来提高人均资本的拥
有量，另一部分则用来为每一新增的人口提
供平均的资本装备。如图 6－2 所示。

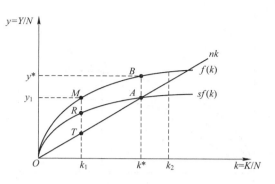

索洛模型的基本方程说明：资本深化＝
人均储蓄－资本广化；或人均储蓄＝资本广
化＋资本深化，即若人均储蓄超过装备新劳
动力和替换折旧资本，会使人均资本提高。
"资本广化"对应外延式增长，"资本深化"
对应内涵式增长。

图 6－2　索洛模型基本方程的图示

3. 稳态分析

在这里，稳态是指经济中一种长期均衡状态，当达到稳态时，人均资本达到均衡并维持
不变。因为人均产量是人均资本的函数，因此，如果其他条件不变，人均产量也达到均衡并
维持不变。由定义可知，在稳态时，人均资本的变动 $\Delta k=0$。从基本方程（6.20）得稳态条
件为

$$sy=(n+\delta)k \tag{6.21}$$

即在稳态时，人均储蓄恰好满足资本广化的需要，不存在资本深化。需要注意的是，在稳态
中，虽然人均产量 y 和人均资本 k 不变，但总产量 Y 和总资本存量 K 仍在变化。为使 y 和
k 不变，Y 和 K 的增长率和劳动力 N 增长率必相等，即

$$\frac{\Delta Y}{Y}=\frac{\Delta K}{K}=\frac{\Delta N}{N}=n \tag{6.22}$$

4. 经济向稳态过渡时的增长状态

当经济处于资本深化的阶段（A 点左方）时，$y=\frac{Y}{N}$ 和 $k=\frac{K}{N}$ 会逐步上升，即向其稳态

值逼近；如果 $\frac{Y}{N}$ 上升，则说明 Y 的增长快于 N，$\frac{\Delta Y}{Y}>\frac{\Delta N}{N}=n$。因此，在资本深化阶段，产

量增长率高于其稳态值，即高于人口增长率。这一点说明，在其他条件相同的情况下，资本
贫乏（人均资本相对较低）的国家的增长率高于资本富裕的国家。这一点也为第二次世界大
战以后几十年来世界各国经济发展的实践所证实。随着资本存量的深化，即 k 接近于 k_A，
增长率会慢下来，最终等于人口增长率。

在前面的分析中，假定储蓄率 s 和人口增长率 n 不变，这两个参数的变化会改变稳态水
平，下面分别予以分析。

5. 储蓄率的增加对增长的影响

储蓄率上升使人均资本上升，增加人均产量，直至达到新的稳态。这也说明，储蓄率的
增加导致资本积累，从而带动产量的一个暂时性的较高增长，随后最终又回落到人口增长率
的水平。因此，得到如下结论：储蓄率的增加不会影响到稳态增长率，但能提高收入的稳态
水平，如图 6－3 所示。

由图 6－3 可知，当经济处于均衡的 C 点时，人均资本量为 k，假定储蓄率增加了，则
储蓄曲线上移至 $s'f(k)$，均衡位置也将移至 C'，对应于 C' 的人均资本量为 k'，此时 $k'>k$，

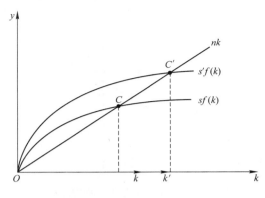

图 6-3　储蓄率变化对经济增长的影响

即储蓄率的增加使人均资本量和人均产量都增加了。

应该说明是，从短期看，储蓄率高，说明资本存量比劳动力增长得快，将引起人均资本和人均产量的增加。但由于 C 点和 C' 点都是均衡点，又因为均衡的产量增长率与储蓄率是无关的，因此从长期来看，随着资本的积累，增长率会逐渐降低，最终又回到劳动增长的水平。因此，新古典增长理论认为，储蓄率的增加不影响均衡的增长率，但能提高收入的均衡水平。

6. 人口增长对产量增长的影响

在图 6-4 中，A 点是最初的均衡点，当 n 增大时，直线 nk 斜率就变大，为 n'，此时均衡点移至 A'。这样，相对于新均衡点 A' 的人均资本量（k'）小于原来均衡点 A 的人均资本量（k），说明劳动力增长率的提高降低了人均资本量的均衡水平，从而也降低了人均产量的均衡水平。

因此，人口增长率的增加降低了人均资本的稳态水平，进而降低了人均产量的稳态水平。这说明，相同储蓄率的两个国家，不同的人口增长率对应不同的人均收入水平。人口增长率上升导致的人均产量下降是许多发展中国家面临的问题。

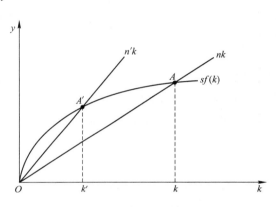

图 6-4　人口增长对经济增长的影响

7. 黄金分割律

一个社会的储蓄率可以影响均衡的人均资本拥有量水平，而人均资本水平又会影响人均产量。从整个社会角度看，消费和储蓄是矛盾的统一体，产出用于消费和积累。当产出一定时，消费多，积累就少；反之，消费少，积累也就多。换句话说，过度消费会抑制储蓄和投资，影响未来经济的快速发展；过分强调储蓄也会影响当前的消费。我们知道，提高人均消费水平是一个国家经济发展的根本目的，黄金分割律水平是指与人均消费最大化相关的人均资本。

1961 年，美国经济学家 E.S. 费尔普斯找到一种关系式：$\dfrac{C}{L} = f(k) - nk$，这种关系式可以确定满足人均消费最大化时的人均资本量，被称为黄金分割律。图 6-5 就表示了这种关系。

从图 6-5 中可以看出，当人均资本量 k 较低时，此时人均消费水平 TT' 也较低。而当人均资本量 k^+ 较高时，人均消费水平 XX' 也较小，此时，虽然人均产出提高了，但人均储蓄的需求量也增大了。所以，人均消费水平不会很高。假如再提高人均资本水平至 k_1''，则表明没有任何产出用于消费了。

由此产生了一个问题，在技术和劳动增长率水平一定时，如何选择人均资本量才能达到人均消费水平最高？费尔普斯对这一问题给出一个答案，也就是所谓的黄金分割律：使人均消费水平最大化的条件是人均资本量应选择资本的边际产品等于劳动的增长率时的量，其表达式为 $f'(k^*) = n$。如图 6-5 中的 k^*：此时 $f(k)$ 的切线斜率与直线 nk 的斜率相等。切点所对应的人均资本量，就是人均消费水平最高时的资本量。

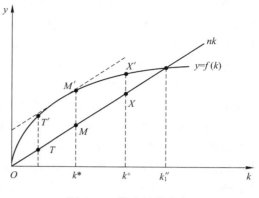

图 6-5 资本的黄金率

从黄金分割律中，可以得出如下结论：①当一个经济中人均资本量高于黄金分割律水平时，可以采用扩大消费的方式，消费掉一部分资本，使人均资本量下降至黄金分割律水平；②当一个经济中人均资本量低于黄金分割律水平时，则可以采用缩减消费，增加储蓄的方式，使人均资本量上升至黄金分割律水平；③黄金分割律其实包含着最优化的思想方法。

8. 考虑技术进步的索罗模型

通过以上分析我们看到，索罗模型可以很好地解释近些年来世界各国的经济增长问题。但该模型条件仍假设不考虑技术进步，因此，无法用其分析技术进步对经济增长的贡献。下面，通过对该模型稍加改动解决这一问题。

把宏观生产函数 $Y = AF(N, K)$ 改写成 $Y = F(AN, K)$，其经济含义是技术进步的作用表现为劳动生产率的提高，这一改变称为哈罗德中性假设。而 AN 则称为有效劳动。如果技术进步 A 以固定比率 g 增长，则 $y' = Y/AN$ 可以理解为有效劳动平均产量，$k' = K/AN$ 为有效劳动平均资本。人均生产函数形式则变为 $y' = f(k')$。经过简单的推导可知，索罗模型的基本方程变为：$\Delta k' = sy' - (n + g + \delta)k'$

该方程说明，技术进步会引起人均产出的持续增长，而且一旦经济处于稳态，人均产出的增长率只取决于技术进步的比率。

6.3 新增长理论：内生增长模型

如果不存在外生的技术进步，索洛模型的结果说明一个国家的经济增长会收敛于一个人均收入不变的稳定状态，即零增长。这就是说，经济增长依赖于一个无法把握的外生因素——技术进步。这一"不愉快的结果"使得新古典经济增长理论陷入了尴尬的境地。其根源在于他们构造出来的生产函数只能是收益递减的，致使经济增长仅仅依赖于资本积累或人口积累，因而是收敛的、趋同的。事实上，世界各个国家的经济增长率和人均收入水平有着长期而巨大的差别，完全否定了这一结论。

而且，索洛对美国经济增长的经验分析中，人均产出的增长率只有 12.5% 是由资本和劳动等有形要素的投入所带来的，另外的 87.5％被认为是技术进步所致，即"索洛技术进步余数"。经济增长理论的研究就从这个余数开始，以内生技术进步为研究思路，形成了以内生增长模型为基础的新增长理论。内生增长模型主要有两类：一是内生技术进步的模型；二是内生人力资本的模型。

1. 内生技术进步的模型

阿罗（Arrow）于 1962 年提出的"边干边学"模型是内生技术进步增长模型的思想源头。它强调实践学习的重要作用，将技术水平解释为产出总量或资本总量的函数，从而构造出一个规模收益递增的生产函数。阿罗认为，增长不仅是有形要素投入的结果，也是实践经验累积的结果。显然，阿罗模型已部分内生化了技术进步。但在这个模型中，其技术溢出效应不够强，内生的技术进步不足以推动经济的持续增长，还必须要求人口以一定的比率增长，因而它还不是一个完全的内生模型。

罗默（Romer）于 1986 年对阿罗模型做出了重大的修正和扩展，更加强调了知识的外部效应，建立了一个完全内生的知识外溢模型。它是一个由知识外部效应、产出的收益递增性和新知识生产的收益递减性三个因素共同决定的一个竞争均衡模型。在这个模型中，知识作为一个独立的因素，不仅能形成自身的递增收益，而且能使资本和劳动等要素投入也产生递增收益，从而使整个经济的规模收益递增。这种递增的收益又成为技术进步的资金来源，对知识的不断投资又使其外部效应进一步累积并放大，最终导致扩散式的增长。如此，便形成了一个知识外溢—递增收益—知识投资—效应放大的良性循环，知识积累和经济增长在这种自催化机制的作用下共生共长。

但任何特定技术的外部效应总是有限的，随着时间的推移，其外部效应终究会耗尽。要实现经济的持久增长，还需不断地涌现新的技术。于是，斯托克于 1988 年提出了一个"新产品引进的知识外溢模型"：只要有新产品的不断引入，旧产品不断地淘汰，溢出效应就可以在不同产品间绵延不绝，使经济保持长久的增长。阿温·杨还建立了一个边干边学与发明相互作用的杂交模型，把知识的外部效应进一步拓展了。

但新产品、新发明等新技术的产生从何而来呢？实际上，大量的创新和发明并不是意外出现的，而是有意识投资的产物。因而，又产生了内生技术创新的增长模型。

罗默于 1990 年又提出了一个内生技术变化的模型，引入了一个专门生产新技术的研究部门，并强调了开发者对其新技术拥有排他性的控制权，以提供研究和开发（R&D）的动力。垄断性知识产权的保护产生的"租"不仅可以补偿其开发费用，而且可以带来可观的垄断利润，因而极大地推动了新技术的开发。新技术一方面使分工和中间产品的边界得以扩展，进而增加最终产品的生产；另一方面，又扩大了现有知识的存量，进一步加快了知识的积累。因而，有意识的技术创新是经济持续增长的源泉。

2. 内生人力资本的模型

最早对人力资本积累的研究是由宇泽弘文（Uzawa，1965）和费尔普斯（Phelps，1963）提出的一类模型开始的。他们引入了一个非生产性的教育部门，使产出变成了有形要素投入和由教育部门带来的技术进步共同作用的函数，因而间接地内生化了"索洛技术进步余数"。虽然这种模型也碰到了阿罗模型同样问题，即经济增长必须依赖于人口的增长，但它从人力资本的方向上开辟了一条与阿罗不同的技术内生化道路。

卢卡斯（Lucas）于 1988 年吸收了他们关于人力资本积累的思想，但放弃了引入教育部门的两部门模型的结构。他把时间区分为两部分，假定每个劳动者用一定比例的时间从事生产，剩余时间专用于人力资本的建设。这就带来了两种不同的人力资本及其效应。不脱离生产过程，通过边干边学能形成专业化的人力资本，并产生外部效应，表现为使其他要素的收益发生递增；虽然对于特定的生产过程，专业化人力资本的积累是递减的，但随着产品的不断更新，专业化技能是不断地转移的，因而专业化人力资本的积累在总体上还是递增的。脱离生产过程去学校接受教育可形成一般性的人力资本，可以产生内部效应，表现为劳动者收入的直接增加。

不同的人力资本形式对经济增长的作用也不相同。一般性人力资本对物质生产过程是重要的，但专业化人力资本对新技术的创造更为重要。如果把技术水平表示为人力资本的函数，则一般性人力资本的积累成为经济增长的重要因素，而专业化人力资本的积累成为经济增长的决定性因素。一般性人力资本的积累，决定于全社会对人力资本投资的水平和教育水平，与经济发展水平显著正相关。在经济增长的低水平，用于教育的投资趋向于减少，个人受教育的机会也减少，一般性人力资本积累与经济增长处于一种"低水平的均衡"；相反，如果经济不断增长，社会的生育率会逐步下降，而教育投资不断增加，一般性人力资本得到正向的积累，进而促进新一轮的经济增长。这就是一般性人力资本积累与经济增长相互促进的动态过程。

贝克尔（Becker）于 1991 年对家庭经济行为的研究就是全社会一般性人力资本积累的一个侧面。贝克尔详细讨论了经济发展过程中生育率下降的问题，以及与此同时发生的父母对儿童人力资本投资的增长过程。当收入不断提高时，人们对闲暇的追求不断增长，即时间价值的提高。如果父母在儿童生养和教育所花的时间成本是一定的，时间价值的增加使得父母会减少儿童的个数而提高质量。这样，教育和人力资本投资就从"社会产品"变成了贝克尔体系中的"私人产品"。在家庭收入一定的情况下，要培养高质量的儿童就必须减少其数量。

6.4　经济周期的含义、分类与原因

经济周期是指经济沿着长期增长的总体趋势进行的有规律的扩张和收缩。美国经济学家米切尔（Wesley Mitchell）给出的定义如下："经济周期是以产业经济为主的国家总体经济活动的一种波动。一个周期是由很多经济活动差不多同时扩张，继之以普遍的衰退、收缩与复苏所组成这种变动重复出现。"

6.4.1　经济周期的 4 个阶段

一般来说，一个完整的经济周期会经历 4 个阶段，其中最主要的两个主要阶段是扩张或复苏阶段、衰退或萧条阶段。

1. 扩张或复苏（expansion or recovery）阶段

在这一阶段中，经济活动在度过了最低点后开始恢复，投资、就业增加，产量逐步上升到先前的高度。

2. 繁荣或高峰（boom or peaks）阶段

在这一阶段中，经济活动不断达到新的高峰。与此相应，利率、工资和价格水平也逐步上升。

3. 衰退或萧条（recession or depression）阶段

在这一阶段，投资下降，劳动需求相对减少，产量的增长减缓甚至下降。这一阶段会呈现以下特征。

（1）消费者购买急剧下降；同时，汽车和其他耐用品的存货会出人意料地增加。由于厂商会对此做出压缩生产的反应，所以实际 GDP 会下降。紧随其后，对工厂和设备的企业投资也急剧下降。

（2）对劳动的需求下降。首先是平均每周工作时间减少，随后是被解雇员工的数量和失业率上升。

（3）产出下降，导致通货膨胀步伐放慢。对原材料的需求下降，导致其价格下跌。工资和服务的价格下降的可能性比较小，但在经济衰退期它们的增长趋势会放慢。

（4）企业利润在衰退中急剧下滑。由于预期到这种情况，普通股票的价格一般都会下跌；同时，由于对贷款的需求减少，利率在衰退时期一般也会下降。

4. 谷底（troughs）阶段

在这一阶段中，经济活动量持续下降到最低点。

西方经济学家一般认为，经济周期的形式和持续时间是不规则的。没有两个完全相同的经济周期，也没有像测定行星或钟摆那样的精确公式可用来预测经济周期的发生时间和持续时间；相反，经济周期可能更像天气那样变化无常。因此，这就增加了人们对经济周期认识上的复杂性。

6.4.2　经济周期的分类

按照经济周期时间的长度，经济周期可分为中周期、短周期和长周期三种。

其中，短周期又称为基钦周期（Kitchin cycles），其长度为 40 个月左右；中周期又称裘格拉周期（Intermediate Cyclesor Juglar cycles），其周期长度为 8～10 年；长周期平均长度为 50 年左右，又称为康德拉耶夫周期或久远波动（Kondratieff cycles）。

另外，美国经济学家库兹涅茨研究后发现，经济周期的发生和建筑业景气有很大的相关性，平均长度为 15～25 年不等。后来，人们把这种长度的经济周期称为库兹涅茨周期（Kuznets cycles），又称为"建筑周期"。

熊彼特在 1939 年对不同长度的经济周期进行了综合，结论如下：一个长周期包括 6 个中周期，每个中周期包括 3 个短周期。各周期的平均长度为：短周期 40 个月，中周期 9～10 年，长周期 48～60 年。

6.4.3　形成经济周期的原因

关于经济周期形成的原因，西方经济学家众说纷纭，从 19 世纪初马尔萨斯提出的消费不足论开始，经济周期理论多达几十种，至今不存在一个统一的解释经济周期的理论。而不同理论流派之间的差异，主要体现对经济波动传导机制的不同解释上。

这些理论观点总体上可以概括为两大类别：外部（外生）因素论和内部（内生）因素

论。外部因素理论认为，经济周期的根源在于市场经济体制以外的某些事物的波动，如太阳黑子或星象、战争、革命、政治事件、人口和移民的增长、新疆域和新资源的发现、科学发明和技术进步等；内部因素理论则从市场经济体制本身的内部运行机制来解释导致社会经济周期性循环往复地上下波动的原因。

从另一个角度说，解释形成经济周期原因的理论可以归纳为三个方面，即需求冲击论、供给冲击论和政策冲击论。这些理论假说对扰动因素的解释可归纳为三个方面，下面分别逐一介绍。

1. 需求冲击论

这种理论认为，需求方面的冲击，主要是消费和投资行为变化对产出所形成的冲击。这方面的研究主要有投资冲击理论和消费不足理论。

投资冲击理论的主要代表是凯恩斯，他认为投资决策取决于厂商对未来盈利能力的预期，但企业的这种预期是极不稳定的。这种预期的波动性来源于企业家的"动物精神"，即他们对于未来的经济前景是持乐观还是悲观的态度。因此，凯恩斯把投资需求的这种不稳定性作为解释经济周期的主要原因。正是由于预期的不稳定引起的投资的波动，引起总需求的变化，从而引起总产出的波动。

消费不足理论的早期代表人物是英国经济学家马尔萨斯和法国经济学家西斯蒙第。20世纪初期，英国经济学家、社会改良主义者霍布森则进一步发展了马尔萨斯和西斯蒙第的观点。这种理论认为，经济中的萧条与危机是因为社会对消费品的需求赶不上消费品产出的增长，而消费品需求不足又引起对资本品需求不足，进而使整个经济出现生产过剩性危机。他们认为，消费不足的根源则主要是由于收入分配不平等所造成的穷人购买力不足和富人储蓄过度。

2. 供给冲击论

比较著名的供给冲击论观点有太阳黑子理论和技术创新理论。太阳黑子假说把产出波动的原因主要归结为农业的波动，认为太阳黑子的活动对农业生产影响很大，而农业生产的状况又会影响工业及整个经济。太阳黑子的周期性决定了经济的周期性。而熊彼特的周期理论是一种用技术创新来解释经济周期的理论，他用技术创新的周期性来解释经济的繁荣和衰退的交替现象。熊彼特提出，技术创新和组织创新提高了生产效率，为创新者带来了盈利，引起其他企业仿效，形成创新浪潮。创新浪潮会增加对资本品的需求，使银行信用扩大，从而引起经济繁荣。但随着新技术的普及，厂商的盈利机会减少，银行信用紧缩，对资本品的需求减少，这就引起经济衰退。直至另一次创新出现，经济才再次繁荣。

3. 政策冲击论

这种理论认为，经济周期主要是政府的货币政策、财政政策和外汇政策所形成的冲击造成的。这方面比较有影响的是以弗里德曼为代表的货币周期理论：把经济周期看成是一种纯货币现象，认为经济周期性波动是银行体系交替扩大和紧缩信用所致。商业银行降低利率会刺激企业贷款增加，从而使企业生产扩张，工人增加收入，而工人收入增加的结果是他们的消费需求增加，经济进入繁荣阶段。为了抑制通货膨胀，商业银行将紧缩信用，带来企业订货减少，库存增加，库存的意外增加会使企业压缩生产，工人失业率上升，消费需求下降，经济进入萧条阶段。

6.5　乘数–加速数模型

　　萨缪尔森的乘数–加速数模型是最早把外因和内因结合在一起来解释经济周期的一个理论模型，希克斯的《一个商业循环理论》一书，则是对萨缪尔森模型的进一步补充。下面简单地介绍这个模型。在介绍该模型之前，先给出几个概念。

　　资本–产量比例指生产一单位产量所需要的资本量，即

$$V=\frac{K}{Y}$$

　　加速系数指增加一单位产量所需要增加的资本量，即

$$\alpha=\frac{\Delta K}{\Delta Y}$$

　　在技术不变的条件下，原生产的资本–产量比例 V 就等于新增资本和新增产量的比例 α。即有

$$V=\alpha$$

　　净投资为 $I_t=K_t-K_{t-1}=VY_t-VY_{t-1}=V(Y_t-Y_{t-1})$，因此，$t$ 时期净投资额取决于产量从 $t-1$ 时期到 t 时期的变动乘以资本–产量比。

　　如果 $Y_t>Y_{t-1}$，则净投资为正值。

$$t \text{ 时期总投资}=V(Y_t-Y_{t-1})+t \text{ 时期折旧} \tag{6.23}$$

　　如果加速系数 $\alpha>1$，则所需要的资本存量的增加（净投资）必须超过产量的增加（$K_t-K_{t-1}=V(Y_t-Y_{t-1})$）。

　　乘数–加速数模型的基本方程为

$$\begin{cases} Y_t=C_t+I_t+G_t & (1) \\ C_t=\beta Y_{t-1}, \quad 0<\beta<1 & (2) \\ I_t=v(C_t-C_{t-1}) & (3) \end{cases} \tag{6.24}$$

　　在模型（6.24）中，（1）为三部门经济的国民收入恒等式，其中政府购买 $G_t=G$ 为外生变量；（2）为消费函数，即当期消费由上一期收入决定；（3）说明，由加速数的定义和消费函数的表达式，本期投资由本期消费和上一期消费之差决定，其中 v 为加速数。

　　将（6.24）中（2）、（3）代入（1）得

$$Y_t=\beta Y_{t-1}+v(C_t-C_{t-1})+G \tag{6.25}$$

　　给定边际消费倾向 β、加速数 v 和政府购买 G 后，通过求解乘数–加速数模型可以发现，国民收入 Y_t 在乘数和加速数的交互作用下呈现周期性波动。而政府有意识的干预则可以消除或减缓经济波动，干预的途径包括：变动政府购买 G、调节或引导社会投资（改变加速数 v）或鼓励消费（提高边际消费倾向 β）等。此处不再展开具体的实证分析例子，有兴趣的读者可参看其他书目。

　　乘数–加速数模型的基本思想如下。

　　新发明的出现使投资增加→通过乘数作用使收入增加→社会总消费增加→通过加速数作用，促进投资的更快增长→投资的增加使国民收入增加→……受社会资源条件的限制，经济

周期达到顶峰→收入不再增加→销售不再增加→投资下降→收入减少→销售减少→投资进一步减少→国民收入进一步减少→经济处于衰退……因此，乘数-加速数的作用使经济呈现周期性循环。

本 章 小 结

　　经济增长是指一个国家或地区总产出水平或人均产出水平的提高，是比较狭义的"量"的概念，而经济发展不但包括经济增长，也包括生活质量、社会经济结构和制度结构的进步，是比较广义的"质"的概念。通常用于衡量经济增长的指标有两个：总量指标和人均量指标。

　　社会经济增长源自劳动、资本和技术进步。根据丹尼森的分析，影响经济增长的因素共有 6 个：劳动、资本、资源配置状况、规模经济、知识进展、其他影响单位投入量的因素。

　　研究经济增长的理论主要有两个：一个是新古典增长理论，另一个是内生增长理论。新古典增长理论主要有两个经典模型，即哈罗德-多马模型和索洛模型。

　　经济周期是指经济沿着长期增长的总体趋势进行的有规律的扩张和收缩。一个完整的经济周期会经历扩张或复苏、繁荣或高峰、衰退或萧条、谷底 4 个阶段，其中最主要的两个主要阶段是扩张或复苏阶段和衰退或萧条阶段。

　　按周期时间的长度，经济周期可以分为短周期、中周期和长周期三种。短周期又称为基钦周期，其长度为 40 个月左右；中周期又称裘格拉周期，其周期长度为 8～10 年；长周期平均长度为 50 年左右，又称为康德拉耶夫周期或久远波动。一般来说，一个长周期包括 6 个中周期，每个中周期包括 3 个短周期。

　　形成经济周期的原因有需求冲击、供给冲击和政策冲击等。需求冲击论包括投资冲击论和消费不足理论；供给冲击论包括太阳黑子论和技术创新论等观点；政策冲击论认为，经济周期主要是政府的货币政策、财政政策和外汇政策所形成的冲击造成的。萨缪尔森的乘数-加速数模型则认为乘数和加速数的交互作用导致了经济的周期性波动。

知识拓展

实际经济周期理论[①]

1. 早期实际经济周期理论的主要内容

1）实际因素是经济周期波动的根源

按照基-普的分析，经济周期波动的根源是实际因素，尤其是技术因素的冲击，而排除

---

① 刘朝阳. 实际经济周期理论及其对我国的适用性. 南方金融，2005（2）.

了货币因素作为经济波动的初始根源的可能性。这种冲击决定了投入（资本与劳动）转变为产出的能力，引起了产出与就业的波动。技术冲击具有随机性质，它使产出的长期增长路径也呈现出随机的跳跃性：当出现技术进步时，经济就在更高的起点增长；若技术恶化或下降，经济将出现衰退。当技术冲击最初发生于某一个部门时，由于社会生产各部门之间存在密切的相互联系，它会引起整个宏观经济的波动。同样，宏观经济的持续波动可以是由连续的单方向的技术冲击造成，也可以是由一次性重大冲击带来的。

2）经济波动的核心传播机制是劳动供给的跨时替代

在基-普的分析中，由技术冲击引起经济波动的核心传播机制是劳动供给的跨时替代，即在不同时段重新配置工作时间的意愿。他们认为，工资短暂变化的劳动供给弹性很高，但劳动的跨时替代并不意味着劳动供给对工资的永久性变动很敏感。如果工资上涨并继续维持在较高的水平上，在这一时期比下一时期工作更多并不能多得到什么东西。因此，劳动供给对工资的永久性变动的反应可能是微弱的，尽管他们对暂时性工资变动的反应是巨大的。这样，如果技术冲击是暂时的，使得当期的实际工资暂时高于标准工资，那么劳动者将以工作替代闲暇，提供更多的劳动，于是产量和就业量均上升，而在预期实际工资较低的未来少工作，因此真实工资的暂时变化会有一个大的供给反应。通过跨时劳动替代对外来冲击的反应形成了经济波动。可见，一次性技术冲击能够引起实际产量的持续波动。

2. 实际经济周期理论的发展

1）实际经济周期理论引发争论

在早期的实际经济周期理论出现以前，尽管宏观经济学家之间存在众多分歧，但在下面三个重要问题上基本能够达成共识：第一，总产量的波动可以看作是对增长率的某种长期趋势的暂时偏离，而这种长期趋势的一个重要决定因素是外生的技术进步率；第二，对社会来说，经济周期所代表的总体变量不稳定性是不合意的，因为它们会降低经济福利，这种不稳定性能够并且应该由适当的政策加以纠正；第三，货币因素对于经济周期是十分重要的。凯恩斯主义者、货币主义者和新古典经济学家在原则上都同意上述观点，虽然他们在如何降低不稳定性以及货币与产量之间的传导机制方面存在很大的分歧。然而，实际经济周期理论出现后，对这三方面都提出了严峻挑战。实际上，对实际经济周期理论争论最大的还在于其政策含义，因为该理论似乎直接蕴涵了任何反周期政策都可能使情况变得更糟的结论，这是大多数经济学家所无法接受的，对凯恩斯主义经济学家来说尤其如此。他们坚持认为，对基于这一线索的所有研究而言，其政策结论必定是为政治而非科学的目的所驱动。

2）实际经济周期理论的完善

作为对新古典货币意外模型理论缺陷的反应，实际经济周期理论家承袭了前者所采用的均衡分析方法以及对刺激机制和传播机制的区分，在对增长过程和经济周期加以整合的基础上，建立起克服了"卢卡斯批评"的经济周期模型。早期的实际经济周期理论模型是真实的，并由单一的技术冲击所驱动，而且这些模型是以完全竞争市场为基础的，不存在市场不完全性。从20世纪80年代中后期开始，为弥补早期模型的不足，真实经济周期理论家对标准模型进行了扩展，逐步引入了名义冲击、对外部门、政府及各种市场不完全性。

3）实际经济周期理论仍面临一些挑战

首先，模型仍难以解释许多时间序列的规则性或特征事实。例如，仅仅依赖生产率冲击的RBC模型还难以解释劳动市场、资本市场和国际贸易中的许多经验规则。为解释这些事实，必须在模型中加入其他冲击，如对政府支出和货币供给的冲击。其次，绝大多数 RBC 模型不能解释产出的动态特征，进而无法解释大多数主要的宏观经济时间序列的周期模式。这些模型随时间传播周期的方式无法产生类似于从现实中所观察到的周期。此外，强调模型产生的相关系数与实际的相关系数吻合也是不恰当的，因为这些相关系数并不一定不能透露出有关变量的真实的周期性共变。

3. 实际经济周期理论对我国的适用性

1）实际经济周期理论的政策含义

实际经济周期理论反对政府干预经济。如前所述，实际经济周期理论认为经济波动是在完全竞争环境下生产者和消费者对技术冲击进行调整的最优反应。经济周期不是对均衡的偏离，而是均衡本身暂时的波动。既然是均衡，便具有帕累托效率，因此，旨在避免经济剧烈波动的政府干预不存在帕累托改进。同时，基-普认为货币供给是内生的，产出波动自然会引起货币供给的波动。货币服务是银行部门生产的产出，其数量随着真实经济的发展而上升或下降。其他部门产出的增加，将增加对交易服务的货币需求，银行系统会通过创造更多的货币对此作出反应。这种货币的增加来自对货币的内在需求，而不是外部货币政策的变动。从而，货币数量的变化对经济没有真实影响，即货币是中性的。

此外，基-普研究了经济政策与居民预期之间的相互影响。他们发现，居民在作出当期决策的时候，不仅要考虑政府当期和以前的政策选择，而且要考虑政府将来会采取什么政策及自己的选择会对政府将来政策选择产生什么样的影响。他们认为，假定最初政府制定了其认为是最优的政策，但在随后的时期内并不一定停留在最优状态。因为在新情况下，政府可以随时改变政策，公众并没有能力约束政府的行为。政府经过重新考虑选择的最优政策与最初的最优政策存在一定的差异，这种事先与事后最优之间的差异就会形成最优政策的时间不一致性。由于经济个体对未来经济政策的预期会影响其当期决策，只有经济个体预期的未来政策规则恰恰是政府当期的最优政策制定规则时，经济政策才是动态一致的。

2）对我国的借鉴意义

实际经济周期理论对我国的借鉴意义在于两个方面。第一，探讨技术因素的作用对于经济转轨、快速发展过程中的中国，具有非常重要的现实意义。例如，有助于正确认识对教育、高新技术的支持力度问题。第二，最优政策的时间一致问题有助于人们认清规则与相机抉择之间的实质区别。可以认为，政策规则描述的是有约定情形下的政策，而相机抉择描述的是没有约定情形下的政策。按照基-普的观点，社会不能在有约定的均衡和没有约定的均衡之间自由选择。因此，社会也不能在政策规则与相机抉择之间自由选择。实际上，在政策规则与相机抉择的争论中，存在着一个更深刻的问题：政策通常被描述为是由社会选择的，而社会实际上需要选出一个机构或一部分人来做它的代表。因此，社会面临的问题既是在不同的政策中作出选择，又是设计一个政策的过程。

从这个角度看，社会面临的是机制设计问题，即到底应该赋予政策制定者多少权力。当前实际生活中，经常出现经济政策时间不一致性问题。例如，前几年国有股减持政策的一波三折等，这些缺乏一致性的经济政策使得投资者没有一个稳定的预期，相关部门所希望的政策效果也就不会出现。因此，政策制定必须受到一定的约束，以提高我国经济政策的一致性和连续性，增强经济政策的效力。

但是，在现实中，经济理论中所谓的完全竞争市场根本就不存在。我国市场经济体制是不完善的，更谈不上完全竞争市场；再者，尽管我国货币供给具有某种内生性，但更大程度上也是外生的。因此，反经济周期理论更适合我国。

像经济学家一样思考

现在，让我们回到本章的导入案例，看一看经济学家是如何看待这些问题的。

经济学家的分析：

自 1993 年以来，我国吸引外资规模一直居发展中国家首位。自 2008 年以来，保持在全球前三位。截至 2016 年底，我国累计吸引外资超过 1.77 万亿美元。2016 年，在全球跨国投资总量有所下滑的背景下，我国吸引外资 8 132.2 亿元人民币，同比增长 4.2％，特别是美国、欧盟 28 国对华实际投资大幅增长，同比分别增长 52.6％和 41.3％。2017 年，我国实际使用外商直接投资 1 310 亿美元，比 1984 年增长 91.3 倍，年均增长 14.7％。1979—2017 年，我国累计吸引外商直接投资达 18 966 亿美元，是吸引外商直接投资最多的发展中国家。

2017 年共有在校大学生人数为 2 695.8 万，应届大学毕业生 795 万，从恢复高考以来，40 年累计毕业的普通高等本专科大学生，总共是 9 577 万人。40 年来，坚持教育优先发展，以促进教育公平为基本要求、优化结构为主攻方向，教育事业取得巨大进步。国民受教育程度大幅提升。15 岁及以上人口平均受教育年限由 1982 年的 5.3 年提高到 2017 年的 9.6 年，劳动年龄人口平均受教育年限达到 10.5 年。义务教育进入全面普及巩固新阶段。2017 年，小学学龄儿童净入学率达 99.9％，初中阶段毛入学率为 103.5％，九年义务教育巩固率达 93.8％。高等教育向普及化阶段快速迈进。2017 年，高等教育毛入学率达到 45.7％，高于中高收入国家平均水平。

练习及思考题

一、填空题

1. 丹尼森认为，影响经济增长的因素有劳动、＿＿＿＿、＿＿＿＿、规模经济、＿＿＿＿和其他影响单位投入产量的因素，共 6 种。

2. 一般来说，在其他条件相同的情况下，＿＿＿＿的国家的增长率高于＿＿＿＿的国家。

3. 一个完整的经济周期会经历扩张和复苏、＿＿＿＿、衰退和萧条和＿＿＿＿ 4 个阶段。

4. 熊彼特对经济周期归纳的结论是：一个长周期包括＿＿＿＿个中周期，每个中周期包括＿＿＿＿个短周期。短周期长度约＿＿＿＿个月，中周期长度约＿＿＿＿年，长周期长度约＿＿＿＿年。

5. 一般认为，形成经济周期主要原因是来自＿＿＿＿、＿＿＿＿和＿＿＿＿三方面的冲击。

6. 货币周期理论认为，商业银行降低利率会刺激企业＿＿＿＿＿＿，生产扩张，工人消费需求增加，经济进入＿＿＿＿＿＿。为了抑制通膨，商业银行将＿＿＿＿＿＿，企业订货减少，库存增加，使企业压缩生产，工人＿＿＿＿＿＿上升，消费需求下降，经济进入＿＿＿＿＿＿。

二、判断题（正确的在括号内打 √，不正确的打 　）

（　　）1. 根据哈罗德不稳定原理，实际增长率和有保证的增长率一旦发生了偏差，不仅不能自我纠正，还会发生更大的偏离。

（　　）2. 当经济达到稳态时，社会总产量仍会增长，其增长率等于人口增长率。

（　　）3. 新古典增长理论认为，两个储蓄率相同的国家，即使经济增长率不同，也不会影响人均收入水平。

（　　）4. 资本的黄金分割律水平是一个国家保持稳态增长所需要的最低资本量。

（　　）5. 在经济衰退阶段，企业投资、劳动需求和产量都会下降。

（　　）6. 中央银行频繁变动的货币政策是形成经济周期的原因，因此，为了减少经济周期性波动，应该减少政府干预。

三、单项选择题

1. 根据新古典增长模型，增加储蓄率（　　　）。

　　A. 会提高经济增长速度

　　B. 不会提高经济增长速度

　　C. 能提高收入的稳态水平，但不能影响稳态增长率

　　D. 不但能提高收入的稳态水平，而且能提高稳态增长率

2. 经济周期的中心是（　　　）。

　　A. 价格的波动　　　　　　　　　B. 收入的波动

　　C. 工资的波动　　　　　　　　　D. 利率的波动

3. 平均长度为 8~10 年的经济周期称为（　　　）。

　　A. 基钦周期　　　　　　　　　　B. 康德拉耶夫周期

　　C. 裘格拉周期　　　　　　　　　D. 凯恩斯周期

4. 库兹涅茨周期的平均长度为（　　　）。

　　A. 40 个月

　　C. 15~25 年　　　　　　　　　　B. 8~10 年

　　　　　　　　　　　　　　　　　　D. 50 年

5. 以下哪一条可能不是形成经济周期的原因？（　　　）

　　A. 企业家对未来预期的不稳定　　　B. 一项新技术发明问世

　　C. 太阳黑子爆发导致农业歉收　　　D. 人口增长的周期性变化

四、问答与论述题

1. 影响经济增长的因素有哪些？

2. 形成经济周期的原因有哪些？

第 7 章
开放宏观经济学

【知识结构图】

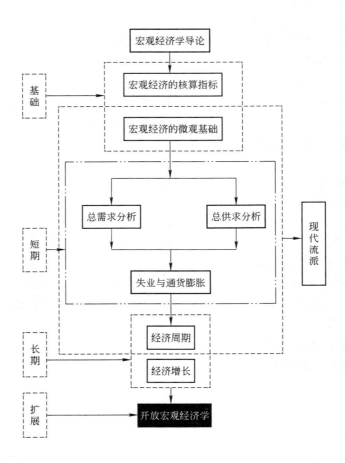

【导入案例】

中美贸易战扰动全球市场

据报道，2018 年 3 月 22 日，美国总统特朗普签署备忘录，基于美贸易代表办公室公布的对华 301 调查报告，指令有关部门对华采取限制措施。相关征税清单将在 15 日内发布，或将涉及约 600 亿美元的商品。3 月 23 日，美国在世贸组织争端解决机制项下向中方提出磋商请求，指称中国政府有关技术许可条件的措施不符合《与贸易有关的知识产权协定》的有关规定。

中国商务部条约法律司负责人 24 日就此发表谈话指出，中方一贯尊重世贸组织规则，维护多边贸易体制。对美方提出磋商请求表示遗憾，将根据世贸组织争端解决程序进行妥善处理。中国商务部回应称，任何情况下，中方都不会坐视自身合法权益受到损害，已做好充分准备，坚决捍卫自身合法利益。中方不希望打贸易战，但绝不害怕贸易战，有信心、有能力应对任何挑战。希望美方悬崖勒马，慎重决策，不要把双边经贸关系拖入险境。

有专家学者认为，从以往的经验来看，美国这次的行为是非常严重的贸易保护主义行为。对中国的出口企业、美国的消费者、美国的企业都会造成非常大的影响。特朗普之所以签署备忘录，直接原因是美国对中国的贸易逆差以及他认为"中国制造 2025"等产业政策影响了美国的利益，而更深层次的原因则是美国国内的中期选举将至，以及出于政治战略考量，对中国这个竞争对手的压制。

3 月 23 日，我国商务部发布了针对美国进口钢铁和铝产品 232 措施的中止减让产品清单并征求公众意见，拟对自美进口部分产品加征关税，以平衡因美国对进口钢铁和铝产品加征关税给中方利益造成的损失。该清单暂定包含 7 类、128 个税项产品，按 2017 年统计，涉及美对华约 30 亿美元出口。这仅仅是对美国 232 措施的应对。美国发布征税清单后中国也肯定会准备一个反制清单，包括农产品贸易等。

当然，目前来看美国只是宣布要怎么做，但是还没有真的开始这么做。这段时间内，会有一个谈判磋商的过程。争取能够达成让双方都满意的解决方案，最终让贸易战能够被化解掉，这是大家所希望看到的。当然，如果美方提出的要求过于苛刻或者说完全是中方无法达到的，比如说要求中方削减 1 000 亿美元的贸易顺差这类不合理的要求，那只能"兵来将挡，水来土掩"。中国已经不是 30 年前的中国。所以我们不愿意打贸易战，也不害怕打贸易战。

况且，大豆、稀土、美债等是中国手里握着的"杀手锏"。具体而言，一是大豆。农产品是美国经济的软肋，美国是世界上最大的农产品出口国，严重依赖国际市场。大豆涉及美国八个农业州，恰恰是共和党的所在州。二是稀土，任何高技术产业特别是通信、互联网、计算机都离不开稀土，中国现在供应全世界约八成的稀土，美国想重新启动其国内的稀土矿谈何容易，成本将会大大提高。三是中国手里握着的美国国债。

中美贸易争端，引发了全球资本市场的剧烈波动。备忘录签署消息引发美国三大股指立即全线下挫，这正是市场和国际社会对美方有关政策及举动的回应。

3 月 22 日特朗普签署总统备忘录宣布将对从中国进口的商品大规模征收关税后，当天，道琼斯工业平均指数重挫 2.93%，创一个月以来收盘新低。3 月 23 日，美股继续下跌，三大指数分别下跌了 1.77%、2.10% 和 2.43%。3 月 23 日，亚洲市场、欧洲市场也出现明显下跌。与此同时，贸易风险加剧避险需求升温，刺激债市大涨，期债 10 年和 5 年主力合约分别涨 0.64% 和 0.29%，均创五个月新高。全球股市的集体下跌表明，在全球已经高度一体化的今天，如果发生贸易战，注定是双输的结局。对美国而言，将推高通胀预期，降低居民消费；对中国而言，将降低出口增速，加剧产能过剩。

http://news.sina.com.cn/c/nd/2018-03-26/doc-ifysqfnf6679128.shtml.

美元是世界主要储备货币,因此,美国的货币政策选择,必将影响我国的通胀形势。美元同时又是美国的货币,它为什么会对中国的经济产生重大影响呢?为什么它会成为世界性货币?为什么我国的货币政策要考虑美国的货币政策走向?我国的通货膨胀率为什么会与美国的物价指数有联系?通过本章的学习,你将可以运用经济学基本原理回答这些问题。

为了简化分析,在第1~6章中重点分析了封闭经济,即不与其他国家或地区发生相互作用的经济。但现实是我们处在一个各国之间相互依赖越来越多的经济中。

7.1 国际贸易理论

当今世界,任何国家都不可能在一个完全封闭的经济体系下进行经济活动,都必须参与到国际贸易和国际借贷中。各国之间的经济联系首先通过国际贸易。国际贸易是各国之间产品和劳务的交易活动,它对于每个国家的宏观经济都有重要的影响。下面简要介绍几个有代表性的国际贸易理论,而在后续的国际贸易理论课程中,将就此进行深入探讨。

7.1.1 (古典)传统贸易理论

国际贸易对于贸易参与国是有利的,利益在哪里呢?古典经济学家对此作出了解释,其中最有代表性的观点是绝对优势理论和相对优势理论。

1. 绝对优势理论

亚当·斯密最早对国际贸易产生的原因和利益进行了分析。他在《国富论》中提出了绝对优势理论。绝对优势理论又称绝对成本说。该理论将一国内部的分工原则推演到各国之间的分工,该理论是最早主张自由贸易的理论。

绝对成本是指贸易国之间生产某种产品的劳动成本的绝对差异。如果一个国家所耗费的劳动成本绝对低于另一个国家,即称该国家在生产该种产品上具有绝对优势,而另一个国家在该种产品生产上具有绝对劣势。绝对优势理论的基本原理是:由于各国拥有不同的成本优势,在同一产品的生产成本上存在绝对差异,各国可以选择对自己绝对有利的生产条件去进行专业化生产,然后通过交换,两国的国民财富和国民福利水平都会得到提高。

例如,英国和法国都生产毛呢和葡萄酒两种产品,但两国的成本不同(见表7-1)。

表 7-1   分工前的两国的产量情况

国别	葡萄酒产量 (单位)	葡萄酒需劳动投入/ (人·年)	毛呢产量 (单位)	毛呢需劳动投入/ (人·年)
英国	1	120	1	70
法国	1	80	1	110

从表7-1中可以看出,英国生产1单位毛呢需要劳动投入70人·年,法国需要110人·年,英国在生产毛呢上有绝对优势;法国生产1单位葡萄酒需要劳动投入80人·年,英国需要120人·年。显然,法国在生产葡萄酒上有绝对优势。据此,英国专门生产毛呢,法国专门生产葡萄酒,然后进行国际贸易(假定葡萄酒和毛呢的交换比例为1∶1),结果两国所拥有的两种产品产量都会比分工前提高,见表7-2。

表 7-2　分工和国际贸易后两国的产量情况

	国别	葡萄酒产量（单位）	葡萄酒需劳动投入/(人·年)	毛呢产量（单位）	毛呢需劳动投入/(人·年)
分工后	英国	0	0	2.7	190
	法国	2.375	190	0	0
国际贸易后	英国	1	0	1.7	190
	法国	1.375	190	1	0

根据以上简单的例子，可得出如下结论。

（1）分工可以提高劳动生产率，增加国民财富。斯密认为，人类的交换倾向产生分工，分工对于社会劳动生产率的提高非常重要，劳动生产率的提高有利于财富的增加。

（2）绝对成本优势是国际分工的原则。斯密认为，既然分工可以极大地提高劳动生产率，那么每个人应专门从事自己具有绝对成本优势的产品生产，然后相互进行交换，就会对每个人都有利。分工不仅适合个人之间，也适用于国家之间。如果外国的产品比本国生产得便宜，那么最好输出本国有绝对优势的产品，去交换外国生产的本国有绝对劣势的产品。这样对贸易国都有好处，世界的财富也会因此增加。

（3）国际分工的基础是有利的自然禀赋或后天条件。斯密认为，生产某种产品的绝对成本优势可能源于有利的自然禀赋，也可能来自有利的后天条件。自然禀赋和后天条件不同为国际分工提供了基础。各国按照各自的有利条件进行分工和交换。

绝对优势理论对于贸易产生的原因进行了深刻分析，并在经济学理论中第一次提出了贸易互利性原理。但在现实世界中，有些国家可能在各种产品生产上生产效率都高，有些国家则可能在各种产品生产上都具有绝对的成本劣势，生产效率都不高。如一些发展中国家在绝大多数商品生产上生产率都可能低于发达国家，但它们相互之间是存在国际贸易的。而这是绝对优势理论所不能解释的。

2. 相对优势理论

针对绝对优势理论的不足，英国经济学家大卫·李嘉图在《政治经济学及其赋税原理》中提出了相对优势理论。

相对优势理论又称为比较优势理论。该理论认为，即使有些国家在各种产品生产上都没有任何绝对优势，但只要各国间的商品成本和价格比例有所不同，国际贸易可以在任何两个存在生产成本和产品价格差异的国家之间进行。

用一个例子来说明相对优势理论。假设英国和法国两国都生产葡萄酒和毛呢两种商品，两国在生产中的成本不同（见表 7-3）。

表 7-3　分工前两国的产量情况

国别	葡萄酒产量（单位）	葡萄酒需劳动投入/(人·年)	毛呢产量（单位）	毛呢需劳动投入/(人·年)
英国	1	120	1	100
法国	1	80	1	90

从表 7-3 可看出，法国在葡萄酒和毛呢两种产品上需要的劳动投入都少于英国，因此，

该国在两种商品生产上都有绝对优势；英国在两种产品生产上都具有绝对成本劣势。如按照绝对优势理论，两国之间是不会存在国际贸易的。而李嘉图认为，葡萄酒生产上法国需要的劳动比英国少 40 人·年，毛呢生产上比英国少 10 人·年，显然，法国在葡萄酒的生产上具有更大的优势；而英国虽然在两种产品生产上都具有绝对劣势，但毛呢生产的劣势相对较小。因此，法国应该专门生产优势较大的葡萄酒，而英国应该专门生产劣势较小的毛呢，然后进行国际贸易（假定葡萄酒和毛呢的交换比例为 1∶1），两国的国民财富都会增加（见表 7-4）。

表 7-4　分工和国际贸易后两国的产量情况

	国别	葡萄酒产量（单位）	葡萄酒需劳动投入/（人·年）	毛呢产量（单位）	毛呢需劳动投入/（人·年）
分工后	英国	0	0	2.2	220
	法国	2.125	170	0	0
国际贸易后	英国	1	0	1.2	190
	法国	1.125	190	1	0

从表 7-4 中可明显看出，分工后两种产品的产量大于分工前的产量，交换后各国都获得了优于封闭经济下的财富。

李嘉图的相对优势理论克服了绝对优势理论的缺陷，阐明了国际贸易的普遍适用性，即任何国家都可以从国际贸易中获得利益。相对优势理论奠定了国际贸易的理论基础。

绝对优势理论和相对优势理论都是解释国际贸易产生原因的理论。两者都用单一要素的劳动生产率差异来说明国际贸易行为产生的原因。它们都只考虑了参与国际贸易的国家之间劳动生产率差异，但在实际生产中，不仅需要劳动还需要资本、土地等其他的生产要素，这些生产要素在生产中也起着重要的作用，它们同样会影响生产率和生产成本。为此，赫克歇尔和俄林提出了要素禀赋理论。

3. 要素禀赋理论

要素禀赋理论认为，各国生产资源（要素）的相对丰裕、相对稀缺是各国成本存在差异的主要原因。由于各国具有的要素储备情况不同，因此，有的国家劳动丰裕，有的国家资本丰裕，有的国家则土地丰裕。一般而言，劳动丰裕的国家，其劳动价格相对低廉，因此在生产劳动密集型产品上具有成本优势；资本丰裕的国家，其资本价格就会相对便宜，所以它生产资本密集型产品就具有成本优势；土地丰裕的国家，其土地价格低，则在生产土地密集型产品上具有成本优势。这样，各国就应该生产并出口那些利用本国丰裕资源的产品，进口那些需要的本国稀缺资源的产品。

要素禀赋理论是在李嘉图比较成本优势理论的基础上建立起来的。根据这一理论，各国要素禀赋的差异与各国要素价格的差异，通过彼此的产品贸易，有缩小和均等化的趋势。这种国际贸易理论，是以一系列国内外完全自由竞争市场的假定为前提而建立起来的，是适应国际自由贸易要求的一种国际贸易理论。但在现实生活中，完全自由的国际贸易不存在。因此，它的适用性要打折扣。同时，该理论分析中，只看到各国所拥有的要素量的差异，而忽视了要素质的差异，是片面的。

要素禀赋论最根本的缺陷，在于它否定了劳动价值论，把劳动、资本、土地同样视为构成产品成本的基础，认为各个要素的成本大小应以其稀缺程度而定，即由庸俗的供求关系决定。

7.1.2　新贸易理论：规模经济贸易模型与内生增长贸易模型

第二次世界大战后的世界总贸易量中，发达国家之间的贸易量大大高于发达国家与发展中国家之间的贸易量，且同类产品之间的贸易量非常大，即产业内贸易大量存在。这些情况的出现用传统贸易理论难以解释。为此，为解释新的贸易现象产生了一系列新贸易理论学说①。

新贸易理论认为传统贸易理论的理论前提假定过于严密，不符合社会经济生活，无法解释现实。因此，应放宽并建立更符合现实的前提假设，如将市场结构假设为不完全竞争，将规模报酬不变假设为规模报酬递增，假定贸易国获得相同的生产技术也会对国际贸易产生影响，等等。

1. 规模经济贸易模型

克鲁格曼认为，不完全竞争市场具有两个特征：市场中的产品不同质、市场中的厂商都有一定的垄断力。随着生产规模的扩大，产品的平均成本下降，即厂商因生产规模扩大获得额外的报酬就是规模报酬递增。由于垄断的存在，厂商能够运用自己的垄断力，扩大产量，获得递增的规模报酬。国际贸易扩大了企业面临的市场规模，同时扩大了消费者消费的多样性。

用一个例子来说明这个模型。假定甲、乙两国具有生产 X 产品的相同技术，最初生产的产量也基本相当。各国在开放前企业都只面临国内一个市场。现假定两国之间开展国际贸易，其中，甲国企业需要扩大生产以提供更多的 X 产品出口。如果该国企业具有垄断地位，该企业随着产量的扩大，平均成本下降，在产品价格不变的情况下，企业利润会增加。而该国企业扩大这种产品的生产会需要更多的劳动，它就必须缩减或放弃其他产品（如 Y）的生产，这些被缩减或放弃的产品就会由乙国的企业来生产，乙国企业由于产量的扩大也实现了规模经济，两个国家的企业都只生产具有规模经济的产品（X 或 Y），然后进行交换。交换结果是：一方面，专业化分工的生产使两国企业的生产成本都下降了；另一方面，国际贸易的存在又使两国国民消费多种类产品成为可能。

2. 内生增长贸易模型

许多经济学家都认为国际贸易的开展可以带动国内生产率的提高，进而引起国内经济增长。如哈伯勒等经济学家就认为国际贸易作为新技术、新管理和其他技能的传播媒介，会引起没有开发的国内资源的充分利用，并激发国内厂商提高效率，同时通过市场规模的扩大，实现规模经济性。因此，国际贸易可以称为"经济增长的动力"。

经济学家罗默和卢卡斯则提出了内生增长理论，从国际贸易和经济增长的长期关系角度进一步揭示了国际贸易带来的正面作用。该理论认为一个国家减少贸易壁垒可促进国际贸易，通过国际贸易将长期取得经济增长加速和发展的效应，这是因为开放国家通过贸易可以加快技术引进、吸收、开发及创新过程，扩大生产经济规模，减少价格扭曲，提高资源利用率等。

---

① 新贸易理论的主要代表人物包括克鲁格曼、赫尔普曼、斯宾塞和布兰德等，其中最主要代表人物是克鲁格曼。

7.1.3 新新贸易理论：异质企业贸易模型和企业内生边界模型

无论是传统贸易理论还是新贸易理论都将参与贸易的企业假定为无差异的。进入 21 世纪后，国际贸易理论深入到了企业层次的微观分析，提出了异质企业贸易模型[1]和企业内生边界模型[2]。这些理论被称为新新贸易理论[3]。新新贸易理论将分析变量细化到企业层面，研究企业层面变量，开拓了国际贸易理论和实证研究新的前沿。

异质企业贸易模型主要解释为什么有的企业会从事出口贸易而有的企业不从事出口贸易；企业内生边界模型主要解释是什么因素决定企业选择公司内贸易、市场交易还是外包方式进行资源配置。二者同时都研究了什么决定企业选择以出口方式还是 FDI 方式进入到海外市场。

现实中的企业本来就存在各种各样的差异，即使是同一产业中的企业也存在各种各样的差异。无论在规模还是生产率方面，企业都是异质的。企业间的差异对于理解国际贸易至关重要，同产业部门内部企业之间的差异可能比不同产业部门之间的差异更加显著，新新贸易理论将研究重点放在异质企业上，考虑企业层面异质性来解释更多新的企业层面的贸易现象和投资现象。

跨国公司在全球经济地位重要性与日俱增，企业国际化过程中越来越复杂的一体化战略选择，以及中间投入品贸易在全球贸易中的份额不断上升，都使得研究国际贸易和国际投资中企业的组织方式和生产方式选择变得非常重要。

7.2　国际贸易组织

国际贸易对于各国经济增长有积极作用，然而随着各国在经济上的联系日益密切，各国之间的贸易摩擦和冲突不断出现。为了创造良好的贸易环境，需要对各国的贸易政策和措施进行协调约束，建立一个良好和稳定、自由的贸易环境。

7.2.1 贸易冲突

古典国际贸易理论认为，自由贸易总能给贸易双方带来收益。分工和交换的结果总能符合所有贸易参与国的经济利益，使各贸易国的消费者福利和生产效率达到最优水平，贸易并不会带来国家利益的冲突。但现实是，以规模经济为特征的现代工业社会中贸易国之间贸易冲突是常态。

拉尔夫·戈莫里和威廉·鲍莫尔在对古典贸易模型不断放松假设的前提下，对贸易冲突进行了分析[4]。他们认为，在以制造业、技术迅速变化及以规模经济为特征的大型企业占主导地位的世界，国际贸易中存在固有的利益冲突。一国生产能力的提高往往是以牺牲他国的

① 以 Elitz 为代表。
② 以 Antras 为代表。
③ Baldwin（2005）、Larry Qiu（2006）等学者将关于异质企业贸易模型、企业内生边界模型的理论称为"新新贸易理论（New‐New Trade Theory）"。
④ 戈莫里，鲍莫尔. 全球贸易和国家利益冲突. 文爽，乔羽. 北京：中信出版社，2003.

总体福利为代价的。在经济全球化背景下，国际贸易与国际竞争可能带来多种结果，而这些结果对各国的贸易福利有不同影响。其中一些结果对某一国有利，而另一些结果对另一个国家有利，还有一些结果对两个国家都有好处。实际情况通常是对一个国家极为有利的结果往往对另一个国家极为不利。

首先，在一个由传统分工组成的世界中，一国只生产一种产品，国家之间任何一种专业化分工都因存在高的进入成本而长期存在，因此形成了一个稳定的结果或者均衡。但这种有序模式的分布具有重要的经济含义：互通有无的两个国家在国家利益方面可能有相当大的冲突。这种冲突的形式是一种竞争，而不同于人们熟悉的关税战和其他贸易保护战，冲突集中体现在一国最终不愿意接受自由贸易环境下的某些可能均衡。这一冲突之所以发生，是因为在许多均衡中，对于一个国家来说最好的均衡对另一个国家来说不是最好的。因此，在现代的自由贸易竞争环境下，贸易伙伴中间既有共同获利的可能性，又有冲突的可能性。

其次，不发达的贸易伙伴的进步，对于进行贸易的两国都是有利的。但是，该贸易伙伴的进步一旦超过了某一发展状态，就会引起国家间利益的冲突。随着国际社会经济贸易的不断发展，国际经贸领域的贸易战日见频繁。

7.2.2　区域贸易组织

国家之间的贸易冲突不利于各国贸易的发展，为此，需要建立相应的国际贸易组织对贸易冲突予以解决。世界上已经建立的各种区域性国际贸易组织很多，但以欧盟、北美自由贸易区和东南亚联盟这三大区域性国际贸易组织在世界上影响较大。

1. 欧洲联盟

欧洲联盟（European Union，EU，简称欧盟）是由欧洲共同体（European Communities）发展而来的，是在世界上具有重要影响的一个区域一体化组织。1991 年 12 月，欧洲共同体通过《欧洲联盟条约》（通称《马斯特里赫特条约》，简称《马约》）。1993 年 11 月 1 日，该条约正式生效，标志着欧盟正式诞生。

欧盟总部设在比利时布鲁塞尔，覆盖人口近 5 亿，是当今世界上经济实力最强、一体化程度最高的国家联合体。在贸易、农业、金融等方面趋近于一个统一的联邦国家，在内政、国防、外交等其他方面则类似一个独立国家所组成的同盟。它有自己的盟旗、盟歌、庆典日和统一货币欧元[①]。

欧盟的发展经历了 70 多年时间。1946 年 9 月，当时的英国首相丘吉尔就提议建立"欧洲合众国"。1951 年 4 月 18 日，法国、西德、荷兰、意大利、比利时、卢森堡六国在巴黎签署欧洲煤钢共同体条约（又称《巴黎条约》）。1952 年 7 月 25 日，欧洲煤钢共同体正式成立。1957 年 3 月 25 日，这六国在罗马又签订建立欧洲经济共同体条约和欧洲原子能共同体的条约（统称《罗马条约》）。1958 年 1 月 1 日，欧洲经济共同体和欧洲原子能共同体正式组建。1965 年 4 月 8 日，六国签订的《布鲁塞尔条约》决定将三个共同体机构合并，统称欧洲共同体。《布鲁塞尔条约》于 1967 年 7 月 1 日生效，欧洲共同体正式成立。

---

　　① 2003 年 7 月，欧盟制宪筹备委员会全体会议就欧盟的盟旗、盟歌与庆典日等问题达成了一致。根据宪法草案：欧盟的盟旗仍为现行的蓝底和 12 颗黄星图案，盟歌为贝多芬第九交响曲中的《欢乐颂》，5 月 9 日为"欧洲日"。欧元（Euro）于 1999 年 1 月 1 日正式启用，截止到 2009 年 1 月 1 日，使用欧元的国家已经达到 16 个。

　　欧盟自1993年成立后，其成员也在不断变化，最初的成员包括法国、德国、意大利、荷兰、比利时、卢森堡、丹麦、爱尔兰、英国、希腊、西班牙、葡萄牙、奥地利、芬兰、瑞典等15个国家，以后开始了不断扩大的进程，地域范围从西欧逐渐扩展到中东欧。2003年4月的欧盟首脑会议上，塞浦路斯、马耳他、波兰、匈牙利、捷克、斯洛伐克、斯洛文尼亚、爱沙尼亚、拉脱维亚、立陶宛10国正式签署加入欧盟协议。2005年，保加利亚和罗马尼亚加入欧盟，至此，欧盟成为一个拥有27个成员、人口超过4.8亿的大型区域一体化组织。

　　与阵容不断扩大相比，英国脱欧对欧盟的打击更大。受美国次贷危机、欧元区国家主权债务危机等影响，近年来欧盟国家经济困难重重；同时，成员的国家主权和贸易主导权、移民和难民、边境管控、就业和公共服务、会费摊派等问题丛生，最终导致了英国的离心倾向。2013年1月23日，时任英国首相卡梅伦首次提及脱欧公投。2016年6月23日，英国举行脱欧公投；2017年3月16日，英国女王伊丽莎白女王二世批准"脱欧"法案，授权英国首相特蕾莎·梅正式启动脱欧程序开始和欧盟方面的"脱欧"谈判。2018年3月19日，欧盟和英国就脱欧过渡条款达成协议，过渡期将维持21个月，于2020年12月结束。

　　欧盟的管理机构主要包括欧洲理事会、欧盟理事会、欧盟委员会、欧洲议会、欧洲法院和欧洲审计院等。

　　2. 美国-墨西哥-加拿大协议

　　美加墨贸易协议（US－Mexico Canada Agreement，USMCA）于2018年9月30日基本完成谈判。根据美、加、墨三方国内法律程序，USMCA最快将于60天后签署。新协议内容显示，美国是最大赢家。

　　所谓"新"，主要表现在三个方面：第一，新协议要求75％的汽车零部件由三方生产，40％～45％的零部件由时薪不低于16美元的工人生产。这为美国汽车业提供了新机遇。第二，在数字贸易、知识产权保护、金融服务业等方面，该协议体现了所谓高于NAFTA的标准。第三，USMCA包括了国有企业、货币操纵、与非市场经济及国家经济关系等内容，意在保护美国利益。

　　USMCA的谈判从2017年8月开始，经过了13个月的漫长谈判，经历了7轮三边谈判、多轮双边谈判，通过各方博弈与妥协，最终达成。

　　USMCA的目的是取代《北美自由贸易协议》（North American Free Trade Agreement，NAFTA）。NAFTA于1994年1月1日正式生效。其宗旨是，取消贸易壁垒；创造公平的条件，增加投资机会；保护知识产权；建立执行协定和解决贸易争端的有效机制，促进三边和多边合作。

　　NAFTA规定15年内建成自由贸易区，三国的商品关税取消分三批进行：50％的商品关税立即取消；另外15％的商品关税在5年内取消；其余的商品在第6至15年内逐步取消。在原产地规则方面，北美自由贸易协议要求包含62.5％以上北美部件的车辆才有资格享受免税待遇。纺织品及服装必须在北美自由贸易区内生产主要部分，才能享受关税减免待遇。另外，协议对服务、投资、知识产权、政府采购等方面都作了规定，在较为棘手的汽车、农产品、纺织品、能源、运输、文化及环境等方面还专门列了细则加以说明。自1994年生效以来，NAFTA影响了北美洲超过1万亿美元的贸易。

　　根据NAFTA形成的北美自由贸易区是世界上第一个由最富有的发达国家和发展中国

家组成的区域经济贸易集团。但特朗普认为 NAFTA 加剧了美国贸易逆差，剥夺了美国制造业的就业岗位，让美国利益受损，必须进行修订。开启谈判后，美国抓住墨西哥和加拿大依赖美国市场的"软肋"，以退出 NAFTA 相威胁，不断施压，迫使墨西哥和加拿大作出妥协。墨西哥首先妥协，在汽车原产地原则、日落条款、劳工标准等核心问题全面退让，并于 2018 年 8 月底和美国达成初步协议。面对此情形，加拿大不得不被动加入，与美国进行谈判。不仅几乎全盘接受美墨协议的成果，还在乳制品、禽肉等农产品市场准入作出让步妥协。同时，美国在加拿大要求保留 NAFTA 第 19 章，墨西哥要求延长"日落条款"、保留农产品零关税等方面的要求，适度作出让步；并承诺对墨西哥和加拿大两国每年各 260 万辆汽车免除"232"汽车关税。

整体而言，USMCA 是自由贸易的退步。首先，直观地看，就可知道名称中的"自由"二字已经消失；第二，汽车制造的成本增加，将导致北美的汽车，难以与亚洲以及欧洲的汽车厂竞争，若墨西哥汽车制造商的市场占有率减少，也将会引起从墨西哥提供超过 1/4 零件的美国汽车零件受到影响。第三，USMCA 第 32 章第 10 节第 4 款明确写出："任何缔约方与非市场经济国家签署自由贸易协定后，应允许其他缔约方在 6 个月告知期后终止本协定并以新协定取代。"美国意在约束墨西哥和加拿大两国，不要和非市场经济国家签署贸易协定。未来，该条款很可能被推广于美国和日本、欧盟及其他贸易伙伴的双边谈判。排他性条款将进一步巩固以美国为主导的国际双边贸易体系，将广大新兴市场和发展中国排除在外。这明显违背 WTO 宗旨和原则，与经贸全球化和自由化不符。

3. 东盟自由贸易区

东盟自由贸易区（ASEAN Free Trade Area，AFTA）于 1992 年提出，由 10 个成员组成[①]。

1967 年 8 月 8 日东盟宣告成立。东盟成立初始的宗旨是"提倡以平等及合作精神共同努力，促进东南亚地区的经济成长、社会进步与文化发展"。政治用意非常明显。随着国际形势的变化，其逐步转为以政治、经济合作为主的区域集团。

1992 年 1 月印度尼西亚、马来西亚、菲律宾、新加坡、泰国、文莱等东盟六国参加的东盟贸易部长会议签署了设立"东盟自由贸易区"的协议，并签署了代表发展东盟自由贸易区重要标志的纲领性文件《东盟自由贸易区共同有效普惠关税方案协议》（*Agreement on the Common Effective Prefe-rential Tariff Scheme for AFTA*）。会议确定在 2008 年前实现成立东盟自由贸易区。1995 年东盟首脑会议决定加速 AFTA 成立的时间表，确定在 2003 年前成立东盟自由贸易区。

1999 年 1 月第三届东盟非正式领导人会议在菲律宾马尼拉召开，东盟十个成员加上应邀与会的中、日、韩三个国家元首，在会后发表共同联合公报，称为"东盟十加三"联合宣言。宣言中明确表示十三国同意在六个经济领域进行合作。"十加三"合作中优先发展的三大领域，即加强贸易、投资和技术转让；鼓励信息技术和电子商务方面的技术合作；加强中小企业和配套工业。当时，中国提出的将"十加三"经济部长会议以及高官会议机制化的建议受到了各国普遍赞同。

设立东盟自由贸易区的主要目的在于增强东盟地区的竞争优势；通过减少成员之间的关

---

① 印度尼西亚、新加坡、泰国、菲律宾、马来西亚、文莱、缅甸、越南、老挝和柬埔寨。

税和非关税壁垒，期待创造出更大的经济效益、生产率和竞争力；加强东盟区域一体化和促进盟区内贸易与投资。

7.2.3　世界贸易组织

以上所谈到的三个经济体都是区域性的组织，在世界范围内负责多边谈判的最具有代表性、对各国贸易政策影响最大的、全球唯一一个国际性贸易组织是世界贸易组织（WTO，以下简称世贸组织）。世贸组织与国际货币基金组织、世界银行一起被称为世界经济发展的三大支柱。

世贸组织是一个独立于联合国的永久性国际组织。1995 年 1 月 1 日正式开始运作，负责管理世界经济和贸易秩序，总部设在瑞士日内瓦。1996 年 1 月 1 日，它正式取代关贸总协定（General Agreement on Tariff and Trade，GATT）。其目标是建立一个完整的，包括货物、服务、与贸易有关的投资及知识产权等内容的，更具活力、更持久的多边贸易体系。

1. 世界贸易组织成员可享受的基本权利

①使产品和服务及知识产权在成员中享受无条件、多边、永久和稳定的最惠国待遇以及国民待遇；②对大多数发达国家出口的工业品及半制成品受普惠制待遇；③享受发展中国家成员的大多数优惠或过渡期安排；④享受其他世贸组织成员开放或扩大货物、服务市场准入的利益；⑤利用世贸组织的争端解决机制，公平、客观、合理地解决与其他国家的经贸摩擦，营造良好的经贸发展环境；⑥参加多边贸易体制的活动，获得制定国际经贸规则的决策权；⑦享受世贸组织成员利用各项规则、采取例外、保证措施等促进本国经贸发展的权利。

2. 世界贸易组织成员必须承担的基本义务

①在货物、服务、知识产权等方面，依照世贸组织规定，给予其他成员最惠国待遇、国民待遇；②依照世贸组织相关协议规定，扩大货物、服务的市场准入程度，即具体要求降低关税和规范非关税措施，逐步扩大服务贸易市场开放；③按《知识产权协定》规定进一步规范知识产权保护；④按争端解决机制与其他成员公正地解决贸易摩擦，不能搞单边报复；⑤增加贸易政策、法规的透明度；⑥规范与货物贸易有关的投资措施；⑦按照在世界出口中所占比例缴纳一定会费。

3. 世界贸易组织的主要职能

组织实施各项贸易协定；为各成员提供多边贸易谈判场所，并为多边谈判结果提供框架；解决成员间发生的贸易争端；对各成员的贸易政策与法规进行定期审议；协调与国际货币基金组织、世界银行的关系。

4. 世界贸易组织的宗旨

提高生活水平，保证充分就业和大幅度、稳步提高实际收入和有效需求；扩大货物和服务的生产与贸易；坚持走可持续发展之路，各成员应促进对世界资源的最优利用、保护和维护环境，并以符合不同经济发展水平下各成员需要的方式，加强采取各种相应的措施；积极努力确保发展中国家，尤其是最不发达国家在国际贸易增长中获得与其经济发展水平相适应的份额和利益。

世界贸易组织的透明度原则是世贸组织的重要原则，它体现在世贸组织的主要协定、协议中。透明度原则规定各成员应公正、合理、统一地实施有关法规、条例、判决和决定。统一性要求在成员领土范围内管理贸易的有关法规不应有差别待遇，即中央政府统一颁布有关政策法规，地方政府颁布的有关上述事项的法规不应与中央政府有任何抵触。但是，中央政府授权的特别行政区、地方政府除外。公正性和合理性要求成员对法规的实施履行非歧视原则。透明度原则对公平贸易和竞争的实现起到了十分重要的作用。

世界贸易组织的基本原则是非歧视贸易原则，包括：最惠国待遇和国民待遇条款；可预见的和不断扩大的市场准入程度，主要是对关税的规定；促进公平竞争，致力于建立开放、公平、无扭曲竞争的"自由贸易"环境和规则；鼓励发展与经济改革。

2001 年 12 月 11 日，我国正式加入世界贸易组织，成为其第 143 个成员。我国加入世界贸易组织有利于我国参与国际经济合作和国际分工，促进经济发展；有利于我国扩大出口和利用外资，在平等条件下参与国际竞争；有利于促进我国产业升级和经济结构调整；有利于促进世界经济的增长；有利于我国直接参与新国际贸易规则的决策过程，摆脱别人制定规则而我国被动接受的不利状况，从而维护合法权益。但我国加入世贸组织对我国的弱势产业是挑战。

7.3　国际金融体系

世界各国之间的相互联系除了国际贸易渠道外，主要还有金融渠道，表现为金融市场在世界范围内的融合。一方面，它将资金的最佳放贷范围扩大到全球，提高了全球的生产率；另一方面，提高了一国经济对他国经济发展和经济政策变化的敏感度。当人们在全球范围内考虑资产配置时，会将国际国内市场联系在一起，从而影响收入、汇率和利率。

7.3.1　汇率的含义与决定

1. 名义汇率

大多数国家都有自己的货币，如果一国居民或企业想购买另一国的商品和服务，通常需要先将本国货币兑换成对方国家的货币。一种货币与另一种货币之间的兑换比率就是名义汇率（nominal exchange rate），或者说，汇率是用一种货币来表示另一种货币的价格。名义汇率经常简称为汇率。

汇率通常有两种标价法：直接标价法（direct-quotation）和间接标价法（indirect-quotation）。

直接标价法又叫应付标价法，是以一定单位（1、100、1 000、10 000）的外国货币为标准，折算成若干单位的本国货币的汇率的表示方法。例如，2018 年 9 月 25 日，100 美元兑换 686.15 人民币元。1 美元＝6.861 5 人民币元就是对于我国人民币的直接标价法。世界大多数国家都使用直接标价法表示汇率。采用直接标价法时，汇率下降表示外国货币贬值或本国货币升值；汇率上升表示外国货币升值或本国货币贬值。

间接标价法又称应收标价法，是以一定单位的本国货币为标准，折算成若干单位的外国货币的汇率的表示方法。如 100 元人民币可以兑换约 14.57 美元。采用间接标价法时，汇率下降表示本国货币贬值或外国货币升值；汇率上升表示外国货币贬值或本国货币升值。

一种货币如果其币值存在持续上升的趋势，则称这种货币为硬币；如果其币值存在持续下降的趋势，则称其为软币。

2. 实际汇率

实际汇率（real exchange rate）是指本国产品相对于外国产品的价格，或者说一单位本国产品能够兑换多少单位外国产品的数量。它是对一国商品和服务价格相对于另一国商品和服务价格的一个概括性度量。现实中各国都生产种类不同的商品和服务，所以，实际汇率必须基于以价格指数来衡量的国内价格和国外价格。这样，实际汇率是一国一篮子商品与另一国特有的一篮子商品之间的兑换比率。

实际汇率等于名义汇率乘以国内价格和国外价格的价格比率，即

$$R = \frac{eP_f}{P} \tag{7.1}$$

在式（7.1）中，P 和 P_f 分别是国内、国外的价格水平，e 是名义汇率。从公式可以看出，实际汇率反映了国外价格水平与国内价格水平的相对比值。

实际汇率的上升意味着国外商品价格相对于国内商品变得更加昂贵了。在其他情况不变的前提下，国内人们会增加国内商品的支出，减少对外国商品的购买，本国产品竞争力上升；反之，实际汇率下降意味着国外商品价格相对于国内商品更便宜，人们会增加对外国商品的购买支出，减少对本国商品的购买，本国产品竞争力下降。

3. 净出口函数

净出口是出口与进口的差额。当出口大于进口时，净出口大于零，存在贸易顺差；出口小于进口时，净出口小于零，存在贸易逆差；二者相等时，则净出口等于零。

净出口受到许多因素的影响，其中最主要的是汇率和国民收入。一般而言，当国民收入不变时，本币升值，会导致本国出口商品价格相应提高；当本币贬值时，本国出口商品价格会降低。

7.3.2　汇率制度与汇率的决定

1. 汇率制度

从历史发展来看，汇率制度主要有两种：固定汇率制度与浮动汇率制度。

1）固定汇率制度

固定汇率是指一国货币同他国货币的汇率基本稳定。

19 世纪初到 20 世纪 30 年代时期，世界各国普遍采用的金本位制实际上就是一种固定汇率制度，即由国家货币当局确定黄金的本国货币价格，并将本国货币与黄金之间实行固定价格[①]。在金本位制下，各个国家的通货可以直接兑换黄金，这样，就可以通过黄金将各国货币联系起来，各国都保持自己货币可兑换黄金额度固定，则汇率保持固定。

第二次世界大战后到 20 世纪 70 年代初以美元为中心的国际货币体系，也是实际的固定汇率制。国际货币基金组织成员兑换美元的价格围绕一个相对固定的价格上下波动。

固定汇率制下货币稳定，它有利于经济稳定发展，有利于国际贸易、国际信贷和国际投资的经济主体进行成本利润的核算，能有效避免汇率波动风险。但固定汇率在市场供求变化时，要求中央银行必须弥补本币过度需求或供给，这样汇率基本上不能发挥调节国际收支的

---

① 例如，美国在 1914—1933 年间，可按 20.67 美元的价格向中央银行购买 1 盎司的黄金。

经济杠杆作用；而且，中央银行为维护固定汇率所采用的政策还会破坏本国内部经济平衡。例如，当一国本币汇率下跌时，为了不使本币贬值，就需要采取紧缩性货币政策或财政政策，但这样做的结果会使国内经济增长受到抑制，失业增加。

2）浮动汇率制度

浮动汇率制度是指一国货币管理当局不规定本国货币与他国货币的官方汇率，汇率随外汇市场的供求关系自由波动。浮动汇率制又分为自由浮动与管理浮动。自由浮动又称"清洁浮动"，指中央银行对外汇市场不采取任何干预活动，汇率完全由市场力量自发地决定。管理浮动又称"肮脏浮动"，指实行浮动汇率制的国家，其中央银行为了控制或减缓市场汇率的波动，对外汇市场进行各种形式的干预活动，主要是根据外汇市场的情况售出或购入外汇，以通过对供求的影响来影响汇率。

浮动汇率制的优点是：简便易行；汇率基本可发挥调节国际收支的经济杠杆作用，并具有连续的调节能力；保证了国内政策的自主性，不会产生以牺牲内部平衡来换取外部平衡的问题；可避免通货膨胀的国际传播；减少官方对国际储备的需要和依赖。浮动汇率制的缺点则有：浮动汇率调节国际收支的能力是有限的；不利于贸易和投资的发展。因为汇率波动的不确定性存在很大风险，助长了外汇投机活动，会加剧国际金融市场的动荡与混乱。

2. 汇率的决定

1）浮动汇率的决定

汇率是一种货币的价格，货币的价格也是由相关市场上的货币的需求和供给决定的。对人民币来说，相关市场是指外汇市场。

为了使分析明晰，以名义汇率为例。图 7-1 给出了人民币元的需求与供给，横轴表示人民币供给量或需求量，纵轴表示用其他货币表示的人民币价格，即名义汇率 e。人民币供给曲线 S 代表了在每个汇率水平下，人们愿意向外汇市场提供的人民币数量。当用其他货币表示的人民币价格升值时，人们愿意向市场提供更多的人民币。因此，供给曲线向右上方倾斜。同样，人民币需求曲线 D 代表了外汇市场上每一汇率水平上，人们愿意购买的人民币数量。如果用其他货币表示的人民币价格升高时，人们对人民币的购买意愿会降低，需求曲线向右下方倾斜。人民币均衡价格是 E 点所对应的价格 e_e，在这样一个汇率下，人民币的供给量和需求量相等。

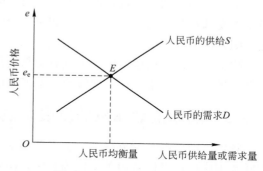

图 7-1　人民币的需求与供给

以人民币元和美元为例，来说明引起汇率上下波动的经济因素。

在外汇市场上，美国居民和企业对人民币的需求出于两个原因：购买中国产品或服务（即我国的出口），购买中国的固定资产和金融资产（中国的金融流入）。类似地，我国居民和企业向外汇市场提供人民币以换取美国美元，主要是为了购买美国的产品或服务（即我国的进口）、购买美国的固定资产和金融资产（中国的金融流出）。显然，美国居民和企业增加对我国出口商品和资产的需求会引起人民币升值，当他们减少对我国出口商品和资产的需求则会引起人民币贬值。

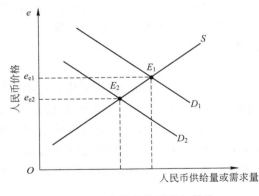

图 7-2　人民币的需求与供给

例如，假定其他条件不变，美国的经济危机导致了美国对中国出口产品需求的减少，从而导致了对人民币需求的减少。如图 7-2 所示，人民币的需求曲线由 D_1 曲线向人民币的需求 D_2 的移动，结果引起了人民币贬值，由 e_{e1} 降低为 e_{e2}。

2）购买力平价理论

对于汇率的决定和变动，学者们提出许多解释，购买力平价理论是第一次世界大战以来最有影响的汇率理论之一。

平价是一个国家金融当局为本币规定的价格，常用黄金或他国货币来表示。在自由贸易状态下，每一种商品在不同的国家价格应该是相等的。但由于各国货币不同，所以按照这些国家各自的货币定价，同一种商品的价格会变得复杂。购买力平价要求在不同的国家，用相同的货币换算时有相同的价格。即如果假设某商品在甲国市场上的外国货币价格为 P_a，本国货币价格是 P，则 P 应该等于该国市场上的外币价格用本国货币来表示的该商品价格，这个价格为

$$P = EP_a \tag{7.2}$$

根据式（7.2）可以推出

$$E = \frac{P}{P_a} \tag{7.3}$$

式中 E 为不同货币的购买力的比率。从式（7.3）可以看出，不同货币的购买力的比率构成了汇率的基础，也就是说，汇率由两个国家的价格水平决定。显然，任何一个国家的价格水平变动都会引起汇率的变动。如果一个国家的价格水平上升了，该国的货币就贬值；反之，则升值。

购买力平价理论假定经济中没有交易费用和关税发生，这显然不符合现实。因此，购买力平价理论被认为不能很好地解释短期汇率的波动，但可以解释汇率的长期变动趋势。

7.3.3　国际金融体系的发展阶段

各国之间商品及劳务往来、资本转移最终都要通过货币在国际进行结算、支付。为此，国际范围内协调各国货币关系成为必要，国际金融体系应运而生。各国货币在国际支付、结算、汇兑与转移等方面所确定的规则、惯例、政策、机制和组织机构安排的总称就是国际金融体系。它是国际货币关系的集中反映。

国际金融体系建立了相对稳定的汇率机制，为各国纠正国际收支失衡状况提供了基础，在很大程度上防止了不公平的货币竞争性贬值，创造了多元化的储备资产，为国际经济的发展提供了足够的清偿力，促进了各国经济政策的协调。

现代国际金融体系大致经历了三个发展阶段。

1. 国际金本位制时期（1816—1914 年）

这一时期大多数国家的货币可以直接兑换黄金。通过把各国的货币同黄金联系在一起，形成了各国货币之间的固定汇率的国际金融体系。金本位制度下的固定汇率消除了由汇率波

动引起的波动性，有利于促进世界贸易的发展。

但金本位制过度依赖黄金。黄金产量的增长幅度远低于商品生产增长幅度，不能满足日益扩大的商品流通需要，况且黄金存量在各国的分配不平衡。黄金存量大部分为少数强国所掌握（1913 年年末，美、英、德、法、俄五国占有世界黄金存量的 2/3），必然使其他国家经济受到巨大影响。因此，当第一次世界大战中黄金被停止自由输出和银行券兑换时，金本位制崩溃。

2. 布雷顿森林体系时期（1944—1971 年）

1944 年 7 月，44 国代表在美国新罕布什尔州的布雷顿森林召开会议，起草并签署了《国际货币基金组织协定》。这一货币体系要求各国货币对美元保持固定汇率，并把美元与黄金的比价固定为每盎司黄金 35 美元。各国官方的国际储备以黄金或美元资产的形式持有，并有权向美国中央银行以官方价格兑换黄金。

布雷顿森林货币体系存在致命缺陷：美元是唯一的储备货币，当资本流动受到限制时，各国中央银行要想积累储备货币（美元），就必须对美国拥有贸易顺差。即：随着国际贸易的扩大，对储备货币的需求增加，美国的贸易逆差必须相应增加；反过来说，美元成为储备货币的必要条件是美国必须保持贸易逆差。但是，如果美国保持贸易逆差，美元持有者对美国的 1 美元兑换 35 盎司黄金的保证的信心会发生动摇（黄金供应是有限的）。这就是所谓的特里芬两难。

20 世纪 60 年代后，随着国际经济和金融局势的变化和发展，美元多次经历贬值危机，布雷顿森林体系越来越不适应形势的需要。1971 年 8 月 15 日，美国尼克松政府宣布停止对外按官方价格兑换黄金，布雷顿森林体系宣告崩溃。

3. 牙买加货币体系时期（1976 年至今）

这一时期始于 1976 年 1 月即国际货币基金组织的牙买加协议的正式签订日。布雷顿森林体系之后，世界进入浮动汇率时代。汇率随市场状况变化而波动，但又不完全取决于市场状况。在这一体系下，美元的核心地位得以保留。国际货币基金组织和世界银行作为布雷顿森林体系的产物仍在运行。浮动汇率制度比布雷顿森林体系有更强的适应性。

由于保留了美元的霸主地位，国际经济活动仍存在着极大不平等和不公正性，这集中体现在持有美元债券的国家为美国背负了巨大的风险和损失。爆发于 2007 年第二季度的美国次贷危机引发全球性金融危机后，国际金融体系监管缺位，美元作为国际储备货币地位自身存在的不足以及发展中国家和新兴市场经济体在国际金融体系治理结构中缺乏发言权等问题一一凸显，现行国际金融体系改革迫在眉睫。

7.3.4 资本流动：资本流出与流入

开放经济不仅意味着各国都参与到产品或服务的贸易中，而且意味着各国都参与到了国际借贷当中。当一国企业有融资需求时，可以同时在世界多个国家借贷。资本从一个国家或地区（政府、企业或个人）向另一个国家或地区（政府、企业或个人）的流出或流入，就是资本在国际范围内的转移，即国际资本流动。

进入 20 世纪 90 年代，伴随着世界经济的一体化发展，国际资本流动的规模更趋扩大。发达国家不仅是国际资本的最大提供者，同时也是最大需求者。发展中国家出于发展各国经济的需要，纷纷放松资本管制，为资本的大规模输出、输入创造条件。

在实际中，资本流动常常有不同的表现形式。从不同的角度来看，国际资本流动可划分为以下几种类型。

（1）按照资本流动的期限来划分，国际资本流动可划分为长期资本流动和短期资本流动。长期资本流动主要指使用期限在一年以上或者未规定使用期限的流动资本。短期资本流动指使用期限在一年或者一年以内的资本流动。

（2）按照资本流动的方向划分，国际资本流动可分为资本流入和资本流出。资本流入指资本从国外流入国内，它意味着本国对外国的负债增加，或本国在外国的资产减少；资本流出指资本从国内流出国外，它意味着本国对外国的资产增加，或本国在外国的负债减少。

（3）按照具体表现类型划分，国际资本流动可以划分为直接投资、证券投资和其他投资。

国际资本不论采用何种形式的流动，都存在着这样的前提：各国间的资本可以完全自由流动，而且各国的国内资本收益率不一致。这样，资本可以在全球范围内谋求资本的最高收益。当一国利率相对于国外利率降低时，资本会从本国流出，因为贷款者会把资本转移出国而借款人又试图在该国筹集资金，这样就会导致该国资本流入小于资本流出；而当一国利率相对于国外利率提高时，资本会流入该国，因为贷款者会把资本转移进该国而借款人离开该国到国外去筹集资金，导致该国资本流入大于资本流出。例如，如果北京的利率相对于美国纽约的利率上升，投资者会将资本投入北京，而借款人则更多地向纽约借款。

显然，资本的流出与流入取决于国内外的利率差异，净资本流出等于资本流出减去资本流入，可以表示为

$$CF(r, r_f) = \sigma(r_f - r) \tag{7.4}$$

在式（7.4）中，$CF(r, r_f)$ 表示净国际资本流出，r 表示国内利率，r_f 表示国外利率，σ 是一个大于 0 的常数，表示一国资本国际流动的难易程度。σ 越大，表示一国资本管制越少，较小的国内外利差引起的资本流动较大。从式（7.4）中可知，在国外利率不变的前提下，本国利率提高，净资本流出减少；反之，净资本流出增加。因此，净资本流出与国内利率是反向变动关系。

7.3.5　国际收支平衡

一个国家与其他国家进行经济活动过程中所发生的贸易、非贸易、资本往来及储备资产的系统记录，可以综合反映一国的外部经济情况。这一系统记录的工具就是国际收支平衡表。

1. 国际收支平衡表

国际收支平衡表是反映一定时期内，一国与外国全部经济往来的收支流量表，是国际收支核算的重要工具。通过国际收支平衡表可以看出一国的国际收支平衡状况、国际收支结构状况及储备资产变动情况，它可以为政府制定对外经济政策及采用相应的宏观调控措施提供依据。

国际收支平衡表是一种统计表。它的编制原则是复式记账方式：凡是引起本国外汇收入的项目记入贷方，即本国有盈余；凡是引起本国外汇支出的项目，记入借方，即本国有赤字。

国际收支平衡表主要包括两个项目。

（1）经常项目。主要记录商品和服务的交易，也记录转移支付，是国际收支中最重要的项目。经常项目包括货物（贸易）、服务（无形贸易）、单方面转移（经常转移）等项目。当一国

的经常项目出现顺差时，表示该国为净贷款人，出现经常项目逆差则表示该国为净借款人。

（2）资本与金融项目。记录国际的资本流动。它反映国际资本长期或短期的流出和流入。它是国际收支平衡表的第二大类项目。资本项目包括资本转移和非生产、非金融资产的收买或出售；金融项目包括直接投资、证券投资（间接投资）和其他投资（包括国际信贷、预付款等）。当一国的资本与金融项目顺差时，表示该国为净贷款人；反之，出现了资本与金融项目逆差时，表示该国为净借款人。

2. 净出口函数

在开放条件下，一国产品出口会引起总需求的增加，而一国的进口会引起对本国产品需求的减少，因此，一国内部均衡条件就变化为

$$Y=C+I+G+(X-M)=(C+I+G)+NX \tag{7.5}$$

式（7.5）中，X 是出口，M 是进口，NX 是经常账户盈余，即贸易盈余（或称为净出口）。从式（7.5）可以看出，国民收入决定于国内和国外两个因素，其中国内因素包括消费、投资，它们分别取决于收入和利率；国外因素即净出口，取决于国内收入和国外收入、汇率。净出口函数可以写成式（7.6）的形式。

$$NX=NX(Y_f, Y, R)=q-\gamma y+n\frac{EP_f}{P} \tag{7.6}$$

式（7.6）中，Y_f 是国外收入，Y 是国内收入，R 是实际汇率，γ 为边际进口倾向。可见，出口取决于国外收入水平和汇率的变动，进口取决于国内收入水平和汇率情况。即其他条件都不变时，国内收入上升会引起进口增加，贸易逆差增加；国外收入上升时会引起出口增加；本币的实际贬值有利于出口的增加、进口的减少，进而引起国民收入增加。

净出口是构成总需求的一个组成部分，实际汇率和国外收入的变动会引起国民收入变动。当国外收入增加，对我国商品的需求增加，进而引起我国国内收入增加，利率上升（见图 7-3）；反之，当国外经济出现衰退时，会减少对我国商品的需求，进而引起我国国内收入减少，利率下降（见图 7-4）。

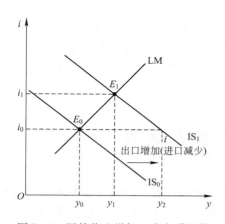

图 7-3　国外收入增加（或本币贬值）

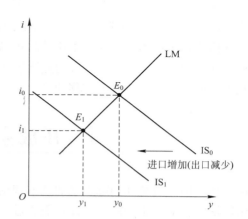

图 7-4　国外收入减低（或本币升值）

由此看到，在相互联系的经济全球化中，各国的经济状况不仅影响本国，而且影响到其他国家，当然还会再反过来影响到本国。例如，2007 年开始的美国房贷危机导致了其 2008 年的经济危机，美国经济萧条导致了包括中国在内的许多国家的出口降低，引起这些国家的

经济出现下滑；反过来，当世界其他国家或地区的经济状况都比较糟糕时，美国的高科技产品出口也受到了影响，这又影响了美国经济的快速复苏。

3. 国际收支差额

当一国进口大于出口引起经常账户逆差时，说明该国在国外的支出大于其从国外获得的收入，那么就需要出售资产或从国外借款来支持，而这种资产出售或从国外借款意味着该国的资本账户出现盈余，即资本流入增加；当政府使用自己的外汇储备①来支持经常账户赤字时，就引起了官方储备的变动；反之，当一国出现经常账户盈余时表明该国在国外的收入大于其支出，那么就会增加购买国外资产或清偿债务，当中央银行购买厂商部门赚取的外汇时，官方储备增加。

显然，当国际收支总差额大于零时，官方储备增加；当国际收支总差额小于零时，官方储备减少。国际收支总差额等于净出口与净资本流出的差，当国际收支差额等于零时，实现收支平衡。

$$BP = NX - CF \tag{7.7}$$

式（7.7）中，BP 表示国际收支总差额，NX 表示净出口（即贸易盈余），CF 表示净资本流出。

如果一个账户盈余而另一个账户赤字规模正好相等，国际收支就实现平衡了。由于净出口取决于国内外收入和实际汇率，净资本流出取决于国内外利率的差异，二者影响因素不同。因此，经常账户盈余（或赤字）正好等于资本账户的赤字（或盈余）的情况很少发生。即国际收支平衡的情况比较特殊，经常项目和资本项目都出现赤字或者经常项目和资本项目都出现盈余的情况比较多见。

由式（7.6）和式（7.7），当国际收支平衡，即 BP＝0 时，$q - \gamma y + n\dfrac{EP_f}{P} = \sigma(r_f - r)$，或

$$r = \frac{\gamma}{\sigma}y + \left(r_f - \frac{n}{\sigma}\frac{EP_f}{P} - \frac{q}{\sigma}\right) \tag{7.8}$$

式（7.8）称为 BP 曲线，它反映了国际收支平衡时利率和均衡收入之间的关系。BP 曲线的斜率由边际进口倾向 γ 和资本流动的难易系数 σ 决定，是大于 0 的正数。BP 曲线上方的点表示该国国际收支盈余，下方的点则表示国际收支赤字。汇率下降、本币升值，BP 曲线向左上方移动；反之向右下方移动。

7.4   开放宏观经济模型

通过以上国际贸易和国际金融的基本理论，可以看到，进出口的变动和国际资本的流动对一国经济的影响是很大的，为此，需要进一步研究开放条件下的宏观经济学问题。

---

① 储备与相关项目包括外汇、黄金和分配的特别提款权。特别提款权（SDR）是以国际货币基金组织为中心，利用国际金融合作的形式而创设的新的国际储备资产。国际货币基金组织（IMF）按各会员缴纳的份额，分配给会员的一种记账单位，1970 年正式由 IMF 发行，各会员分配到的 SDR 可作为储备资产，用于弥补国际收支逆差，也可用于偿还 IMF 的贷款，因此又被称为"纸黄金"。

7.4.1　IS－LM－BP 模型：蒙代尔-弗莱明模型

各国政府经常面临这样的政策困境：当经济萧条时，政府为刺激经济、扩大就业，需要实行扩张的货币政策和财政政策，扩张的经济政策引起利率下降，投资增加，进而引起国民收入增加，失业减少。当国内均衡实现了较高水平时，结果发现，由于利率的走低又导致净资本流出过大，国际收支资本账户出现赤字。为了弥补资本账户赤字又需要扩大出口，但扩张的经济政策通常导致物价上升，进而引起出口的减少，为了降低物价，政府又必须实行紧缩的经济政策……显然，在外部均衡和内部均衡目标之间存在冲突。

对内部均衡和外部均衡目标冲突研究最为经典的是蒙代尔-弗莱明模型。该模型是在资本完全流动的前提下，把标准的 IS－LM 模型扩展到开放经济中分析政策的有效性。该模型主要分析固定汇率制度下的资本完全流动的情况。

在开放经济条件下，国民收入恒等式变为：

$$y=c+i+g+nx$$

将消费函数、投资函数和净出口函数代入国民收入恒等式，得到开放经济中的 IS 曲线：

$$y=\alpha+\beta(y-t)+(e-dr)+g+\left(q-\gamma y+n\frac{EP_f}{P}\right) \tag{7.9}$$

再和 LM 曲线、BP 曲线联立，得到 IS－LM－BP 模型：

$$\begin{cases} y=\dfrac{\alpha+e+g+q-\beta t}{1-\beta+\gamma}-\dfrac{dr+n\dfrac{EP_f}{P}}{1-\beta+\gamma} \\[2mm] y=\dfrac{hr}{k}+\dfrac{1}{r}\dfrac{M}{P} \\[2mm] r=\dfrac{\gamma}{\sigma}y+\left(r_f-\dfrac{n}{\sigma}\dfrac{EP_f}{P}-\dfrac{q}{\sigma}\right) \end{cases} \tag{7.10}$$

式（7.10）中，收入 y、利率 r 和实际汇率 EP_f/P 为要决定的内生变量。IS 曲线和 LM 曲线的交点对应的产品市场和货币市场一般均衡状态称为内部均衡；BP 曲线上每一点的收入和利率组合都实现了国际收支平衡，称为外部均衡。这三条线的交点则同时实现了内部和外部均衡，如图 7－5 中 E 点所示。

我们知道，BP 曲线中的参数 σ 表示资本国际流动的难易程度：σ 越小，说明一国对资本流动的管制程度越高，国内外利率差引起的国际资本的流动越小；σ 越大，说明一国对资本流动的管制程度越低。当一国不进行任何资本管制、资本完全自由流动时，$\sigma\to\infty$。此时，BP 曲线退化为：$r=r_f$。如果 $r>r_f$，资本会无限流入本国，造成大量的资本账户及国际收支盈余；反之，资本会无限外流，出现国际收支赤字。因此，在资本完全流动条件下，达到外部均衡条件的利率水平必和国外利率水平相等，BP 曲线是一条位于国外利率水平 r_f 上的水平线，该线以上点为国际收支盈余，以下点为国际收支赤字。

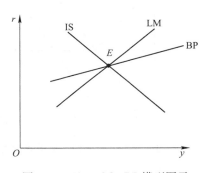

图 7－5　IS－LM－BP 模型图示

下面，我们用 IS－LM－BP 模型分析资本完全流动下的财政政策和货币政策效果。

1. 固定汇率制、资本完全流动下的货币政策

如图 7-6 所示，如果一国实行扩张的货币政策，增加货币供给量，则 LM 曲线向右下方移动，从 LM_1 移动到 LM_2，内部均衡点由 E 变为 E_1。因 E_1 位于 BP 下方，因此该国将面临巨额国际收支赤字。为弥补赤字，该国企业或个人会在外汇市场以本币购买外币，从而使本币供给增加，外币需求增加，本币贬值。由于该国实行固定汇率制，为稳定汇率，中央银行必出面干预，出售外汇储备，回笼本币，其结果导致本币供应量减少，LM 曲线向左上方移动。而且只有移动到最初的 E 点均衡才会恢复。因此，在固定汇率制且资本完全流动的情况下，一国无法实行独立的货币政策。

我们知道，独立的货币政策、资本完全流动、固定汇率制都是中央银行的政策选项，实行独立的货币政策可以排除外部因素干扰，有效进行宏观经济调控。资本完全流动能实现国际金融一体化，提高资本国际配置效率。实行固定汇率制则能稳定国内外市场价格，降低国际贸易风险。但上面的分析说明，这三者不可兼得，只能选取两项，这就是著名的蒙代尔三角难题。如美国选择的是独立的货币政策和资本完全流动，而我国香港地区则选择的是资本完全流动和固定汇率制。

2. 资本完全流动与财政政策

与货币政策无效相反，在固定汇率制度和资本完全流动情况下，财政政策是非常有效的。

在图 7-7 中，初始中央银行的货币供给量不变，即 LM 曲线既定。现在假定该国政府为了刺激总需求，实行了积极的财政政策，财政的扩张导致了 IS 曲线向右移动（从 IS_1 到 IS_2），进而引起了利率和国民收入水平的提高（图中 IS_2 和 LM 曲线的新的交点 E_2 上），利率和国民收入水平都高于开始的均衡水平，利率高于国外利率水平引起资本的流入，资本流入引起国际收支盈余，该国面临本币升值的压力。为了维持原有的汇率水平，该国中央银行需要大量卖出本币，这引起了货币供应量的增加，导致了利率的下降，直到利率与国外利率水平相等。利率的下降一方面引起了投资需求的增加，进而引起国民收入增加；另一方面利率下降到等于国外利率时，再一次实现了更高水平的均衡（图中 E_3 上）。

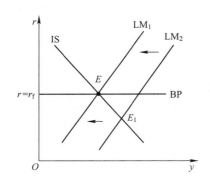

图 7-6　资本完全流动与货币政策无效性

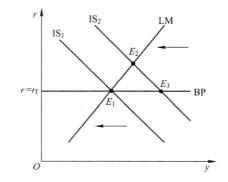

图 7-7　资本完全流动与财政政策有效性

7.4.2　浮动汇率下的 IS-LM-BP 模型

为分析方便，假定国内价格不变。在浮动汇率情况下，中央银行不干预外汇市场，这意味着国际收支总余额为零，即汇率的调整确保经常账户和资本账户之和为零。资本完全流动意味着只存在一个利率可以使国际收支实现平衡：$r = r_f$。

从图 7-8 中可以看到，使国际收支平衡的唯一利率 $r = r_f$。只在这一个利率下，国际收支才达到平衡。当实际汇率变动时，会引起 IS 曲线的移动。在价格水平不变的情况下，货币贬值使本国商品变得更有竞争力，增加净出口，从而使 IS 曲线向右方移动；反之，实际升值意味着该国商品变得相对昂贵，对本国商品需求减少，引起 IS 向左移动。图中的箭头反映总需求 IS 变动与利率的联系。如果利率高于国外利率，则引起资本流入，引起货币升值；反之，则引起货币贬值。

1. 出口增加效应

出口增加会引起利率和汇率变动，进而影响国内收入。用图 7-9 来分析考察。

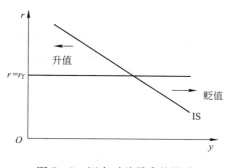

图 7-8　汇率对总需求的影响

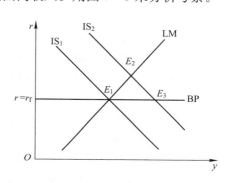

图 7-9　出口增加效应

结合图 7-9，假定最开始的均衡在 E_1。若现在国外由于某种原因增加对我国商品的需求，即我们产品出口增加，这引起了 IS 曲线向右方移动，这时新的均衡点为 E_2。在该点上，货币市场和产品市场实现均衡，但此时国际收支却出现不平衡，因为此时的利率升高引起资本流入，进而引起本币升值，而本币的升值又引起了进口增加，结果 IS 曲线又向左方移动，结果又会回到最初的均衡点 E_1。由此可见，由于资本的完全流动，出口需求增加引起的利率上升引起本币升值完全抵消了出口的增加。

同样的分析可用于积极（扩张性）财政政策的效应（请读者自己推导）。

2. 货币供给量增加的效应

下面我们来分析货币供给量变动的分析。用图 7-10 来考察。假定最初的均衡点是 E_1，假定现在中央银行决定增加货币供给量，由于价格是不变的，所以实际货币供给量 $\dfrac{M}{P}$ 增加了，这引起 LM 曲线向右移动，由 LM_1 到 LM_2。在 E_2 点，货币市场和产品市场实现新的均衡，然而，此时由于利率的降低，引起资本流出的增加，结果导致本币贬值，本币贬值引起出口产品具有竞争力，出口的增加引起 IS 曲线又向右上方移动，一直持续到 E_3 表示的均衡为止。在 E_3 点的利率水平才能使本国利率等于国际利率，且货币市场和产品市场同时均衡。可见，在浮动汇率下，货币扩张会引起产出增加和汇率下降。

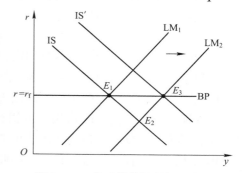

图 7-10　货币供给量增加的效应

7.5 开放宏观经济政策

一般来说，大多数国家制定对外贸易政策的原则都是鼓励出口，限制进口。

7.5.1 鼓励出口政策

各国政府对于本国出口都是予以鼓励的。就实践而言，鼓励出口的贸易政策一般包括财政政策、信贷政策、倾销政策、组织政策等。

1. 财政政策

主要包括各种出口补贴。出口补贴又称出口津贴，是指一国政府为了降低本国的出口商品价格，加强其在国外市场上的竞争能力，在出口某种商品时给予出口厂商的现金补贴或财政上的优惠待遇。出口补贴主要是为了降低本国出口商品的成本和价格，增强本国出口商的积极性，扶持本国产业。

出口补贴包括直接补贴和间接补贴两种方式。

直接补贴是指出口商品时，政府直接给予本国出口商品以现金补贴。关贸总协定和世界贸易组织禁止对工业品出口进行直接补贴，因此这种形式主要存在于农产品贸易中。美国是通过由政府办的农产品信贷公司对农产品出口因国内外售价差异而遭受的损失，给予无偿的现金补偿。这种补贴后的出口压低了农产品国际市场价格。

间接补贴是指政府对某些出口商品给予财政上的优惠。主要有以下几种。

1) 出口退税

出口退税指政府对出口商品的原料进口税和其在国内生产及流转过程中已缴的国内税税款全部或部分地退还给出口商。出口退税有利于出口商降低销售成本和价格，提高竞争能力。

2) 出口减税

政府还可对出口商品的生产和经营减免各种国内税和出口税。出口减税是为帮助出口商降低产品成本，提高国际市场竞争能力。主要包括：减免各种国内直接税和间接税；免征出口税；对出口收入实行减税。出口减税和出口退税不同，前者发生在出口商品的生产经营过程，而后者发生在出口过程中或出口后的一段时期。

3) 出口奖励

出口奖励指政府对出口商按其出口业绩给予各种形式的奖励，其目的在于鼓励出口商进一步扩大出口规模，增加创汇能力。

2. 信贷政策

主要包括出口信贷和出口信贷国家担保制度。

出口信贷是指一个国家的银行为了鼓励本国商品的出口，加强本国出口商品的竞争力，对本国的出口厂商、外国的进口厂商或进口方银行提供的贷款。出口信贷通常是在出口成套设备、船舶、飞机等商品时由出口方银行提供，因这类商品价格昂贵，进口方难以马上支付；而若得不到货款，出口商又无法正常进行资金周转，这就需要有关银行对进口方或出口方提供资金融通，促成生意，扩大本国商品出口。运用财政政策鼓励出口易受到国际法律规则的制约，也易引起对方国家的反对和报复，因而信贷政策的作用越来越大。出口信贷分为卖方信贷和买方信贷。卖方信贷（supplier's credit）指由出口方的官方金融机构或商业银行向本国出口商（即卖方）提供的贷款；买方信贷（buyer's credit）是出口方银行直接向进口厂商（买方）或进口方银行提供的贷款，用以支持进口商进口贷款国商品。

出口信贷国家担保制度是国家为了鼓励商品出口，对于本国出口厂商或商业银行向外国进口厂商或银行提供的贷款，由国家设立的专门机构出面担保，当外国债务人拒绝付款时，此机构按照承保的数额予以补偿的一种制度。出口信贷国家担保的期限分为短、中长期。短期一般是 6 个月左右，中长期担保时限从 2 年到 15 年不等。中国从 20 世纪 90 年代后也开始对出口信贷实行国家担保制度。

3. 倾销政策

主要包括商品倾销和外汇倾销两个方面。

商品倾销指出口商以低于国内市场价格甚至低于商品生产成本的价格，集中或持续地大量向国外市场抛售商品的行为。商品倾销的目的从根本上说是为了打击竞争对手，占领国外市场。倾销通常由私人垄断企业进行，但随着国家垄断资本主义的发展，一些国家设立了专门机构直接对外进行商品倾销。如美国设立的农产品信贷公司，以高价收购国内农产品，然后在国外以比国内价格低一半的价格销售。商品倾销分为偶然性倾销、掠夺性倾销、持续性倾销和隐蔽性倾销。偶然性倾销一般是因为销售季节已过或公司改营其他业务，在国内市场上又较难售出这些剩余物资而临时性地实行倾销；掠夺性倾销指频繁地使用倾销手段控制产品的销售价格，在国外市场上大量抛售商品，在击垮对手、占领市场后再大幅度提高价格，其目的是占领、垄断或掠夺国外市场，获取高额利润；持续性倾销指长期地、持久地以低于国内市场价格或生产成本的方式在国际市场大量推销本国商品；隐蔽性倾销指出口商按国际市场上的正常价格出售商品给进口商，但进口商以倾销性的低价在进口国市场上抛售，其亏损部分由出口商给予补偿。

外汇倾销指出口企业利用本国货币对外贬值的机会争夺国外市场的一种特殊手段。外汇倾销一直是许多国家出口鼓励政策中的重要组成部分。布雷顿森林体系崩溃后，浮动汇率制为各国最大限度地使用外汇倾销手段创造了便利条件。

4. 组织政策

指政府或行业组织为鼓励出口而制定和采取的各种服务性措施，主要包括以下几种。

（1）设立专门的促进出口的组织机构。一些国家或地区为促进出口，成立了专门的组织机构，研究与制定出口战略。如美国在 1960 年成立了"扩大出口全国委员会"，向美国总统和商务部长提供有关改进鼓励出口的各项措施的建议和资料；日本政府于 1954 年专门设立了高级的综合协调机构——"最高出口会议"，负责制定出口政策，以及为实现出口目标而在各省之间进行综合协调。

（2）设立专门的市场调研机构，建立商业情报网，为出口企业服务。许多国家都设立了官方或官方与民间混合的商业情报机构，在海外设立商业情报网，专门负责向国内出口企业提供国际市场的商务信息。如英国设立的出口情报服务处，其情报由英国 220 个驻外商务机构提供，分成 500 种商品和 200 个地区或国别市场情报资料，供国内出口企业参考。

（3）设立贸易中心，组织贸易展览会和贸易代表团。贸易中心是永久性设施。贸易展览会是流动性展出，有的是集中在国内展出，有的派代表团到国外宣传展览本国产品。政府通常对这类展出提供多方面援助。我国近些年来也比较重视这方面的促销措施，国内以"广交会"为龙头的各类交易展览洽谈会为促进我国出口贸易做出了巨大的贡献。对出口厂商进行精神鼓励，如出口商的评奖活动，对出口成绩显著的出口商由国家授予奖章和奖状，并通过授奖活动宣传他们扩大出口的经验。

5. 鼓励出口的其他政策

外汇留成制（又称外汇分红）。为了调动出口商的出口积极性，扩大出口，一些国家的政府允许出口商从其所得的外汇收入中提取一定百分比的外汇。对这部分外汇出口商可自由支配，既可用于进口，也可以在外汇市场上按较高的汇率出售。

外汇转移证制，又称外汇转让证制。出口商按官方汇率向外汇银行结售外汇时，除取得相应本币外，银行还另行发给外汇转移证。这种外汇转移证，既可以在企业需要进口时凭此证向外汇银行购买外汇，也可以在外汇市场上把此证出售给需用外汇的客户。出售外汇转移证的收入，实际上是对出口商的额外汇价补贴，是一种变相的复汇率。

复汇率制。一国货币对某一外国货币的汇率规定有两种或两种以上的汇率即为复汇率制。其目的之一是对某些商品的出口给予鼓励。

利用法律等手段维持出口秩序，防止出口商过度降价竞争，是一些国家维护本国出口商利益、谋求出口稳定扩大的重要措施。在这方面日本最为典型。日本政府早在 20 世纪 50 年代就专门制定了《日本进出口贸易法》，规定出口企业可以不受"禁止垄断法"的约束而组织"出口组合"，防止过度竞争，促进出口稳定增长。

防止劣质商品出口，以维护本国或本地区出口商品的声誉，这是各国稳定扩大出口的重要条件之一。为此，许多国家或地区非常重视出口检查工作。如日本在 1957 年就专门制定了《出口检查法》，规定重要商品的出口必须经过政府的检察机关或政府指定的检查机构检查，合格后才准予出口。

通过向发展中国家提供对外援助以促进对这些国家的出口，是发达国家经常采用的一种扩大出口的措施。

7.5.2　限制进口政策：关税政策与非关税政策

限制进口的贸易政策是指对产品进口所设定的一系列措施。限制进口的贸易政策分为进口关税与非进口关税政策两大类。

1. 进口关税

进口关税是一个国家的海关对进口货物征收的关税。征收进口关税会增加进口货物的成本，提高进口货物的市场价格，影响外国货物进口数量。因此，各国都以征收进口关税作为限制外国货物进口的一种手段。

适当地使用进口关税可以保护本国工农业生产，也可以作为一种经济杠杆调节本国的生产和经济的发展。但实行过高进口关税，会对进口货物形成壁垒，影响出口国的利益。因此，它成为国际经济斗争与合作的一种手段。

进口关税主要种类包括：依照进出口货物的价格作为标准征收的从价关税；依照进口货物数量的计量单位征收的从量关税；对进出口货物进行从价、从量混合征收的复合关税。具体的关税税款计算方法如下。

（1）从价关税的价格不是指成交价格，而是指进出口商品的完税价格。因此，按从价关税计算关税，首先要确定货物的完税价格。从价税额的计算公式为：应纳税额＝应税进出口货物数量×单位完税价格×适用税率。

（2）从量关税是依据商品的数量、重量、容量、长度和面积等计量单位为标准来征收关税的。从量关税额的计算公式为：应纳税额＝应税进口货物数量×关税单位税额。

（3）复合关税一般以从量为主，再加征从价税。复合税额的计算公式为：应纳税额＝应税进口货物数量×关税单位税额＋应税进口货物数量×单位完税价格×适用税率。

2．非进口关税

1）配额限制

配额是对进口商品设置一定的限额。关税是一种间接的价格控制，配额是一种直接的直接控制。

2）自愿出口限制

出口国"自愿"限制其出口量，对于进口国来说，其进口量也就自然减少，因此这与进口配额的作用类似。

事实上，许多配额就是采用自愿出口限制的形式而实施的。所谓自愿，其实并不完全自愿，只是在进口国的要求和压力下出口国不得不采取的限制政策。如果同样受到出口数量限制，那么自愿出口限制比被迫限额要更好，因为自愿出口限制可以得到配额经济租。自愿出口限制最早出现在 20 世纪 80 年代初的美日汽车贸易。

3）烦琐的海关手续

有时候一些国家在某些产品进口的海关手续上弄得非常烦琐、复杂，如层层填表、审批、盖章等，故意推迟时间。一个典型的例子是，1982 年法国规定，所有从日本进口的录像机都必须经过 POITIERS 海关，而这个海关人员不多，屋子狭小。这使得进入法国的日本录像机从 6 万台骤减为 1 万台。

4）国产化程度要求

许多国家提出产品的国产化程度要求，规定产品中一定比例的零部件必须使用国产货。例如，印度尼西亚曾经规定，根据国产化率对汽车中使用的进口汽车部件减税或免进口税，对设备、商标及技术方面达到国产化规定标准的公司，可视为国产汽车，免除奢侈品税和进口零部件的关税。

5）相机保护措施

相机保护措施指的是在特定情况下使用的某些紧急保护措施或停止履行现有协议中的正常义务，以保护本国更为重要的利益。

随着产品种类的繁多，任何国家都不断出现新的非关税政策和措施。

7.5.3　汇率政策与资本流动政策

1．汇率政策

汇率政策是指一个国家（或地区）为达到一定的目的，政府通过金融法令的颁布、政策的规定或措施的推行，把本国货币与外国货币比价确定或控制在适度的水平而采取的政策手段。汇率政策主要包括汇率政策目标和汇率政策工具。

汇率政策目标包括：①保持出口竞争力，实现国际收支平衡与经济增长的目标；②稳定物价；③防止汇率的过度波动，从而保证金融体系的稳定。

汇率政策工具主要有汇率制度的选择、汇率水平的确定以及汇率水平的变动和调整。

汇率政策中最主要的是汇率制度的选择。

2. 资本流动政策

资本流动政策不外乎吸引外资政策和鼓励对外投资政策。就我国的经验而言，引进外资政策措施主要有：在投资产业结构方面，中国政府根据自己的产业调整方向安排鼓励投资，如引导外资投向高端制造业、高新技术产业、新能源、节能环保和现代服务业等领域；鼓励跨国公司在华设立地区总部、研发中心、采购中心、利润核算中心等功能性机构；投资环境方面，我国政府减少审批事项，调整和简化审批内容，推进审批流程标准化和投资便利化；尽快建立外资并购安全审查制度；投资区域方面，引导外资向中西部地区转移和增加投资；支持有条件的沿边地区设立边境经济合作区、跨境经济合作区，制定加快边境经济合作区建设的支持政策。

为了促进我国企业的对外直接投资，主要采取了如下政策措施。一是简化境外投资审核手续：取消境外投资外汇风险审查；简化境外投资外汇资金来源审核手续；取消汇回利润保证金制度。二是进行境外投资外汇管理改革试点，主要内容包括：放宽企业境外投资外汇资金来源；扩大境外投资购汇额度；境外投资的利润可以留在境外进行增资或再投资；进一步下放企业境外投资外汇资金来源审核权限，省级外汇局审核权限由原先的等值300万美元提高到1 000万美元。三是取消境外投资购汇额度的限制。对于境外投资外汇来源审核均由所在地外汇局进行，无须报国家外汇管理局核准。

本 章 小 结

1. 绝对成本（优势）理论的基本原理是：由于各自拥有不同的成本优势，两国在同一产品的生产成本上存在绝对差异，各国可以选择对自己绝对有利的生产条件去进行专业化生产，然后进行交换，两国的国民财富和国民福利水平都会得到提高。

2. 比较优势理论认为，只要各国间的商品成本和价格比例有所不同，国际贸易可以在任何两个存在生产成本和产品价格差异的国家之间进行。

3. 要素禀赋理论认为各国生产资源（要素）的相对丰裕和相对稀缺是相对成本存在差异的主要原因。各国应该生产并出口那些利用本国丰裕资源的产品，进口那些需要的本国稀缺资源的产品。

4. 新贸易理论认为，应放宽并建立更符合现实的前提假设，将市场结构假设为不完全竞争，将规模报酬不变假设为规模报酬递增，假定贸易国获得相同的生产技术也会对国际贸易产生影响等。

5. 新新贸易理论将分析变量细化到企业层面，研究企业层面变量。异质企业贸易模型主要解释为什么有的企业会从事出口贸易而有的企业不从事出口贸易；企业内生边界模型主要解释是什么因素决定了企业会选择公司内贸易、市场交易还是外包方式进行资源配置。

6. 国际贸易组织有很多。历史上，以欧洲联盟、北美自由贸易区和东盟自由贸易区三大区域合作发展最为成功。世界范围内负责多边谈判的最具有代表性、对各国对外贸易政策影响最大的是世界贸易组织以及其前身关贸总协定。世贸组织与国际货币基金组织、世界银行一起被称为世界经济发展的三大支柱。

7. 汇率是指一种货币与另一种货币之间的兑换比率，或者是用一种货币来表示另一种货币的价格。一般而言，汇率往往指的就是名义汇率。汇率通常有两种标价法：直接标价法和间接标价法。汇率制度主要有固定汇率制度与浮动汇率制度两种。

8. 资本从一个国家或地区（政府、企业或个人）向另一个国家或地区（政府、企业或个人）的流出或流入，即：资本在国际范围内的转移就是国际资本流动。从不同的角度，国际资本流动可划分为不同类型。

9. 国际收支平衡表是指反映一定时期内，一国与外国全部经济往来的收支流量表，是国际收支核算的重要工具。

10. 蒙代尔-弗莱明模型认为，在固定汇率制度、货币自由兑换和资本完全自由流动的条件下，一国中央银行无法实行独立的货币政策，即中央银行企图通过增减本国货币量来影响国内利率的努力是徒劳的。

11. 鼓励出口的贸易政策一般包括财政政策、信贷政策、倾销政策、组织政策等。限制进口的贸易政策是指对产品进口所设定的一系列措施。限制进口的重要工具之一是进口关税。

知识拓展

中国钢铁工业协会：坚决反对美国对钢铁产品征收高关税[①]

根据美国《1962年贸易扩展法》第 232 条款，美国商务部有权对进口产品是否损害美国国家安全启动调查。美国商务部 2017 年 4 月分别对进口钢铁和铝产品启动"232 调查"，并于 2018 年 1 月向美国总统特朗普提交了调查报告。据此，2018 年 3 月 8 日，美国总统特朗普签署公告，对进口钢铁和铝产品征收高关税：对进口钢铁征收 25% 的关税，对进口铝产品征收 10% 的关税。关税措施将在 15 天后正式生效。对此，中国钢铁工业协会负责人公开回应："这是美国以保护国内钢铁产业为由推行贸易保护主义，破坏 WTO 规则，扰乱国际贸易秩序。这种行为对全球钢铁产业是伤害，也严重损害钢铁产品消费者尤其是美国消费者的利益。中国钢铁工业协会坚决反对。"

中国钢铁工业协会表示，钢铁贸易近年来已成为中美贸易摩擦的重灾区。美国对钢铁"232 调查"前就已对十多类产品采取了几十项反倾销、反补贴措施，涵盖几乎所有大类钢铁产品，且税率幅度之高近乎禁止性关税。中国钢铁工业协会向中国政府发出呼吁，对来自美国进口的不锈钢钢材、镀锌板材、无缝管，以及煤炭、农产品和电子消费品等采取坚决的应对措施。

---

① http://money.163.com/18/0309/12/DCF4I12H002580S6.html.

像经济学家一样思考

让我们回到本章的导入案例，看一看经济学家如何解释为什么只是美国政府对中国出口美国的商品实行提高关税的政策会引起世界各国的广泛关注。

经济学家的分析：

传统的国际贸易理论认为，一个国家对进口商品提高关税，其主要目的有三个：一是可以削弱进口商品的竞争能力，实现有效保护国内相关产业和市场，提高本国商品的竞争力；二是可以增加国家财政收入，利于调节国内收入的再分配；三是可以对进出口商品贸易结构进行有效调节。

但对进口商品关税的提高增加了国内消费者的消费成本，减少了消费者消费种类和消费者福利水平。同时，如果世界各国都对其他国家的进口商品实行高关税政策，最终结果会降低世界贸易量，不利于国家之间的贸易互通，不利于世界经济的发展。

正是考虑到国际贸易的相互限制和贸易保护主义会造成世界经济的萧条，在第二次世界大战结束后，经过多次谈判，包括中国和美国在内的 23 个国家于 1947 年 10 月 30 日在日内瓦签订了《关税及贸易总协定》。第二次世界大战后它成为各国共同遵守的贸易准则，协调国际贸易与各国经济政策的唯一的多边国际协定。它的宗旨是通过削减关税和其他贸易壁垒，削除国际贸易中的差别待遇，促进国际贸易自由化，以充分利用世界资源，扩大商品的生产与流通。

关税及贸易总协定在 1948 年至 1995 年世界贸易组织建立之前的近 50 年里，一直是管理国际贸易的唯一多边机构，成功地促进了世界贸易的自由化，仅削减关税一项，就刺激了世界贸易在 20 世纪 50 年代和 60 年代的高速增长，年平均增长率达 8% 左右。

1995 年世界贸易组织（World Trade Organization，WTO）的建立，取代了关税及贸易总协定负责管理世界经济和贸易秩序，成为当代最重要的国际经济组织之一，它拥有 164 个成员，其成员贸易总额达到全球的 98%。

世界贸易组织的目标是通过实质性削减关税等措施，建立一个完整的、更具活力的、持久的多边贸易体制。以开放、平等、互惠的原则，逐步调降各成员关税与非关税贸易障碍，并消除各成员在国际贸易上的歧视待遇。为此，该组织的宗旨主要包括：扩大货物和服务的生产与贸易；以开放、平等、互惠的原则，逐步调降各成员关税与非关税贸易障碍，并消除各成员在国际贸易上的歧视待遇；积极努力确保发展中国家，尤其是最不发达国家在国际贸易增长中获得与其经济发展水平相适应的份额和利益，等等。

按照世界贸易组织的规定，组织成员之间发生贸易争端时，成员不能根据自己的判断而采取行动，而应付诸世界贸易组织争端解决机制解决。在争端解决机制公布结论前，该成员不得采取单方面制裁。因此，2018 年春美国威胁实施的单方面征税措施违反了世界贸易组织规定。这种做法将严重破坏全球多边贸易体制，危害全球贸易秩序，给全球经济发展带来极大不确定性。从长期来看，将对美国和其他国家经济产生负面影响。

事实也正是如此，2018 年 3 月 22 日道琼斯工业平均指数下跌 2.93%。3 月 23 日，美股继续下跌，三大指数分别下跌了 1.77%、2.10% 和 2.43%。3 月 23 日，亚洲市场、欧洲市场也出现明显下跌；同时，避险需求升温，刺激债市大涨，期债 10 年和 5 年主力合约分别涨 0.64% 和 0.29%。

练习及思考题

一、填空题

1. 传统国际贸易理论主要包括_____、_____
和_____。

2. 新贸易理论的假定前提是不完全竞争和_____。

3. 世界上已有的著名区域经济体是_____、_____
和_____。

4. 基本的汇率制度包括_____和_____。

5. 蒙代尔-弗莱明模型的前提条件有_____和_____。

6. 国际金融体系经过了三个阶段：_____和_____、
_____。

二、判断题（下面判断正确的在括号内打√，不正确的打 ）

( ) 1. 固定汇率制度下，货币政策一定无效。

( ) 2. 中央银行干预外汇市场也能起到调节货币供给的作用。

( ) 3. 国际收支平衡就是经常项目和资本项目同时保持平衡。

( ) 4. 蒙代尔-弗莱明模型最初考察的是浮动汇率制度下的资本完全流动。

( ) 5. 在间接标价法条件下，汇率的上升意味着本币升值和外币贬值。

( ) 6. 在国际收支平衡表中，经常项目被分为无形项目和有形项目等。

( ) 7. 若一国生产所有产品的效率都非常高，那么该国应出口商品而不进口商品。

( ) 8. 在固定汇率制、资本完全流动的情况下，政府的财政政策效果将会放大。

三、选择题

1. 经常项目账户的顺差意味着（   ）。

    A. 出口大于进口   B. 出口小于进口

    C. 出口等于进口   D. 出口的增加大于进口增加

2. 开放经济条件下，IS 曲线会有的变动，是（   ）。

    A. 出口增加使 IS 曲线左移   B. 进口增加使 IS 曲线右移

    C. 净出口增加使 IS 曲线右移   D. 净出口增加使 IS 曲线左移

3. 在开放经济条件下，IS 曲线反映了利率和国民收入之间的关系，其均衡的条件
为（   ）。

    A. 投资等于储蓄

    B. 投资加税收等于储蓄加政府支出

    C. 政府支出减税收加出口减进口等于储蓄减投资

    D. 投资加税收加进口等于储蓄加政府支出加出口

    E. 储蓄加税收加进口等于投资加政府支出加出口

4. 所有位于 BP 曲线左方的点，意味着（   ）。

    A. 国际收支失衡   B. 国际收支盈余

    C. 国际收支赤字   D. 不决定国际收支状况

    E. 内部与外部失衡

5. 国际收支平衡表中，主要的项目包括（　　）。

　　A. 经常项目　　　　　　　　　　B. 资本项目

　　C. 官方清算余额　　　　　　　　D. 统计误差

6. 如果本国货币贬值，出口增加，进口减少，BP 曲线将会发生的变化为（　　）。

　　A. 均衡点沿 BP 曲线移动　　　　B. BP 曲线变得更平坦

　　C. BP 曲线向右方移动　　　　　D. BP 曲线向左方移动

7. 在固定汇率制、资本完全流动下，中央银行的货币政策将（　　）。

　　A. 无法独立实施　　　　　　　　B. 不受影响

　　C. 增加效果　　　　　　　　　　D. 降低效果

四、问答与论述题

1. 简述绝对优势理论的主要内容。

2. 什么是要素禀赋理论？

3. 传统贸易理论能解释当代国际贸易现象吗？为什么？

4. 主要的出口措施有哪些？

5. 请分析完全资本流动和浮动汇率下的财政政策和货币政策的有效性。

6. 假设甲、乙两国同时生产小麦和服装，其生产率相同，即每生产 1 单位小麦需要 10 单位的土地和 2 个劳动力，每生产 1 单位服装需要 2 单位的土地和 10 个劳动力。假定甲国的土地价格为每单位 400 元，每单位劳动价格为 500 元；乙国的土地价格为每单位 200 元，每单位劳动价格为 600 元。请用要素禀赋理论说明两国产品的成本情况，并说明两国应该如何分工。

第 8 章
宏观经济学的现代流派

【知识结构图】

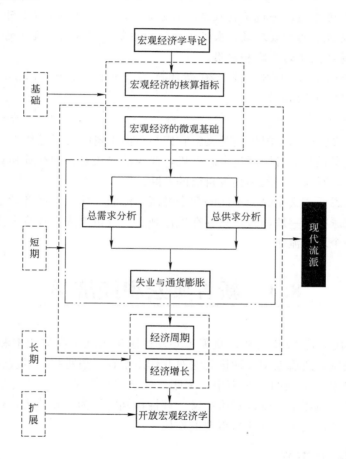

【导入案例】

凯恩斯主义、自由市场一个都不能少

20世纪30年代，凯恩斯主张由政府直接干预市场的做法被当时很多政府采用，堪称危机"救世主"。在2008年的金融危机到来时，各国政府纷纷出招对市场进行直接干预，

这种做法被一些人看作凯恩斯主义的"回归"和自由主义的"终结"。难道世界经济管理形式在经历了自由市场经济——国家干预——再次放任自流的交替之后，又走回了原点？

经济学家一致认为，凯恩斯主义可以看作是在特定的经济环境下政府干预市场的一种工具或手段，目前不存在一种理论的回归和另一种理论的终结。因为在经济发展中，"政府"和"市场"两者都必不可少。美国哈佛大学经济系教授德怀特·帕特金认为，一个强有力的财政政策只是调整市场的一种工具，凯恩斯主义的应用，即货币政策和财政政策的执行，只是在特定的历史时期和经济环境下一种有利于经济发展的经济政策。在目前的经济形势下，凯恩斯主义是帮助各国度过金融危机、让经济尽快复苏的有效和必要途径。实践表明，之前出台的各种货币政策在救市方面成效甚微，很难帮助各国渡过难关，因此美国和其他国家正在考虑通过一揽子刺激经济的方案，希望通过加大政府开支、扩大基础建设投入和其他相关投资的财政政策，来促进经济的恢复。中国政府宣布的 4 万亿元救市政策也可看作是凯恩斯主义的实践和应用。

（根据网易新闻中心 2008 - 11 - 20 新闻改编．http://news.163.com/08/1120/08/4R67UTV8000120GU.html.）

什么是自由主义？什么是凯恩斯主义？它们与自由市场的关系是什么？为什么帕特金教授认为，凯恩斯主义是帮助各国度过金融危机，让经济尽快复苏的有效和必要途径？学习完本章的基本理论后，对这些问题你会有自己的判断。

自由主义和凯恩斯主义是完全不同的两个经济学流派。那么，经济学家们是依据什么标准来划分不同的流派呢？一般而言，只要在理论观点、分析方法、政策主张上基本一致，就将他们归纳为同一个思想流派。

8.1　新古典宏观经济学

20 世纪 60 年代末到 70 年代初，欧美主要发达国家出现了高失业率和高通货膨胀同时并存的"滞胀"现象，凯恩斯主义理论无法对此作出解释，更难提出解决这一进退维谷处境的对策。在对政府宏观干预的反对声中，主张"经济自由"的自由主义经济学思想逐步兴盛。自由主义经济学流派中，现代货币主义、理性预期学派为重要代表，他们的主要思想在新古典宏观经济学的形成中起到非常重要的作用。

8.1.1　现代货币主义

货币主义又称为货币学派。现代货币主义是 20 世纪 50—60 年代在美国出现的一个经济学流派，它是 20 世纪 60 年代以来各种新自由主义经济学流派中最有影响的一个流派，其创始人为美国芝加哥大学教授弗里德曼，代表人物有哈伯格、布伦纳、安德森、莱德勒和帕金等人。布伦纳最先在 1968 年使用"货币主义"一词来表达这一学派的基本特点，此后被广泛沿用于西方经济学文献之中。

1. 货币主义的含义

货币主义坚持认为"货币最重要"。他们认为当代一切经济活动都离不开货币信用形式，一切经济政策和调节手段都要借助货币量的变动（扩张或收缩）来发挥作用。因此，一切经济变量的变动都与货币有关。

现代货币主义的理论渊源主要是传统货币数量论和早期的芝加哥学派的理论。

西方货币数量论产生于 16 世纪末期，他们认为，货币之所以有价值是因为其具有交换职能。因此，在交换的商品数量不变的情况下，货币数量的增加会导致物价成比例的上升。20 世纪初，货币数量论得到进一步发展。费雪提出货币数量方程：$M_d = \dfrac{PT}{V}$（式中，M_d 表示货币数量，P 代表价格水平，T 代表商品或劳务数量，V 代表货币流通速度），进一步说明主要是货币数量的增加引起物价的上升。庇古虽然强调货币的储存手段，但同样认为，物价水平主要随着货币数量的变化而变化。

20 世纪 30 年代前后形成的芝加哥学派继承了货币数量论的传统，重视货币理论的研究，它们主张经济自由主义，强调市场机制的调节作用；坚持"货币最重要"的研究方法，认为物价与货币数量之间存在重要关系。

2. 现代货币数量论

弗里德曼 1956 年提出的现代货币数量论是货币主义的理论基础。

1）货币需求函数

弗里德曼的货币需求函数继承了传统货币数量论，同时也受到了凯恩斯流动偏好理论的重要影响。他认为，货币数量论首先是货币需求的理论，而不是产量、货币收支或物价的理论。

弗里德曼强调货币需求函数是稳定的，这是为了尽可能缩小货币流通速度发生变化的可能性及其对产量和物价可能产生的影响，以便在货币供应量与名义国民收入之间建立起一种可以作出理论预测的因果关系。

货币需求函数指人们平均经常自愿在身边储存的货币数量与决定它的为数不多的几个自变量之间存在的一种稳定的、可以借助统计方法加以估算的函数关系。就像对其他商品或劳务需求的分析一样，可以采用消费者选择理论来分析，人们对货币的需求同样受效用、收入、机会成本这三类因素的影响。

其一，收入或财富的变化是影响货币需求的重要因素。弗里德曼认为要采用"永久收入"的概念作为财富的代表。永久收入表示一个人所拥有的各种财富在相当长时期内获得的收入流量。财富分为人力财富和非人力财富两类。这两类财富在总财富中的不同构成比例，制约着它们所带来的收入的不同比例，进而影响货币需求。他认为现金的保有不与总财富相联系，而主要与非人力财富相联系。

其二，持有货币的机会成本是"货币与其他资产的预期报酬率"。货币的名义报酬率（用 r_m 表示）在通常情况下为零。其他资产的名义报酬率主要包括两部分：一是目前的收益，主要指预期的固定收益报酬率和非固定收益报酬率；二是预期商品价格变动率。当通货急剧变动时，静态的物质财富会给持有者带来收益或损失。如发生通货膨胀时，商品价格上涨，通货贬值带来的损失就是持币的机会成本。因此，物价上涨越快，持币的机会成本越高，对货币的需求越少。

其三，对于人们来说，持有货币可用于日常交易的支付，又可应付不测之需，还可以抓住获利的机会，这都是货币所提供的效用。这些效用无法直接测量出来，但人们的感觉和现实证明它是存在的。

弗里德曼根据这样的影响因素，建立了自己的货币需求函数，即

$$M_d = f\left(PY_p,\ w,\ P,\ r_b,\ r_e,\ \frac{1}{P}\cdot\frac{\mathrm{d}P}{\mathrm{d}t},\ \mu\right) \tag{8.1}$$

式中，P 表示当前价格水平，Y_p 表示实际永久收入，r_b，r_e 分别表示债券、股票的预期名义收益率，w 表示非人力财富与人力资本的比例，$\frac{1}{P}\cdot\frac{\mathrm{d}P}{\mathrm{d}t}$ 表示预期通货膨胀率，μ 代表影响货币需求偏好的其他因素。

弗里德曼认为，个人（家庭）名义货币需求取决于：当前价格水平（与货币需求同方向变动，即物价水平越高，人们的货币需求越大）；预期通货膨胀率（与货币需求成反方向变化，即预期通货膨胀率越高，人们减持货币的动机越强烈）；债券、股票的预期名义收益率（二者越高，持有货币的机会成本会越大，所以预期收益率越高，货币需求越小，成反方向变动）；名义财富（与货币需求是同方向变动）。

弗里德曼认为，这个货币需求函数中去掉 w，也可以表示企业的货币需求。也可以推广到全社会，只要认为每个人都有完全一样的 P，r_b，r_e，将预期通货膨胀率看成通货膨胀率的平均值，把 w 看成非人力财富所生产的收入之总和对由人力财富所生产的收入的比率即可。

弗里德曼的货币需求函数与凯恩斯主义的分歧主要集中在利率对货币需求的作用上。凯恩斯主义强调货币需求有较大的利率弹性，而弗里德曼则认为利率的变化对人们持有货币量的影响微不足道。据此，弗里德曼提出了与凯恩斯主义有所不同的结论：①消费取决于永久收入而非现期收入；②货币需求相当稳定，因此货币供给的变动是物价水平与名义收入变动的主要原因。

2）货币供应决定模型

1963 年弗里德曼和施瓦兹提出了货币供应决定模型，即

$$m=\frac{M}{H}=\frac{C+D}{C+R}=\frac{\dfrac{D}{R}\left(1+\dfrac{D}{C}\right)}{\dfrac{D}{R}+\dfrac{D}{C}} \tag{8.2}$$

从式（8.2）中可见，决定货币供应量的主要有三个因素：高能货币 H、商业银行的存款与准备金之比 D/R、商业银行存款与公众持有的通货之比 D/C。

弗里德曼和施瓦兹把这三个因素称之为"货币存量的大致决定因素"。任一因素的变化都可以引起货币供应量的变化。该货币供应决定模型说明，由 H、D/R、D/C 所共同决定的货币供应，实际上是中央银行、商业银行和社会公众三部门共同行为的结果：中央银行决定高能货币 H，商业银行对 D/R 有决定性影响、社会公众的通货持有量决定 D/C。当 D/R、D/C 是常量或者它们的变化很小时，货币供应量主要取决于高能货币 H 的变化。由于高能货币是由中央银行决定的，因此中央银行完全可以通过控制高能货币来控制货币供应量。

正确确定货币供应量增长率需要解决好三个问题。一是界定货币供应指标的范围。

M0、M1、M2 都可以作为政策指标，因为不同定义的货币量的变化方向是一致的。但相比之下，货币供应指标的范围选定为流通中的通货加上所有商业银行的存款，即 M2 较为恰当。二是货币供应增长率的确定，应与经济增长率大体相适应。三是货币供应的增长率，一经确定是不能任意变动的。若遇特殊情况必须更改时，应该事先宣布并尽量缩小变动的幅度。

3. 货币数量与通货膨胀

货币主义认为，从短期看，由于存在一定时滞，货币增加要过 6～9 个月的时间才会引起名义收入增加，货币增长与通货膨胀率变化之间的时滞为 12～15 个月。

从长期看，货币供应的增加并不会降低利率，反而会使利率上升，为降低利率一再增加货币供应量，只会加剧通货膨胀。因为从长期看，所有实物变量（包括实际产量、实际利率、就业和失业率等）都是由非货币的实际因素决定的，货币的作用只决定物价水平，决定以货币表现的名义收入和名义利率。因此，通货膨胀在任何时候、任何地点都是一种货币现象，是货币供应量增加的速度超过产量增加速度的必然结果。

货币供应量为什么会过度增加？弗里德曼认为，主要有三个原因：①政府规模和开支的迅速增长主要依靠向中央银行透支，结果导致货币供应量增长率过快；②政府用财政政策刺激衰退的经济导致政府开支和货币增长率相互追逐，导致通货膨胀产生；③中央银行在实行货币政策刺激经济发展时，不是集中力量去控制货币总量而是控制利率，结果是通货和利率都增加了，加剧了通货膨胀。

为此，弗里德曼提出"自然失业率"这个概念来说明经济政策的有限性。在这种失业率下，通货膨胀既无向上的压力也无向下的压力。因此，任何为了使失业率低于自然失业率的政策努力只有在预期物价上涨率低于实际发生的物价上涨率时才会有效。当预期的物价上涨率低于实际的物价上涨率时，企业会愿意增加雇佣工人，扩大生产，但物价上涨会影响到人们对物价预期的调整，工人会要求增加货币工资，这会使实际工资恢复到原来的水平，企业会减少对工人的雇佣量。这种情况下，继续扩大货币供应量并不能使失业率降低到自然失业率以下，只能引起物价水平同比例上涨。因此，短期内，扩张的货币政策降低失业率的努力会由于通货膨胀被预期到而无效，任何试图将失业率水平保持在自然失业率以下的努力都只会加速通货膨胀。

货币学派认为，只要货币量不增加，平均物价水平是不会发生长期、普遍上涨的。因此，出现通货膨胀的直接原因就是货币量过多。没有货币因素导致的价格变化就没有通货膨胀。

4. 货币主义的经济政策

货币主义的经济政策以现代货币数量论为理论基础，反对国家过多干预经济，坚持经济自由主义。货币政策目标不能放在充分就业上，货币政策的最终目标只有一个，那就是稳定货币，从而保证经济的稳定。

根据这样的思想，货币主义的思想流派提出了自己的经济政策主张。

（1）中央银行应该实行"单一规则"，即公开宣布并长期实行一个固定的货币供应增长率。货币供应增长率由经济增长率和人口增长率确定，排除利率、信贷流量和准备金等因素的影响。

"单一规则"强调三点：公开宣布、长期实行、固定货币供应增长率。这三个要点相互呼应，缺一不可。公开宣布会减轻人们心理上的不安定感，避免人们因不同预期引起的混乱和矛盾，消除频繁的相机抉择变动引起的经济波动，以消除时滞效应中不同时期的不同反应，促使初始效果和最终效果趋于一致。固定货币供应增长率有利于加强货币政策的连续性和稳定性。货币增长率一经确定，就应该长期固定，而不能因经济波动或其他因素作随便调整。只有切实坚决地实施单一规则，才能有效地稳定货币，克服货币政策的摇摆性和失误，赢得公众对货币政策的信任，真正为经济社会提供稳定的货币环境。

（2）对付通货膨胀，不能实行管制物价和工资的方法，而应该实行"收入指数化"方案。收入指数化是指广泛地使工资合同及其他合同指数化，即长期合同应包括名义价格可以自动调节以抵消通货膨胀的条款。这一措施的实质是排除通货膨胀的影响，使契约按实际量而不是名义量来缔结。存贷款利率也应采取这一措施，保证实际利率不受通货膨胀的影响。其好处是，无论通货膨胀高低，契约双方（雇主与雇员、借者与贷者）都可以受到保护而免受损害，使他们在不受通货膨胀的干扰下，按照本行业的条件去谈判，保证经济活动的正常进行。

（3）在开放经济条件下，浮动汇率政策是解决通货膨胀的重要手段。自由的国际资本流动和固定汇率制度将会导致政府对货币供给量的控制成为不可能。货币供应量的增加会引起物价的上升，在固定汇率制度下，本国过度需求会导致出口减少和进口增加，导致国际收支恶化，这意味着增加的货币供应量有一部分进入世界经济体系中，世界通货膨胀率提高时，国内通货膨胀率也会上升。但在浮动汇率制度下，一国货币供应量的增加都会由和贸易往来国的货币相对价格反映出来，会自动维持国际贸易和国际收入的均衡。

5. 弗里德曼和凯恩斯的分歧

弗里德曼和凯恩斯在货币传导机制理论上存在分歧。

第一，凯恩斯认为，货币供应量变化后对国民收入有实质性影响，增加货币的结果使利率降低从而增加投资，通过乘数效应引起总需求和总收入（Y）的变动，即 $\Delta M \rightarrow \Delta R \rightarrow \Delta I \rightarrow \Delta Y$，因此，货币供应量增加可以引起实际产出的增加，货币是非中性的。弗里德曼则认为货币供应量变动只能在短期内影响实际产出；从长期看，货币供应量的变动只能影响名义变量而不能影响实际变量，货币从长期看是中性的。

第二，凯恩斯注重狭义的市场资产和市场利率，他认为，增加的货币量通过两条渠道被吸收：一是货币交易需求量的增加；二是货币投机需求量的增加。弗里德曼考虑广义的资产和利率，就是说，传导途径是多种多样的，可以在货币市场和商品市场同时进行，通过物价普遍上涨吸收过多的货币量。

第三，凯恩斯非常重视利率的作用，认为利率是传导机制的中心环节，货币量变动后首先引起利率的变动，货币供需和总体经济的均衡通过利率的变化来调节。弗里德曼重视收入、支出在传导中的作用，认为人们主要根据收入来确定现金持有量，货币供求均衡只能通过支出来调节，而货币量与利率之间存在着步调不一致的关系。货币增长加速时，起初会降低利率，但是后来由于增加开支刺激价格上涨，便引起借贷需求的增加，从而促使利率上升。正因为如此，利率不能成为传导机制中的主轴，却往往是误导货币政策的指标。所以，弗里德曼不仅不重视利率在传导机制中的作用，而且坚决反对把利率作为制定货币政策的向导。

8.1.2　理性预期学派与新古典宏观经济学[①]

理性预期学派又称为"合理预期学派"，他们从新古典经济学的利益最大化原则出发，着重从宏观上分析理性预期在市场经济活动中的作用及其对经济政策实施效果的影响，又被称为"新古典宏观经济学"。"新古典宏观经济学"一词最先由托马斯·萨金特于 1979 年使用。理性预期学派的代表人物主要有罗伯特·卢卡斯、托马斯·萨金特、尼尔·华莱士、罗伯特·巴罗等。

1. 预期概念的发展

经济理论中，预期（expectations）是指经济活动者为了谋求个人利益最大化，对与经济决策有关的不确定因素进行的预测。从事经济活动的单位或个人为避免未来的经济损失，他们会在进行经济决策和经济活动之前，对未来的经济形势及有关的经济变量进行一定的估计和判断。例如，企业在进行生产决策时，要对未来的商品价格和市场需求进行预测，然后决定生产什么、生产多少、如何生产。在舒尔茨、里奇和丁伯根等人的"蛛网理论"中，实际已经涉及了价格预期的问题。凯恩斯第一个将预期运用到宏观经济分析中，他对货币需求、投资水平与经济周期的考察都基于预期范畴，但他并未回答预期如何形成及预期如何影响国民经济运行等问题。

经济理论对预期的研究主要包括静态预期、外推性预期、适应性预期和理性预期。

1）静态预期

静态预期指经济主体按照已发生过的情况来估计和判断未来的经济形势。在静态预期中，生产者都以当前的市场价格作为下一期的市场价格预期的基础。静态预期简洁明了，但过分简单，因为市场价格不可能始终不变，商品生产者在遭受多次挫折之后会总结经验教训，修正以前对市场价格的预期。因而，1941 年经济学家梅茨勒引入了外推性预期。

2）外推性预期

外推性预期，又称推断性预期，指对未来的预期不仅以经济变量的过去水平，而且还考虑经济变量未来的变化趋势。即人们对未来的预期一方面考虑过去的经济形势，另一方面考虑该经济形势的发展趋势，根据发展趋势来推定未来要达到的水平。

外推性预期的一般公式为

$$P_t^e = P_{t-1} + \alpha(P_{t-1} - P_{t-2}) \tag{8.3}$$

在式（8.3）中，P_t^e 为本期的预期价格；α 表示人们预期价格变动的趋势。一般而言，α 数值的大小与预测者的情绪有关，乐观的估计 α 值偏大，悲观的估计 α 值偏小。主要有 $\alpha > 0$，$\alpha < 0$，$\alpha = 0$，$\alpha = 1$ 这 4 种情况。

该式表明，对本期的预期价格 P_t^e，不仅要考虑前一期的实际价格 P_{t-1}，还要考虑前两期差额 $P_{t-1} - P_{t-2}$，以及这种差额变动的趋势 α，当 $\alpha = 0$ 时，上述公式就演变为静态预期公式。

3）适应性预期

1956 年，美国经济学家菲利普·卡根提出适应性预期理论。适应性预期指经济主体对

① 黄国石. 理性预期学派的经济理论和政策主张. 厦门大学学报：哲学社会科学版，1997（3）：36-40.

未来会发生的预期是基于历史的。例如，过去的通货膨胀是高的，那么人们就会预期它在将来仍然会高。

适应性预期可以描述为

$$P_t^e = P_{t-1}^e + \lambda(P_{t-1} - P_{t-1}^e), \quad \lambda \in [0, 1] \tag{8.4}$$

式（8.4）中，P_t^e 表示当前对于下一期的价格的预期，P_{t-1}^e 表示在上一期对于当前的预期，P_{t-1} 为上一期真实的通货膨胀率，也就是说，当前对于将来的价格预期反映了过去的预期、前期的预期与当前真实数据的差距的调整项。这个调整项被称为是"部分调整"，它体现出人们对于预期的反应能力的缓慢变化。

经济主体会根据前期预期的误差来校正当期预期值，因而适应性预期是一种反馈型预期。当前期预期价格高于实际市场价格时，现期的预期价格应当降低，否则应增加。λ 为适应系数，它决定了预期矫正其过去误差的速度。

4）理性预期

上述三种预期有一个共同的缺陷：三种预期都没有建立在对经济行为理论深入考虑的基础上。1961 年，约翰·穆斯提出了理性预期假说。

2. 理性预期理论的形成

理性预期指经济当事人为避免损失或谋取最大利益，会尽量利用一切可以获得的信息，对所关心的经济变量在未来的变动状况作出尽可能准确的估计。为了说明理性预期说，穆斯给出了三个假定：①由于信息是稀缺的，经济系统一般不会浪费信息；②预期的形成方式主要取决于描述经济的有关体系结构；③公众的预期对经济体系的运行不产生重大影响（除非它以内部信息为基础）。

信息是另一种资源。所以，人们对未来经济变化的预期总是尽可能最有效地利用现在的所有信息，而不能只依靠过去的经验和经济的变化。这是因为：①理性预期是经济主体利润或效用最大化的自然结果；②经济当事人的主观概率分布等于经济系统的客观概率分布。当然，理性预期理论并不认为每个经济主体的预期是完全正确和与客观情况一致的，而是说这些经济主体的预期与理论的预期是趋向一致的。

20 世纪 70 年代，卢卡斯首先将穆斯的理性预期假说同货币主义模型结合起来分析。之后，他又和萨金特、华莱士等人发表了一系列论文，对理性预期假说作了进一步阐释，同时把理性预期引入宏观经济模型，并且用于理性预期整个理论体系的分析，理性预期学派最终形成。

3. 理性预期理论对凯恩斯主义的批判

理性预期学派首先从分析方法入手，批判了凯恩斯主义的分析方法，指出其存在的问题，并用自己的心理预期方法取代或补充了凯恩斯主义的分析方法。理性预期学派认为，凯恩斯主义的分析前提不现实，分析方法有缺陷，表现在以下几个方面。

第一，充分就业的假定前提并不存在。20 世纪 70 年代后，全世界都产生了资源短缺和能源紧张的问题。在这种情形下，资源闲置已不复存在，供给出现结构性变化，即能源、原材料等方面的供给已无弹性，生产已达到潜在的水平，总供给已达到最大限度。

第二，总量分析方法过于一般化，没有考虑微观因素。凯恩斯主义的总量分析没有考虑市场机制的作用和公众对经济政策的反应。因而，依据这种分析方法制定的经济政策就不一定正确，也就不能发挥应有的效力。因此，要用微观分析补充一般宏观分析的不足，建立一种微观和宏观相结合的分析方法。

第三，用总量分析方法所建立的宏观经济模型没有考虑"个人决策"的作用。理性预期学派认为，个人决策的作用是与人们对经济形势的预期有关的，个人决策对经济活动的变化有决定性的影响作用，而个人决策依赖于人们的理性预期。所以，公众的理性预期是影响客观经济变化的一个主要因素，要利用这种公众的理性的心理预期方法来考虑产量、就业量与价格总水平的决定及变动。

4. 理性预期学派的宏观经济模型

1) 总需求

理性预期学派分析社会总需求时，在分析收入、消费、储蓄和投资这些需求上加了理性预期因素。理性预期学派认为，家庭和个人的消费决策取决于现在和未来的可支配收入；投资作为一种前瞻性行为，投资前企业必须对资本的价格变化进行预期，并进行跨时期的资本预算。在分析总投资需求函数时，企业会充分预期税收和利率等因素对经济活动的影响。因此，政府的税收和货币政策会影响私人部门的预期。理性预期学派认为总需求曲线具有向下倾斜的形状（见图 8-1 的 AD 曲线）。

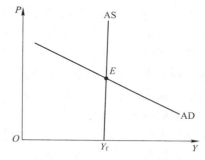

图 8-1 总需求-总供给模型

2) 总供给

古典经济学认为市场机制的调节作用会使所有愿意就业的人都进入生产，所以，无论价格如何变化，整个经济所提供的产出不变。因此，总供给曲线就是一条垂直线，社会产出总是处于自然就业率水平（见图 8-1 的 AS 曲线）。理性预期学派对传统的总供给曲线进行了修正和补充。

理性预期学派认为对总供给本身的分析是非常重要的。他们认为，社会总供给会受到工资、成本和价格的影响，理性预期在决定总供给中有重要的作用。下面，以劳动为例来说明理性预期学派的总供给曲线。

劳动的供给者用预期价格来决定实际工资大小，劳动的需求者则使用实际工资水平。如果劳动供给者的预期工资和实际工资相等时，劳动需求和劳动供给均衡，此时可以决定就业量，从而可以得到相应的产量。假定商品价格水平上升了，劳动需求者会增加雇佣劳动数量，而劳动供给者的预期工资没变化，因此，劳动供给不变，劳动需求大于劳动供给，劳动工资提高且雇佣劳动量增加，获得的产出也增加。按照这样的思路，可以得到一系列的工资和雇佣量的对应点，将其连接起来就得到了一条附加预期变量的总供给曲线 $ES(P^e=P^0)$。可以想到，P^e 可以有许多不同的数值，而相当于每个 P^e 都存在着一条相应的 ES 曲线。理论上，ES 曲线很多，其中每一条 ES 曲线与传统总供给曲线（AS）都相交于一点，如图 8-2 所示（P^0 和 P^f 为价格的不同预期）。

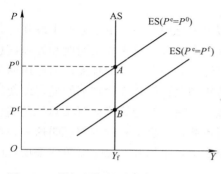

图 8-2 附加预期的总需求-总供给模型

在理性预期学派的宏观经济模型中，人们能否正确预期到一般物价水平或总需求的变化，决定着总产出水平是否会偏离自然率水平，即由于人们都是理性的，只有当发生随机或意料之外的干扰因素时，人们的预期误差才会出现，才会使总产量偏离其自然率水平。也就是说，物价水平和总需求的任何变动都不会引起总产量水平的变动。

如果在总供给假设中加入理性预期因素，人们会根据理性预期调整总供给水平，即总供给水平位置会发生变动。当人们预期物价水平变动高于实际物价变动幅度时，会引起总供给曲线左移，导致物价上涨和产出下降，这就是所谓的"滞胀"。

5. 理性预期学派的政策主张

1）需求管理政策无效

理性预期学派认为，货币是中性的，货币只是交换的媒介和计量经济变量价值的工具。由于一切经济活动都根据理性预期进行，货币数量的增减，只会影响价格水平、通货膨胀率等名义变量，而不影响实际的经济变量。因此，金融管理当局变动货币供应量的企图不能瞒过经济当事人，因为人们会应用政策的系统信息来形成关于未来的预期。也就是说，人们会考虑到货币供给量的变化率情况，来调整工资和利率等价格水平。显然，政府的货币政策只会引起通货膨胀，理性预期下的货币政策无效。

罗伯特·巴罗对政府的支出、税收和公债进行了分析，认为在理性预期下政府的财政政策也是无效的，政府支出增加和税率提高会减少私人投资。因为当政府为了增加支出刺激经济、出售债券时，理性人预见到政府将来需还本付息，将会使人们面临更高的税收。为此，人们会将增加的收入储蓄起来，以备将来应付增加的税收。这样的结果就使政府企图通过借款而增加支出的努力被抵消掉，政府刺激经济的财政政策无效。

2）固定规则程序

由于私人部门的经济活动都是按照未来的预期作出决策的，对政府的经济政策有抵消作用，因此，政府应该选择固定的规则程序作为自己的政策规则，即一旦政府选择了某种政策措施就应该保持不变，使政府政策和私人部门之间形成一种长期稳定的关系。这并不是说政府措施一成不变，而是说政策要系统地随着经济条件变化而变化，政府要取信于民。

3）增加供给的微观经济政策

理性预期学派认为，政府应该重视增加供给的微观经济政策，如减少工会权利和失业津贴、进行税收改革、对厂商和工人进行经济鼓励等。

6. 理性预期理论的不足

理性预期学派有其内在的局限性。①理性预期的假定缺乏现实性。由于人在生理和智力等方面的局限性及外界事物的不确定性、复杂性，使人们在理解、解决复杂问题和处理信息方面的能力受到限制，因而人们在进行经济决策时不可能达到完全理性的程度；理性预期学派没有考虑经济主体如何及以何代价获取信息，交易费用的存在使其理论缺陷明显，即使经济主体拥有较充分的信息，但面对错综复杂的经济环境，要完全符合经济运行实际的预期也是比较困难的。②理性预期学派鼓吹自由市场制度无所不能，但事实和理论都证明这一观点不正确。③理性预期学派的政策无效论不符合实际。事实上，市场并非完全竞争的市场，因而国家对市场的干预还是必要的。

8.2　新凯恩斯主义 [①]

20 世纪 80 年代，新凯恩斯主义（New - Keynesian，又称为新凯恩斯学派，New - Keynesian School）产生。新凯恩斯主义政策主张兴盛于 20 世纪 90 年代，代表人物有奥利维尔·布兰查德、乔治·阿克洛夫、珍妮特·耶伦、约瑟夫·斯蒂格利茨、本·伯南克等。这个学派的出现让人们看到了凯恩斯主义重振的希望。

8.2.1　新凯恩斯主义与凯恩斯主义

新凯恩斯主义继承了原凯恩斯主义的基本理论和政策主张：经济中存在显著的周期性波动、经济政策是重要的。但在具体的经济分析方法和经济理论观点上，新凯恩斯主义和原凯恩斯主义之间存在重要差别，最突出的一点是，新凯恩斯主义构建了原凯恩斯主义宏观经济学所缺乏的微观经济基础。

凯恩斯主要侧重于宏观分析。如凯恩斯用名义工资刚性来解释失业的存在，但对名义工资刚性并未进行进一步的研究。新古典综合派有意地将古典微观理论与凯恩斯宏观理论"综合"在一起，但在新古典综合派那里，宏观经济和微观经济并没有构成有机的联系；而后的凯恩斯主义者如莫迪利安尼、托宾等人虽从微观视角分析了消费、投资需求和货币需求，但他们所做的分析都属于局部均衡分析，并未从根本上解决宏观经济学的微观基础问题。

理性预期学派将微观经济理论作为宏观经济理论分析的基础，从微观经济和宏观经济的结合中发展了一种有微观基础的宏观经济理论，它保持了微观经济学和宏观经济的一致性和相容性。新凯恩斯主义在坚持凯恩斯主义经济学基本原则的基础上，借鉴了理性预期学派和其他学派的精华，构建了新的理论体系。

8.2.2　新凯斯主义的基本理论

1. 新凯恩斯主义理论的假定前提

新凯恩斯主义理论接受了凯恩斯有关非市场出清的最重要假设，认为供给或需求变动时，工资和价格不能迅速调整到使市场出清的水平。工资和价格黏性的存在导致市场供求不能经常相等；同时，新凯恩斯主义接受了理性预期学派关于经济当事人理性预期的假定，认为经济当事人都是理性的，都追求自身利益最大化。

2. 新凯恩斯主义的主要经济理论

新凯恩斯主义用工资黏性论、价格黏性论 [②]、信贷配给论等解释了市场非出清，需要政府干预的政策主张。

1）工资黏性论

新凯恩斯主义对凯恩斯主义的工资刚性提出了理论说明，新凯恩斯主义关于工资黏性的

[①]　新凯恩斯主义，英文原文为 "New - Keynesian"，此词是迈克尔·帕金（Michael Parkin）创造的，他在编写的《宏观经济学》一书中始创"新凯恩斯理论"（New - Keynesian theory）这个术语；最先使用"新凯恩斯主义经济学"这一称号的，是劳伦斯·鲍尔、格雷戈里·曼昆和戴维·罗默。

[②]　有关价格和工资黏性在第 4 章有关总供给曲线分析中已有涉及。

理论，既包括名义工资黏性，也包括实际工资黏性。名义工资黏性论是指名义工资不能够随着供求关系的变化而迅速调整；实际工资黏性指实际工资与需求的变动几乎没有相关性。工资黏性说明了凯恩斯主义劳动市场非出清的假定。

新凯恩斯主义提出"长期劳动合同论"和"交错调整工资论"来说明存在名义工资黏性的原因。长期劳动合同论认为，劳资双方要进行调查研究，然后进行谈判，这需花费大量成本，因而签订长期劳动合同对厂商和工人都是有利的。但由于合同期限较长，名义工资不能随着供求关系的变化而及时调整，这就产生了所谓的名义工资黏性。名义工资黏性的存在，保证了政府经济政策的有效性：当政策增加货币供给时，由于有些工资合同不能及时进行调整，其实际工资将下降，进而影响产出和就业。"交错调整工资论"是指在整个经济中，所有的合同不可能在同一个时间内结束，由于合同是交错的，在总需求和总供给变化时，名义工资会表现出变动滞后。

新凯恩斯主义主要使用隐含合同论、效率工资论和失业滞后论（局内-局外人理论）等来说明实际工资黏性存在的原因。

隐含合同论指厂商和工人之间达成的一种关于稳定收入的非正式的协议，它是厂商和工人在长期中达成的一种默契。工人厌恶风险，比较乐意稳定的收入；尽管厂商比工人更能承担风险，但他们也倾向于向工人提供稳定的收入。因为工人有了稳定收入后，会长期安心地为厂商工作。隐含合同的存在使工人的实际工资表现出黏性特征。

效率工资论认为厂商愿意向工人支付高于均衡工资的工资，以保持效率。为了防止工人怠工，厂商通常支付给工人高于市场出清水平的工资。因为激励机制往往会减少监督成本。当所有的厂商都采取高工资的办法去遏制工人偷懒时，平均工资就会上升。在所有厂商支付的工资都高于劳动市场出清的工资水平时，为怠工而失去高工资工作的代价很大。效率工资论认为，效率工资会引起失业的出现和持续。

局内人员是指目前已在职的有经验的雇员，或短期暂时被解雇的、与在职工人同属于一个利益集团（如企业或行业工会）的工人；局外人员指长期游离于企业之外的失业工人或暂时在职的临时工。局内人员的工作受到各种劳动转换成本的保护，转换成本使得厂商在用局外人员代替局内人员时要付出高昂的代价。转换成本包括雇用、训练、谈判、诉讼和解雇的成本等。因此，尽管局外人员愿意接受比局内人员更低的工资，由于转换成本的存在，厂商并不愿意雇用低工资的局外人员。

2）价格黏性论

新凯恩斯主义还进一步对价格黏性作了分析，区分了名义价格黏性和实际价格黏性。

新凯恩斯主义是用菜单成本论和交错调整价格论来说明名义价格黏性的。

菜单成本论，又称有成本的价格调整论。该理论认为，变动产品价格要考虑调整价格的机会成本。早期的菜单成本论认为，厂家每次调整价格都要花费成本，如研究和确定新价格、编印价目表、更换价格标签等成本支出。菜单成本的存在阻碍了厂商及时调整价格，使名义价格有了黏性。在价格黏性的条件下，厂商对需求变动的反应是改变产量，而不是调整价格。菜单成本太小，相对利润而言，实在微不足道。因此，早期菜单成本论显得幼稚。特殊菜单成本论对此进行了修正，该理论认为当厂商作出价格调整决策时，难以预料产品价格或要素价格调整的后果，因为要素供给者、顾客或厂商竞争对于价格调整或工资调整的反应都有很大的不确定性，因此，企业不会马上根据需求变动调整产品价格。

交错调整价格论以理性预期为假设前提,认为在不完全竞争市场中,厂商为了实现利润最大化,通常采用交错方式而不是同步方式调整价格。各厂商调整价格的时间有先有后,形成一个交替调整价格的时间序列。之所以存在交错价格,是因为在不完全市场中,厂商要实现利润最大化,就必须掌握尽可能完备的信息,但收集信息的成本随信息量递增。因此,厂商必须选择一种以最小成本获取最大信息量的方式作出价格决策,这种方式就是交错调整价格。经济中盛行交错方式调整价格,会导致物价总水平有黏性。

新凯恩斯主义提出厂商信誉论、需求非对称性论、投入产出表理论等来说明实际价格黏性存在的原因。

厂商信誉论指出,在不完全市场上,价格的选择效应和激励效应诱使厂商实行优质高价的定价策略。各厂商都采用优质高价的定价策略,且厂商的定价兼顾长远利益,价格就不能随总需求改变而迅速变动,各种产品的相对价格不变,结果价格产生实际黏性。

需求非对称性论认为,在价格变动时,消费者对降价和提价的反应不同,导致需求有非对称性:价格提高时需求减少的幅度大于价格下降时需求增加的幅度。需求的非对称性与搜索成本有关。当消费者搜寻质优价廉的产品需要搜索成本且厂商面临弯曲的需求曲线时,厂商对要素价格可能作出不改变的反应。

投入产出表理论从厂商之间的相互联系来说明实际价格黏性。从厂商之间的投入产出关系来看,直接或间接地影响单个厂商生产的厂商很多,成百上千的厂商直接或间接地为某个厂商提供生产要素。单个厂商仅知道直接提供生产要素厂商的价格决策,难以获悉那些间接影响生产要素价格的厂商价格策略。在这种情况下,单个厂商要想预测需求变化对各类直接或间接成本的影响时,最佳的行事方式是,依据直接供给要素的厂商所提供的信息调整价格。由于需求变化对单个产品价格的影响在错综复杂的投入产出链之间的传递十分缓慢,所以,需求变动对要素价格的变动的影响也非常迟缓。这样,投入产出链上众多的要素供给厂商并不随着需求的变化迅速地调整价格,价格有实际黏性。

3)信贷配给论

从信息不对称基础出发,新凯恩斯主义从利率选择效应和贷款抵押选择效应两个方面说明了利率的黏性,并进一步说明信贷配给。

(1)利率选择效应与信贷配给。

信贷市场上贷方和借方的信息是不对称的,作为借方的厂商比作为贷方的银行在还款概率方面有更多的信息。银行只能通过利率的正向选择效应和反向选择效应确定厂商的还款概率,推测贷款的风险性。利率的正向选择效应指利率增加能提高银行的收益;利率的反向选择效应指高的贷款利率会使那些有良好资信的厂商不再要求贷款;而那些资信度低、乐于从事风险投资的厂商会继续申请贷款。利率提高,厂商愿意在风险较大的项目上投资,以获得更多的预期收益,但这增加了厂商破产的可能性,降低了还款的概率;反之,则相反。

银行根据利率的正向选择效应和反向选择效应确定银行最优利率:低利率鼓励厂商从事无风险项目投资,以取得可靠的收入。这时,所有厂商都愿意从事安全项目投资,各类厂商还款概率都高,此时,只有利率的正向选择效应在起作用。当利率不断提高时,利率的激励机制诱导厂商去从事有较高风险和较高收益项目的投资,厌恶风险的厂商首先离开了信贷市场,随后低风险厂商逐渐退出信贷市场,厂商拖欠贷款的概率增大,银行贷款风险随之增大。在利率提高过程中,利率的反向选择效应递增而正向选择效应递减。利率提高到某一水平后，利率反向选择效应超过正向选择效应，厂商拖欠贷款的概率显著地增大，银行贷款风险剧增，收益锐减。显而易见，正向选择效应和反向选择效应相抵消时的利率是银行的最优利率。

银行最优利率通常不等于市场出清时的利率。既然自由信贷市场缺乏效率，因此，需要政府干预来增进效率。政府推行的信贷补贴政策或提供贷款担保，可以降低市场利率，改善资源配置。

（2）贷款抵押选择效应与信贷配给。

贷款抵押品也有选择效应。厂商以财产作为抵押品获得银行贷款时，银行与厂商的信息是非对称的，厂商拥有的信息多于银行。银行既不清楚厂商有多少自有财产可以用作抵押品，也不明了厂商获得贷款后会投资于哪个项目，更难以判断项目的风险性。而厂商知道自己财产的数量，有多少财产会作为抵押品，了解各项投资项目的风险性和期望收益。在贷款拖欠概率方面，厂商的信息比银行更多。在这种情况下，银行会借助于贷款抵押品的正向选择效应和反向选择效应推断贷款的风险性，测定厂商还款概率，确定期望收益。

贷款抵押品的正向选择效应是指当信贷市场存在超额需求时，银行通过提高贷款抵押品水平来增加还贷的可靠性，减少坏账的风险。贷款抵押品的反向选择效应是指贷款抵押品水平的递增会增加贷款的风险，降低还款的可靠性。银行可根据贷款抵押品的正向选择效应和反向选择效应确定最佳抵押品水平。

贷款抵押品水平的变动存在着一个临界点。在临界点上，正向选择效应和反向选择效应相抵消，这时贷款抵押品水平达到最佳水平，银行的收益最大化。考虑到抵押品的反向选择效应，银行一般不以提高抵押品的水平来吸纳信贷市场的超额需求，而是以配给方式来满足部分需求。

新凯恩斯主义的信贷配给论认为，由于信贷市场中利率机制和配给机制同时起作用，信贷市场会出现多重均衡，市场机制失灵，通过政府干预才能纠正市场失灵。自由信贷最没有效率时，政府干预最能增进效率。以还款概率来表示借款者差异时，借款者差别越大，市场失灵越严重，政府对信贷市场的干预越有效。

4）新凯恩斯主义的其他理论

新凯恩斯主义者对于市场缺陷的论证，并不限于上述几个方面的内容。

新凯恩斯主义提出的关于个体理性与集体理性的冲突理论说明了政府干预的重要性。由于不完全信息和现代市场经济的复杂结构，单个经济人根本不可能去协调彼此的行为使经济达到最优的理性预期均衡。虽然从宏观经济的角度看，在经济萧条时期扩大消费和投资支出有利于增加总需求，刺激经济复苏，但消费者从个人理性出发却希望价格进一步下降再购买；投资者考虑利率和预期的收益，当市场前景不好时，即使利率很低也并不会投资。这些都说明每个经济人按理性预期行事的结果很可能得到的是集体的非理性，市场不可能出清，总供求更加失衡，因此需要政府干预。

科斯定理认为，在产权明晰的前提下，无论交易费用是否为零，外部性问题都可以通过经济当事人双方的自愿协商得到有效解决。新凯恩斯主义对此提出质疑，认为即使有明晰的产权，由于存在昂贵的交易费用和"搭便车"现象，外部性问题也不可能通过经济当事人的自愿协商而妥善解决，政府的调控是完全必要的。正是个人追求利益最大的理性行为使外部性问题不能单靠明晰产权来解决，要有政府的广泛参与。政府与其他经济组织相比具有两大特征：①它是一个对全体社会成员都具有约束力的普遍性组织，具有其他社会经济组织所不具有的强制力，因此，它在纠正市场失灵时具有明显的优势，即有征税权、禁止权、处罚权；②政府在纠正市场失灵时，在交易费用上存在优势。

8.2.3 新凯恩斯主义政策主张

新凯恩斯主义同传统凯恩斯主义相比，所主张的宏观经济政策更全面、更深入，既考虑需求方面，又考虑供给方面；既考虑长期，又考虑短期；既注重微调政策在短期的作用，又重视结构性政策在长期的效果。新凯恩斯主义者在国家干预问题上，比凯恩斯主义更为强调市场机制的作用，主张国家干预应"适度"，不可过于频繁。同时，他们也不认为"微调"可以有效地防止和医治失业、通货膨胀，他们倾向于"粗调"，用一种较为温和的方法。新凯恩斯主义的政策主张使国家干预经济的政策体系发展到了一个新的水平。

尽管新凯恩斯主义者认为国家干预有其必要性与可能性，但在如何干预经济方面，新凯恩斯主义者并未提出令人信服的具体工具。他们只是通过数学模型推导出许多公式化的经济政策，并没有把这些政策具体化，缺乏可操作性。

如在价格政策上他们主张要抑制价格黏性，使价格富有弹性，以修复失灵的市场机制，政府为此要制定诱导厂商实行同步调整价格的政策，减少交错调整价格；针对菜单成本政府应该实行价格弹性政策、稳定产出等，但这些建议过于原则化。

就业政策上，新凯恩斯主义学派强调政府应该着眼于增加工资弹性，减少失业。基于局内-局外人理论，他们提出政府就业政策应减低雇佣和解雇劳工的流转成本、再培训局外人以增进他们的人力资本和边际产量等。但其就业政策具体实施起来难度比较大。

新凯恩斯主义政策同时具有明显的自由主义经济学派色彩，如他们认为财政赤字会引起投资的减少和贸易逆差的增加。

8.3 主流宏观经济学的争论与共识

宏观经济学领域内流派林立，各领风骚，相互之间既有激烈的争论也有共识。通过对新古典经济学和新凯恩斯主义经济学的分析可以看到，主流经济学派中存在一些分歧，但也存在一些共识。

8.3.1 主要的分歧

宏观经济学领域内各流派之间的主要分歧在于：价格随供求变动及时调整还是价格不会随着市场波动及时变动或调整；市场可出清还是市场并不能总是出清；市场是完全竞争还是不完全竞争的；政府不作为还是政府应该干预经济。

8.3.2 基本共识

1. 短期中，社会总需求会对一国的经济产出有一定的影响

在短期中，所有影响总需求的因素变化都会引起经济波动。如消费者更大的信心、政府支出的增加、货币供给量的增长都会对产出和就业产生影响。

2. 长期内，社会总供给决定国民收入和国民福利水平

长期内，国内生产总值依赖于劳动、资本和技术等生产要素的数量，当生产要素增加时，国内生产总值增加。长期来看，一国的国内生产总值只取决于一国的自然失业率、资本存量和技术水平，因此，政府政策在长期内是无效的，即经济中的长期供给曲线是一条位于充分就业产量上的垂直线。

3. 理性预期在宏观经济中发挥重要作用

由于居民和企业对政府经济政策会做出反应，这就使他们的理性预期行为会引起经济规模的变动。

8.3.3　主流宏观经济学的新新古典综合派

经济学流派最终争论的主题无外乎产出、就业、通货膨胀、价格的特性（刚性、黏性、灵活性）等几个方面。新凯恩斯主义的兴起，复苏了凯恩斯主义经济学的一些基本命题，也把宏观经济学阵营内的激烈论战推向新高潮。一个新的、意图把新凯恩斯主义与新古典宏观经济学等理论及货币主义的一些因素综合在一个统一的框架内来解释经济问题并给出政策建议的流派正在形成。如果实际经济的其他重要特征，如货币因素、价格刚性和实际的经济周期模型融合为一体，将产生一种"新新古典综合"（New Neoclassical Synthesis）。

1. 新新古典综合派的理论基础

新新古典综合派接受了垄断竞争假设，也接受了跨期最优化的微观假设。新古典宏观经济学认为价格是可变的，新凯恩斯主义从交错价格调整出发，提出价格随着时间在缓慢调整。新新古典综合派一方面接受了价格可变性命题，另一方面把价格的可变性分配给了厂商和家庭，厂商根据利润最大化原则进行价格调整，家庭则根据实际工资和利率变化在消费和劳动力供应之间作出选择，并再次影响到厂商的边际成本，这样，新新古典综合派就在新古典宏观经济学、新凯恩斯主义和实际经济周期理论之间进行了调和。

2. 新新古典综合派理论的基本命题

（1）假设家庭可以无限期存在并具有同质性，代表性家庭在考虑收入预期和实际利率的前提下实现整个生命周期内的消费最大化。

（2）代表性家庭的劳动供应受其消费的影响。

（3）厂商之间属于垄断竞争，就业和收入由家庭的劳动供给、企业的利润最大化决策和整个经济体的劳动生产率决定。

（4）劳动市场和信贷市场是完全竞争的市场，产品市场则属于垄断竞争市场。

（5）实际利率由信贷市场的总供求决定。

3. 新新古典综合派理论的经济政策

凯恩斯主义认为，价格水平几乎不变，总需求引起的名义工资提高引起实际工资上升，因此就业取决于总需求，总需求扩大，就业量增加；古典经济学则认为劳动供给与总需求无关；实际经济周期理论认为，在一定预算约束下，在消费给定情况下，劳动力供给和实际工资之间存在倒数关系。

新新古典综合派在这些理论的基础上描绘出了劳动力供给和厂商加成系数[①]之间的倒数

---

① 新新古典综合派认为，加成系数等于产品价格与边际成本之比。由于厂商具有垄断性，加成系数一般大于 1。

关系。他们认为，厂商加成系数增加，劳动供给减少，造成失业；厂商加成系数降低，劳动供给增加，但厂商的利润最大化原则会受到影响。因此，无论是厂商的加成系数还是家庭的劳动供给之间都存在一个稳态的常数。在稳态时，家庭的闲暇行为造成了类似自然失业率的状态，而厂商稳态的加成系数使经济保持在潜在产出上。从这个意义上说，厂商的价格是可变的，厂商调整价格的目的在于使总需求和生产率对就业的影响达到中性化。因此从新新古典综合派的角度来讲，总需求的波动影响到实际工资的变动，并进而影响到就业和产出的波动。

由于"实际利率＝名义利率－通货膨胀率"，因此中央银行在执行货币政策时可以通过调整名义利率影响实际利率，但一旦通货膨胀不可控，中央银行控制实际利率的能力就会大打折扣。实际利率与当期工资和劳动供应成倒数关系，所以，实际利率升高提高了当前消费的机会成本，最优的家庭行为是减少当前消费，从而压低当前的总需求。实际利率会影响到家庭的消费行为，总需求的下降与当期的实际工资下降是一致的，厂商的加成得以提高。

反之，实际利率降低，则当前总需求增加，实际工资提高，厂商加成系数降低。从家庭效用最大化角度来讲，中央银行应该采用扩张性货币政策，提高实际工资，降低厂商的加成系数。问题是如果厂商预期到加成系数偏离了利润最大化时的稳态加成系数，厂商就会提高价格，从而造成通货膨胀的趋势上涨。中央银行采取紧缩性货币政策时，利率升高，导致总需求下降、就业下降和实际工资下降，而厂商的加成系数提高，这样才能促使厂商放慢通货膨胀。

厂商为实现利润最大化会在加成系数、价格和产量之间作出决策。但要在每一个时间点上决定利润最大化的价格是有成本的。厂商的最优决策就是随着时间推移把加成系数保持在大致与利润最大化的加成系数一致水平上。在利率、生产率冲击等外部因素作用下，厂商的加成系数会发生改变。只有当前和未来的加成系数与利润最大化时的加成系数保持一致时，才有不发生通货膨胀的可能。任何当前和未来预期的加成系数与利润最大化的加成系数的偏离都会使通货膨胀增加，即使当期和未来预期的通货膨胀都接近于利润最大化加成系数，但只要期望的通货膨胀为零，这种通货膨胀就会持续下去。

新新古典综合派兼顾总需求和总供给方面的因素，实际上承认存在潜在产出趋势的波动，这就把对潜在产出的认识由静态转化为动态。对货币政策提出的任务就是强调价格稳定的重要性。那么，就应该执行中性的货币政策，使利率水平能够适应潜在产出的趋势变化，尽力缩小实际产出和潜在产出之间的差距。所以，新新古典综合派主张保持通货膨胀的稳定，认为货币政策的任务是货币量与潜在产出保持一致。

4. 新新古典综合派的理论进展

以往的宏观经济理论对福利很少提及，新新古典综合派重新提出社会福利的问题，这是在微观经济理论和宏观经济理论的统一方面进行的尝试。

新新古典综合派修正了菲利普斯曲线，保留了两个基本因素：通货膨胀和经济实际情况的衡量。

在解释总需求函数时，新新古典综合派提出当前收入与期望的未来收入和实际利率之间存在关系。新新古典综合派在解释经济周期方面把真实经济周期理论和新凯恩斯主义理论放在一个统一框架内进行探索，克服了新古典综合派把宏观理论和微观理论隔离的硬伤，为政策发挥作用提供了理论上的指导。

8.4　其他宏观经济学流派

当代西方宏观经济学的发展主要受到两大思想主张的影响：一是主张政府干预经济的以凯恩斯主义经济学为代表的思想主张；二是主张经济自由的以新古典宏观经济学为代表的思想主张。在这样两种思想的影响下，主要形成三种类型的流派：对凯恩斯主义进行补充发展形成的学派，如新古典综合派和新剑桥学派；对凯恩斯主义进行挑战形成的流派，如供给学派和新奥地利学派；反对凯恩斯主义的非主流经济学流派，如瑞典学派和新政治宏观经济学派。

8.4.1　新剑桥学派

凯恩斯经济学注重对短期和比较静态的分析，没有讨论有关长期增长的问题和价值、收入分配问题，也缺乏对微观经济的研究。第二次世界大战以后，萨缪尔森、索罗等人为代表的一批美国经济学家将马歇尔的新古典学说改造成为微观经济学，把凯恩斯的学说发展成为宏观经济学，建立起了一个以微观理论和宏观理论为基础的、将微观经济理论与宏观经济理论直接结合进行分析的理论体系，这就是新古典综合派①。以罗宾逊、斯拉法等为代表的、自称为正统凯恩斯主义者的经济学家，在增长理论、资本理论和分配理论方面与新古典综合派展开了激烈争论，这场争论促成新剑桥学派的形成。该学派也被称为后凯恩斯主义经济学、英国凯恩斯主义和凯恩斯左派。

1. 新剑桥学派的理论来源

新剑桥学派的理论来源主要是凯恩斯的经济理论与卡莱茨基的经济理论。

（1）凯恩斯的经济理论。新剑桥学派继承了凯恩斯的"投资-储蓄分析"，强调投资对就业量和国民收入水平的决定作用。他们强调，凯恩斯经济理论的基本要点是《就业、利息和货币通论》第二十四章中关于社会哲学的论述，即论述资本主义社会财富收入分配的不均，以及推论资本主义社会必然走向没有食利者阶层的文明生活新阶段。

（2）卡莱茨基的经济理论。卡莱茨基在1933年提出了资本主义经济周期性波动的理论，并把不完全竞争、垄断价格等因素的作用引进国民收入决定理论，强调投资对国民收入分配的影响。

2. 新剑桥学派的方法论

1）树立历史的时间观念

新剑桥学派强调非均衡状态的存在，反对用均衡观念来解释现状和预测未来。他们认为，在分析资本主义经济中应该打破均衡观念的束缚，引进时间观念，考虑现实经济决策中昨天与明天的区别。他们的历史观强调的是经济活动现状的历史成因和未来经济前景的不确定性。

新剑桥学派认为，投资与储蓄的关系问题是凯恩斯的"历史模型"与新古典综合派的

---

① 新古典综合派又被称为后凯恩斯主流经济学或美国凯恩斯主义。

"均衡模型"关键性的分歧点。新古典综合派在整个理论主体中，强调通过对投资和就业水平的调节或者通过宏观财政、货币政策安排以实现储蓄和投资均衡并决定收入水平；凯恩斯认为，货币工资水平是历史的偶然，渊源于过去，并受着左右劳动市场的雇主和工会之间力量对比的影响，即凯恩斯否定市场均衡力量的最基本决定作用，因此，新剑桥学派贯彻"历史观"。如分配论中，新剑桥学派强调分配状况的变动取决于积累率或投资率的变动，而投资率的变动又是受历史、制度、社会经济及心理等多方面因素影响的，是外生变量。

2）强调阶级分析的方法

新古典综合派强调经济学的数学化的极端重要性，主张一个理论建立可以超越不同的社会经济关系，只考察人与物之间的关系。新剑桥学派坚持建立理论模型时必须考虑模型所适用的社会经济关系和社会制度背景，他们对忽视社会经济关系和社会制度背景的分析方法持批判态度。

3）坚持"不确定预期"

新古典综合派主张人们的预期基本上是确定性的。新剑桥派坚持认为，人们的预期完全是不确定性的。经济生活中的决策大部分不是依靠理性预期，而是按照公认的惯例和常规来进行的。社会经济活动中，严格的理性行为是不存在的。

3. 新剑桥学派的基本理论

1）利率理论

在利率理论上，该学派提出了借贷资金论。借贷资金论认为，传统理论认为利率高低与货币无关的观点不对，凯恩斯完全否定实物市场的因素对利率形成的作用也是片面的。利率水平取决于借贷资金的供求，借贷资金的供求既有实物市场的因素，又有货币市场的因素；既有存量，又包括流量。中央银行能够对利率进行控制。这种控制的力度不是绝对的，而是有一定限度的，且这种控制是间接的，是通过对借贷资金的影响来实现的。

2）分配理论与经济增长理论①

新剑桥学派从凯恩斯的有效需求出发，把短期分析发展为长期分析，把收入分配理论与经济增长理论融为一体。

新剑桥学派的经济增长模型，把社会成员分为工人（工资收入者）和资本家（利润收入者）两大阶级，并假定各自有其固定的储蓄倾向，资本家的储蓄倾向大于工人的储蓄倾向。这样，全社会的储蓄率将随利润与工资在国民收入中相对份额的变化而变化。也就是说，在国民收入一定的条件下，利润所占的份额越大，社会总储蓄率就越高；利润所占的份额越小，社会总储蓄率就越低。

新剑桥学派认为，市场调节不可能灵活地调整资本-劳动比，要克服实际增长率与有保

---

① 根据新剑桥学派的观点，其增长模型如下：假设社会只有工人与资本家，因此全部的收入 Y 只划分为工资 W（劳动者收入）与利润 P（财产收入）两部分：$Y=W+P$ （1）；工人与资本家各自有不同的储蓄倾向 SW（工资总额中储蓄所占的比例）与 SP（利润总额中储蓄所占的比例），设 S 为储蓄总额，则 $S=SP\times P+SW\times W$ （2），根据凯恩斯基本原理，在均衡增长下，储蓄等于投资，将（1）变形为 $W=Y-P$，代入式（2），则有 $S=SP\times P+SW\times(Y-P)=I$ （3），将式（3）移项整理后，可写成：$P/Y=(I/Y)/(SP-SW)-SW/(SP-SW)$ （4）。

在模型中，收入分配和资本积累直接相关。当 SP 和 SW 既定时，资本积累率（I/Y）直接影响利润在收入中的份额（P/Y），可以说，投资量直接决定利润量的大小。

证的增长率背离引起的经济波动，应从调整社会总储蓄量入手。由于社会总储蓄量取决于两大阶级各自的储蓄倾向和国民收入中工资、利润的相对份额，所以在国民收入和两大阶级储蓄倾向基本不变的条件下，要调整全社会的总储蓄量，就得调整国民收入的分配结构，即经济增长理论的核心问题是收入分配问题。

3）通货膨胀理论

新剑桥学派认为工资是推动物价上涨的主要因素。工资上涨的根源在于收入分配不公。工人为保住实际工资水平不变要求提高工资；资本家不愿意放弃利润所得而提高物价，造成了工资与物价的轮番上涨。

在经济发展的过程中，国民收入越增长，利润在国民收入中所占的比重就越大，利润在国民收入中所占相对份额越来越大，工资所占相对份额越来越小。随着工资相对份额的下降，迫使工人组织起来为捍卫自己的利益而斗争。由于现代工会日益强大，使资本家集团不得不象征性地增加工资，但这种让步并没有真正提高工资在国民收入中的份额。由于货币工资率和实际工资率运动的不一致性，实际工资率总是低于货币工资率。为了弥补这种差异，工会不断地提出增加工资的要求，于是从货币工资率的上升开始，发生工资、物价互相追逐，通货膨胀持续存在。因此，不解决国民收入分配的失调状况，无法从根本上解决通货膨胀问题。政府应对收入分配进行调整以改变收入分配结构。

4）新剑桥学派的价值论

新剑桥学派认为，要回到古典经济学的传统，从李嘉图的劳动价值论出发，才能建立客观的价值理论。但李嘉图的经济理论混淆了价值和生产价格，因而无法解释劳动时间决定商品价值量的法则与等量资本得到等量利润这一资本主义经济现象之间的矛盾。斯拉法在《用商品生产商品》一书中，解决了李嘉图的理论难题，为新剑桥学派的收入分配理论提供了价值论基础。

斯拉法根据物质生产条件和社会制度因素来解释价值的形成和收入分配的决定。新剑桥学派据此认为，在资本主义经济制度下，国民收入的分配中工资和利润是对立的。这与历史上形成的财产占有制度有关，也与劳动市场的历史条件有关。

4. 新剑桥学派的政策主张

新剑桥学派的政策主张不同于新古典综合派强调干预总需求主张，也不同于货币主义的自由主义，他们主张政府干预经济，但认为应该主要调节收入分配结构，理顺阶级关系。具体应该采取以下措施。

（1）改革税收政策。实行累进的收入所得税、没收性的遗产税和赠与税等，抑制食利阶层的收入增加。

（2）实行福利政策。通过财政政策，为失业者提供最低生活保障，并对失业者进行职业培训。

（3）制定适合经济稳定增长的财政政策，逐步实行平衡财政预算。

（4）实行进出口管制政策，发展出口产品生产，以增加国内就业。

（5）实行私人公司股票的政府所有，即政府运用财政盈余购买私人公司股份，把私人所有转移为政府所有，从而抑制食利阶层的收入。

（6）根据经济增长率制定实际工资增长率政策，从而在经济增长过程中逐步扭转收入分配不合理的情况。

8.4.2　供给学派①

供给学派是 20 世纪 70 年代在美国兴起的经济学流派，该学派与凯恩斯主义相对立。供给指商品和劳务的生产，因此，该学派又被称为生产学派②。供给学派并没有建立理论和政策体系，只是该学派的倡导者对于"滞胀"产生的原因及政策主张有共同的看法。他们认为，凯恩斯注重强调经济的需求方面并不能很好地解决滞胀问题，应该强调经济的供给方面，集中在调节生产率方面。供给学派的主要论点和政策主张主要包括以下内容。

1. 坚持"供给自创需求"的萨伊定律

供给学派认为，萨伊定律概括了古典学派的理论，而且确认供给是实际需求得以维持的唯一源泉。在供求关系上，供给居于首要的、决定的地位。社会的购买能力取决于社会的生产能力，人们在向社会提供商品税务的过程中自然会创造出多方面的需求。社会的供给能力越强，需求就越大，在信用货币制度下，不会出现购买力不足而发生商品过剩的问题。经济发生滞胀是需求过度和供给衰退的必然结果，其祸根就是凯恩斯需求决定供给的理论。所以，经济学的首要任务应当研究如何促进生产、增加供给，仅在需求和分配上做文章是不够的。

供给学派认为，生产的增长决定于劳动力和资本等生产要素的供给及有效利用，在生产要素中资本至关紧要。资本积累决定着生产增长速度，因此，应当鼓励储蓄和投资。在市场经济条件下，个人、企业提供生产要素和从事经营活动都是为了谋取报酬或利润。因此，对报酬和利润的刺激会影响经济主体的行为。政府的经济政策是经济主体经营活动的刺激因素，其中财政政策最为重要。

2. 反对政府干预

供给学派认为，在自由竞争的市场经济中供求总是均衡的。企业家的创业精神和自由经营活动是促进生产、增加供给的关键因素，自由竞争的市场经济是企业家施展才能的最佳经济体制，在市场机制的充分作用下，各种经济变量都能自动趋于均衡，保证经济长期地稳定发展。国家干预会破坏市场经济的自动调节机制，政府过多地干预经济对经济有害无益。例如，政策过度注重收入再分配的调节，把以税收、公债形式从企业和个人那里征集的过多社会资财，通过财政的转移性支付变成了巨大的消费而损耗掉，降低了资本积累，阻碍了生产发展，削弱了供给能力。

3. 主张大幅度减税

供给学派认为，在所有的刺激中，税率的变动最重要、最有效。因为人们进行经济活动的最终目的是纳税后可支配收入的净额增加。因此，税率（尤其是边际税率）是关键。提高税率，人们的净收入额下降，由于人们的净收益减少会挫伤劳动热情。因此，提高税率，缩减储蓄，致使利率上升，投资萎缩，供给不足，生产增长缓慢；而减低税率，人们的净收入增加，会增进人们劳动和投资积极性，引起经济增长。

同时，减税不仅能刺激储蓄与投资，增加供给，而且不会影响政府的税收收入。这是因

---

① "供给经济学"（Supply-side School）一词是赫伯特·斯坦教授于 1976 年首次提出的。

② 该学派的先驱者是美国哥伦比亚大学教授蒙代尔。他反对政府通过征收附加所得税控制物价的计划，主张降低税率，鼓励生产，恢复金本位，稳定美元价值。20 世纪 70 年代后期，拉弗、万尼斯基、罗伯茨等广泛宣传此论点。

为决定税收总额的因素是税率和课税基数。高税率不一定使税收额增加，却常因压抑了经济主体的活动而缩减了课税基数，反而使税收额减少。供给学派用著名的"拉弗曲线"说明了这一问题。

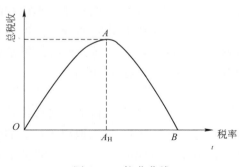

图 8-3　拉弗曲线

图 8-3 中，横轴表示税率，纵轴表示总税收。OAB 就是拉弗曲线。从原点开始，当税率开始逐渐增高时，税收总额也随之上升；当税率增至 A_H 时，税收达到最高额 A；当税率超过 A_H 时，税收总额开始下降，当税率达到 B 点（100%）时，税收总额为零。可见，减税后政府税收并不减少，反而增多。即使一开始时出现财政赤字，对经济也无关紧要。经济增长后，赤字自然会随着税收增加而缩小和消失。

4. 反对过多社会福利

供给学派认为，资本（特别是智力资本）是人类福利的源泉，应当鼓励人们进行智力投资。只有当有形资本和智力资本达到最大化时，人类福利才能达到最大化。若资本不足，过多的福利只会削弱人们储蓄和投资的积极性，特别是压抑积蓄智力资本的动力，滋长穷人的依赖心理，不利于增加投资、扩大就业、刺激供给，不能达到真正的最大福利化社会。

无论政府公共支出还是转移支付，都会或多或少阻碍生产增长。公共支出中有些是浪费资源，有些虽然对经济有益，但效率很低。因此，应大量削减社会支出，停办不必需的社会保险和福利计划，降低津贴和补助金额，等等。

5. 反对储蓄有害论

供给学派认为，储蓄是为了生产将来的商品而储存起来的收入。因此，储蓄是资本供给的主要来源，增加储蓄有利于促进投资、扩大生产、增加供给。所以，要消除储蓄有害论的不良影响，鼓励储蓄，增加投资。

供给学派认为，在货币稳定的条件下，税率将对储蓄和投资产生决定性的影响。高税率直接减少可支配收入，削弱人们的储蓄能力；低税率提高可支配收入，扩大储蓄基数，增加储蓄的数量。因此，在其他因素不变的情况下，税率与储蓄数量成反比；在其他情况不变时，税率与储蓄率也成反比。高税率打击人们的储蓄意愿，降低储蓄率，因此减税可以提高人们的资本净收入，使储蓄和投资具有强大的吸引力。

供给学派认为，投资收益是影响投资的主要因素。投资收益主要受税率的影响。高税率使投资者的可支配收益下降，挫伤投资的积极性。因此，即使利率不变，只要降低税率，同样具有增加投资的作用。所以，减税对于投资具有积极的促进作用。

6. 主张恢复金本位

供给学派认为，如果货币不稳定，不仅影响减税效果，而且通货膨胀本身将直接导致供给不足。这是因为，通货膨胀使个人和企业承受更高的实际税赋，降低储蓄的数量和效率，严重损害供给和导致贸易逆差。通货膨胀与供给不足是一个相互加剧的恶性循环。通货膨胀损伤经济的供给能力，供给不足、需求过剩又引起通货膨胀。从根本上说，需求膨胀、货币量过多是相对于商品（劳务）供给过少而言的。因此，治理通货膨胀、摆脱滞胀的治本方法就是增加生产和供给。增加生产意味着经济增长，克服经济停滞；增加供给可消除过剩需求，克服通货膨胀。

为了减税，需要政府在两个方面加以配合：一是削减政府开支，缓减挤出效应；二是限制货币发行量，稳定货币，稳定物价，保证人们储蓄和投资的实际效益。因此，要实行有效的货币限制，较为理想的办法是废止信用货币制度，恢复金本位制。

供给学派在形成的过程中，在一些论点和政策主张上差异很大①。供给学派对 20 世纪 80 年代美国政府的经济政策的影响较大。1981 年上台的里根总统提出的"经济复兴计划"开头就声明，该计划与过去美国政府的政策彻底决裂，改以供给学派理论为依据。1985 年，里根总统在第二任期开始时宣称，他将继续实施并扩大原来的"经济复兴计划"。当然，其大部分目标未能实现。计划实施不久，美国经济就陷入第二次世界大战后最严重的一次经济危机。

8.4.3　瑞典学派

瑞典学派（Swedish School）又称北欧学派、斯德哥尔摩学派。该学派萌芽于 20 世纪初，形成于 20 世纪 20—30 年代，第二次世界大战以后，形成了一整套带有社会民主主义色彩的小国开放型混合经济理论。它有独特的理论体系和分析方法，而且对当代世界有重要影响。

1. 瑞典学派的理论渊源与形成

瑞典学派的理论渊源是维克塞尔的累积过程理论。

维克塞尔认为，在一个银行信用已充分发展的社会经济中，一般价格水平取决于银行提供的贷款利率，确定这一问题的关键在于货币利息率，即市场利息率同自然利息率之间的差异。维克塞尔从区分这两种利息率的差异出发来说明经济周期波动的原因。维克塞尔的积累过程原理把经济的均衡分析动态化，并以利息率为纽带，将货币理论与经济理论联系起来，建立起统一的货币经济理论，用以说明经济周期的波动。他的这种宏观动态均衡分析方法，成为后来瑞典学派普遍沿用的最基本的分析方法。

维克塞尔认为，在自由竞争的市场机制下，劳动者在收入分配中的地位有日趋恶化的趋势，因此，要通过收入再分配缩小贫富差距，以提高全社会的总效用水平。他的这一收入分配理论对后来的瑞典学派也产生了重要影响。

除维克塞尔的理论外，卡塞尔、达维逊的理论也对瑞典学派的形成产生了重要影响。缪尔达尔、林达尔、林德伯克和俄林则在 20 世纪 20 年代左右对于瑞典学派的形成做出了大的贡献，在经济学方法论、经济周期理论和政策主张三方面使瑞典学派的经济学说发展到了一个新的阶段。20 世纪 60 年代后，瑞典学派的经济理论获得了进一步发展。林德伯克在全面评述激进派经济学理论观点的同时，保持了瑞典学派原来的传统，又加强了瑞典学派理论中的社会民主主义经济思想。

2. 瑞典学派的理论特点

瑞典学派理论发展具有明显的特点。

---

①　因为费尔德斯坦、埃文斯的观点比较温和，持折中论，经济学界称他们为温和派，称拉弗、万尼斯基、肯普等为激进派，经济学界也把他们看作供给学派的代表。

（1）创立"一分法"经济分析方法。维克塞尔认为，旧货币数量论把货币视为覆盖于实物经济上的一块"面纱"，相应地他提出了崭新的把货币理论与经济理论结合起来的"一分法"。

（2）提出货币均衡理论，以动态经济学弥补静态经济理论的缺陷。

（3）提出了预期和计划、时点分析和期间分析、事前分析和事后分析、均衡分析和非均衡分析等一系列方法论概念，建立起完整而系统的宏观动态均衡方法论。

（4）主张国家干预经济。其主要成员大都直接参与瑞典政府经济政策的制定和执行工作。

（5）注重国际经济理论和经济制度理论的研究。

3. 瑞典学派的主要理论和政策

1）宏观动态经济理论

瑞典学派的宏观动态经济理论是在维克塞尔提出的积累过程原理的基础上，而后又由林达尔、缪尔达尔等人予以修补而发展起来的。

瑞典学派采用一般均衡分析方法分析经济问题。一般均衡分析方法是由瓦尔拉斯最早创立的，其特点是假定各种商品的价格和供求之间相互作用、相互影响，一种商品的价格和供求均衡，只有在所有商品和供求都达到均衡时才能决定。瑞典学派的一般均衡分析方法与瓦尔拉斯的一般均衡分析方法不同：瑞典学派不只限于个量分析，而是从整个国民经济角度出发，考察了生产、消费、储蓄、投资、利息率等经济总量及其相互关系。

瑞典学派把静态均衡分析动态化，把静态分析与动态分析相结合，从时间序列上对社会总量进行了时点分析和时期分析。

时点分析是指对供求在某一时点上如何实现均衡状态的分析，它属于静态均衡分析；时期分析是指对两个时点之间间隔的分析，即随着时间的变化，情况发生变化，一定时点的均衡会被不断打破，又会在新的时点再次实现均衡。均衡是暂时的，从一个均衡到另一个均衡的变化则是长期的。时点分析是时期分析的出发点和基础。运用时期分析的方法来分析经济现象是必需的，也是可能做到的。

林德伯克把时期分析的方法运用于经济周期波动的理论分析中，提出了"序列分析"的概念，对循序发生的若干事件进行依次分析。经济发展的过程分为这样的序列：投资增加，生产扩张；流动资本增加时的扩张过程；固定资本增加时的扩张过程；利率变动引起经济变动；经济合理化引起的经济波动。

瑞典学派认为，要进行动态分析就必须研究预期问题，因为经济的变动会受到人们预期的影响。例如，现在商品的供给多少，不是受到现在商品价格的高低影响，而更多的是受到企业家过去的预期影响。缪尔达尔提出"事前估计"和"事后计算"两个概念。"事前的"指分析时期开始时计划进行的或预计的；"事后的"指分析时期结束后已经或实际上实现了的。储蓄、投资等经济范畴都可以划分为事前和事后两种类型。缪尔达尔运用这种事前估计和事后计算来说明货币均衡的条件。事前储蓄估计与事后投资计算如果一致则货币均衡，这是因为，储蓄和投资均衡之间存在一个事前和事后的时间间隔，只有时间间隔的调整，才能理解储蓄和投资相等。根据事前估计的储蓄和投资相等并不能等于实际上实现均衡，均衡的实现是通过事后计算来达到的。

事前和事后分析对于中央计划经济非常重要：如果实行中央集中管理生产和消费的经济，需要进行预期分析，可以将长时期分成几个较短时期进行短期计划；如果实行中央计划管理生产，分散消费的经济，则会在实行计划中会遇到事前计划与事后需求的差距，就需要进行调整；如果实行中央计划管理生产，分散消费和储蓄的经济，则预期储蓄额的增减、消费支出的变动等可能会与实际差距更大，因此要注意调整修改原有计划。

2）国际经济理论

瑞典学派从瑞典的国情出发，十分重视对国际经济理论的研究。其中，卡塞尔的购买力平价论和赫克歇尔-俄林的要素禀赋论，以及俄林的国际金融资本理论等影响很大。

（1）购买力平价论。

卡塞尔 1922 年提出汇率如何决定的购买力平价论。他认为两国货币之所以能够互相兑换，是因为它们各自在国内具有购买力，因而两国货币的汇率应该等于这两国货币的国内购买力大小之比。由于一国货币购买力与该国通货膨胀率的变动有关，因此，汇率将随通货膨胀率变动而变动。

购买力平价是换算各国有关经济指标的一个较好的工具，即以购买力平价为基础的汇率来换算各国有关同一经济指标（如国民生产总值、国内生产总值等），可以避免按现行国际市场的名义汇率来换算对实际经济水平的歪曲；购买力平价可以作为国家衡量和调节一国货币的现行实际汇率的重要尺度和依据。因为购买力平价的汇率既然反映了两国货币的购买力水平，实际上便确定了两国货币的均衡汇率。因此，以购买力平价汇率为尺度去与现行名义汇率比较，便可发现后者偏离正常均衡汇率的程度，从而采取相应的对策。

但是，购买力平价论实用性有限①。

（2）赫克歇尔-俄林要素禀赋论②。

俄林沿袭赫克歇尔的思想于 1933 年提出要素禀赋论，用来说明国际贸易产生的原因和流向的理论。

（3）国际金融资本理论。

俄林在提出要素禀赋论的同时，对国际资本流动问题也进行了深入分析。他以国际货币体系的转移为条件，把国际资本的转移与国际购买力的转移、市场的变化结合起来。俄林认为，随着国际资本由甲国向乙国转移，国际购买力也由甲国向乙国转移。因而，国际商品市场的需求，也由甲国向乙国转移，使乙国产生贸易逆差，甲国产生贸易顺差。同时，由于国际商品市场的需求向乙国转移，乙国的产品和生产要素的相对价格便呈上升趋势。因而，资本输出国甲国根本没有必要降价出口商品，以扩大国外市场。

在对资本输入国乙国的购买力增长的分析上，俄林还区分了由资本输入国直接引起的"原始"购买力增长，或称第一级信用效果，以及由资本输入间接引起的购买力增长，他称为第二级、第三级信用效果。

3）社会民主主义经济制度理论

瑞典学派提出自己系统的经济理论体系的同时，还提出了瑞典模式或社会民主主义经济制度理论。

（1）社会民主主义秩序。

---

① 绝对购买力平价汇率是以两国货币在同一时期各自在国内购买力水平之比为依据来决定的，要受两国物价水平的影响，然而究竟是以什么物价为依据呢？是以批发价为依据还是以零售价为依据？就是难以确定的问题；相对购买力平价汇率，是以某一基期的汇率为依据而计算出来的报告期的汇率，应选择哪一个时点为基期来计算基期汇率难以确定。如基期选择不当，会对当前相对购买力平价的均衡汇率的确定发生系统偏差。

② 相关理论参看第 7 章中的国际贸易传统理论。

瑞典学派认为，瑞典模式在政治上的显著特征是工人和雇主都处于平等地位，各自有自己的阶级组织：工会和雇主协会，居民享有充分的民主。工资和其他劳资纠纷问题由雇主协会与工会双方自由谈判、协商解决；协议不成，则由政府出面谈判。这样，全社会依靠政府、雇主协会和工会三大权力中心相互协调、相互制衡，维护社会民主主义的正常秩序。

瑞典学派观点的产生在于瑞典的工会组织历史悠久，力量强大；劳资谈判中，在政府推行的政策上，工人阶级的利益得到较多照顾。当然，这并没有从根本上改变瑞典国家是资产阶级统治工具的性质，也没有改变工人阶级受统治和剥削的地位。

（2）混合经济论。

混合经济制度是瑞典模式的经济基础和重要内容。林德伯克把第二次世界大战后世界各国的经济制度划分为三种模式进行分析，比较后认为，最理想的经济模式乃是以瑞典为代表的混合经济制度，即社会民主主义经济制度。

这种混合经济的重要内容之一是，在所有制方面，实行在私有制经济占统治地位的基础上部分国有化。因为私有制是刺激企业主动性、创造性和克服官僚主义所必不可少的；部分国有化包含两方面的内容：一是对某些生产公共产品和公共劳务的基础设施，如铁路、邮电等实行国有化；二是收入和消费国有化，即通过累进税制将一部分国民收入纳入国家预算，作为社会保险和供应集体消费的基金。瑞典学派认为，瑞典的这种混合经济制度，既不属于资本主义制度，也不属于社会主义制度，而是所谓的社会民主主义经济制度。

（3）收入均等化和社会福利保障制度。瑞典学派企图以实行所谓的"从摇篮到坟墓"的周密社会保障制度，来实现收入均等化的理想，使资本主义和平转变为"自由社会民主主义"。

8.4.4　新奥地利学派

奥地利学派产生于 19 世纪 70 年代，流行于 19 世纪末至 20 世纪初。因其创始人门格尔和继承者维塞尔、柏姆·巴维克都是奥地利人和维也纳大学教授，都用边际效用的个人消费心理来建立其理论体系，所以也被称为维也纳学派或心理学派。

奥地利学派的方法论是抽象演绎法。这一研究方法的特点是：把个人的经济活动看作国民经济的缩影，把社会现实关系中的"经济人"抽象还原为追求消费欲望之满足的孤立个人；把政治经济学的研究对象改变为研究人与物的关系；研究消费者对消费品的主观评价。奥地利学派的理论核心是边际效用价值论，认为价值就应该指主观价值，市场价格无非是根据主观价值所作的估价而形成的。资本和土地的收入，或是各自提供效用的报酬，或是产生于现在财货与将来财货的不同估价。新奥地利学派的理论观点带有显著的心理学和伦理学特点，他们把个人绝对自由看成是理想社会的基础；在研究方法上，新奥地利学派坚持个人主义和主观主义，认为只有允许单个行为者追求各自的目标时，分散于社会制度各方面的知识才会被充分利用。在社会事物中，没有永恒的东西，只有众多的个体。

20 世纪 30 年代以后，以米塞斯和哈耶克为代表的经济学家继承了奥地利学派的传统理论并作了一些补充。他们反对马克思主义，反对主张国家调节经济的凯恩斯主义，推崇自由主义，崇拜市场自发势力，通常被称为新奥地利学派，又称维也纳学派[1]。新奥地利学派的理论观点非常极端，是自由主义中最激进的学派之一。他们极力主张个人自由高于一切；他

---

[1]　主要代表人物有米塞斯、哈耶克、梅耶、斯特里格、哈伯勒、摩尔根斯坦等。

们极力反对国家干预经济，反对社会主义，从理论上对社会主义制度进行了全面的否定。

新奥地利学派致力于经济行为、资本理论、经济周期理论、货币理论等问题的研究。

1. 行为理论

新奥地利学派认为，古典学派的价值理论过于狭窄，只注意对利润的分析。因此，要把以劳动价值论为基础的理论改造成行为选择理论，使经济学变成一门行为科学。经济学只研究经济当事人的经济行为本身。

2. 效用理论

新奥地利学派承认效用不能衡量，因此试图利用经济当事人的行为来解释效用。他们认为，经济当事人的行为目的是获得最大的满足，通过交换实现其目的。交换就是以较不满足的状态去换取较满足的状态，经济当事人在交换中获得好处。当经济当事人停止这种交换时，经济当事人的效用满足达到了最优。

3. 货币经济周期理论

新奥地利学派认为经济周期是货币因素引起的。由于银行系统可以自行创造出流通手段，从而可能引起货币的紧缩和膨胀。而在生产部门，资本化的生产方法是普遍的形式，即大部分原始的生产资料（劳动和土地）不直接用来生产消费品，而是用来生产未来消费品。采用这种生产方法的目的是用同量的原始生产资料获得更多的消费品（即生产率的"迂回性"）。如果以货币表示的生产资料需求总量相对于消费品的需求总量增加时，就会发生资本化程度较低的生产方法向资本化程度较高的生产方法的过渡；如果前者相对于后者减少，就会发生向资本化程度较低的生产方法的过渡。而在货币经济中，以货币表示的生产资料和消费品的相对需求总量受到信用扩张和收缩的影响而时常变动，这样就会导致经济体系的不平衡，甚至引起经济危机。因此，该学派主张保持货币中性，就是使货币对价格形成和资本化程度不发生影响。

4. 自由主义经济政策

新奥地利学派反对凯恩斯主义的国家干预。他们认为，失业和通货膨胀并存的现象是国家干预造成的。由于政府对货币垄断权的存在，私人部门自由活动的条件受到限制，妨碍了市场机制的有效运转，使市场信号不能有效地传到消费者那里，因而造成失业。因此，医治滞涨的手段就是要放弃国家的货币发行权，恢复自由银行制度。

5. 反对社会主义

新奥地利学派否定社会主义实现资源合理配置的可能性，认为计划经济是对人性的奴役。他们认为，合理的资源配置须建立在合理的经济行为之上，合理的经济行为又以合理的价格和成本的计算为依据。然而，在社会主义条件下，生产要素由国家控制，没有生产要素市场，不可能利用要素价格来指导，而没有价格的机制不可能实现资源的合理配置。同时，由于社会主义的企业没有利润的动机，结果必然是资源的浪费。

新奥地利学派兴盛于 1970 年前后，当时，一些美国经济学家对门格尔及早期奥地利学派思想，尤其是米塞斯和哈耶克发展的思想产生兴趣。他们突出了奥地利学派关于市场是一种过程的解释，这与现代主流经济学的均衡理论不同。

新奥地利学派和主流新古典经济学一样赞赏市场有秩序的结果，但在理解这种结果实际是怎样取得时，又与新古典主义有分歧。新奥地利学派强调个人选择和市场结果的不确定性，这样的看法实际上在一定程度上否定了已被接受的微观经济学理论。

8.4.5　新政治宏观经济学派

20 世纪 70 年代自由主义复兴的思潮盛行，新政治宏观经济学派（New Political Economy）是其中一个别具特色的流派。该学派是在宏观经济学、社会选择理论和博弈论之间交叉形成的边缘理论，主要分析与研究政治因素对经济周期、失业、通货膨胀、经济增长和稳定经济政策管理等方面的影响。

1. 新政治宏观经济学研究的理论前提

新政治宏观经济学认为，传统的经济学理论只是把政府作为一个既定条件对待，凯恩斯主义国家干预经济理论实际上又蕴涵了一个不真实的假定前提：政策制定者是"善心的社会计划者"，政策的制定者试图实行社会福利最大化的政策，以实现理想目标。这些理论都将政府作为经济外生变量，而不对政府的行为和决策进行研究。

新政治宏观经济学派假定，政治活动中的个人行为就和人们在经济市场上一样，具有经济人的理性原则，即他们追求自己个人利益最大化。不过，由于政治活动具有更大的不确定性，因此人们实际上往往难以做到完全理性。同时，由于在政治活动中人们承担的责任要比经济活动中的责任轻一些，所以一般不会进行理性的比较和计算。但由于个人是社会秩序的根本组成单位，政府则是个人相互作用的制度复合体；个人通过制度复合体作出集体决策来实现自己的集体目标。在经济市场或政治市场上，个人都是最终决策者。个人参与政策的目的是追求个人利益最大化，因此，也需要进行成本收益分析。这样，新政治宏观经济学就将政府内生化了。

新政治宏观经济学的个人主义的思维方法使政策制定者的政府不再是新古典宏观经济学的公共利益的代言人，而只是政治家、官僚、利益集团等个体行为的反映。

2. 新政治宏观经济学的研究范围与内容

目前，新政治宏观经济学仍处于形成的过程中，没有建立起统一的理论框架，其研究的内容和范围不尽相同，不同学者有不同的界定，大致有 4 种不同的界定方法：布坎南认为应该包括公共选择理论、产权经济学、法和经济学、新制度经济学、规制经济学及新经济史学等 6 个方面；盖保尔认为应该包括国际政治经济学、国家理论、比较政府-产业关系、公共选择等 4 个方面；《新政治经济学》杂志编辑部界定为比较政治经济学、环境的政治经济学、发展的政治经济学和国际政治经济学等 4 个方面；莱尔、明特界定为社会选择理论、公共选择理论以及制度和组织经济学等三个方面[①]。

对新政治宏观经济学研究范围的界定尽管各不相同，但大致来说，研究范围应该包括 4 个方面：一是以阿罗、森为代表的福利经济理论或社会选择理论；二是以布坎南、图洛克和奥尔森等为代表的公共选择理论或公共经济理论；三是以科斯、诺斯等为代表的制度经济理论；四是研究国际经济和政治关系问题的国际政治经济学。

新政治宏观经济学的研究范围由主要研究物质交换变化为权利交换；由私人权利扩大到公共权利。

制度经济理论有两种不同的研究传统：以凡勃伦、康芒斯、加尔布雷斯、霍奇逊等为代表的制度主义的演化分析传统和以科斯、诺斯等为代表的新古典主义的均衡分析传统。根据

---

① 方福前. 西方新政治经济学述评. 教学与研究，1999（3）.

科斯的交易费用概念和产权分配分析，在本质上，市场上产品或要素的交换是权利的交换，产品的交换是所有权的交换，劳动力等要素的交换是使用权的交换。要素所有者之间关于要素使用权转让的一组契约构成企业的本质。简单来说，制度就是权利交易的合作规则，包括正式规则（法律）和非正式规则（文化、习俗、道德等）。企业、家庭、市场乃至国家非政府组织都是以权利交易为基础的合作组织，是制度的具体体现形式或合作的具体形式，并由此而形成了人们合作的秩序。总而言之，制度就是人们权利交换的规则。

公共经济研究个人与集体之间的权利交换。这一经济理论在方法论上，主要是坚持个人主义、经济人假定、交易政治观，研究的领域主要涉及投票规则、官僚体制、寻租理论等。公共选择理论主要是研究公共权利如何得到的问题，公共财政理论主要是阐述公共权利的经济基础和实际操作工具的运用。

新政治宏观经济学还将自己的研究范围由国内扩大到国际。专门研究国际经济活动的分支学科——国际经济学实际上一直伴随着经济学的发展，而专门研究国际经济活动中权利问题的国际政治经济学是 20 世纪 70 年代兴起的。

新政治宏观经济学的研究范围极其广泛，几乎涉及宏观经济学各个方面，因此被批评为过于宽泛，分析经济现象缺乏洞察力。

3. 民主政治与经济政策的关系

新政治宏观经济学将宏观经济政策的制定者的政治因素加以考虑，用来分析经济周期问题，主要有下面几种思路。

1）诺德豪斯的传统机会主义模型

20 世纪 70 年代，诺德豪斯建立了一个"政治商业循环"机会主义模型。该模型中的政治家是自利的，他应用财政政策和货币政策是为了自己的利益。在选举之前，降低失业和增加在位者支持率的扩张性政策会被实行。选举获胜后，紧缩性政策会被采用来降低选举前繁荣的通胀后果。这一个过程中关键的是政治家短期任职和缺乏远见的选民之间的关系。

2）赫比斯的传统政党模型

根据赫比斯模型，左翼政党比右翼政党对失业更厌恶，而右翼政党比左翼政党更看重通胀问题。不同党派政府在政策选择上的系统差异，可以用他们以等级为基础的政治选民的目标偏好来解释。

3）理性机会主义模型

在以理性预期为基础的市场出清模型中，经济代理人（选民）是有远见的，这使机会主义的或意识形态的政策制定者难以操纵实际经济活动。这一新政治经济模型将政治经济学与理性预期假说结合在一起。

在理性机会主义经济周期模型中，投票者和经济代理人是理性的，但是由于政府的某种特征存在不完全信息，因此投票人不能确定在位者的能力与其在财政过程中减少浪费的能力，以及在启动经济增长而不导致通胀率上升方面的技巧等。在政策制定者和投票人之间的信息不对称给在位者提供了一个去创造诺德豪斯式经济周期的机会。然而，在理性机会主义模型中，这些政治诱致的经济波动不严重，而且比诺德豪斯模型预期的持续时间要短。

4）理性党派模型

阿莱西纳根据博弈论提出了理性党派模型。他应用了费希尔的名义工资合约（费希尔证明，新古典政策无效主要是由于工资和物价的适应性而不是理性预期，当名义工资合约在选举前的间隙签订时，如果需求管理政策显示出政策偏向，就会产生选举后通货膨胀突然袭击的潜力）假定。

阿莱西纳假定，个人代理人签订一个无条件的名义工资合约，目标是保持实际工资与自然增长率一致。个人代理人设定名义工资增长率等于他们对通胀的理性预期。右翼政党获得选举后会有暂时的衰退和失业的增加；左派政党获得选举后会有一个产出和就业的扩张，伴随通胀的加速。随着通胀预期的调整，在现任的后一半任期中，产出和就业的增长会回到它们的自然率，但在左派政府情况下通胀要比选举时高。两个政党之间意识形态信念越强，选举结果就越具有不确定性，随着政策体制的变化，对产出和就业的妨害就越大。

新政治经济学家认为，政治不确定性的增加对投资有副作用，所以，良好的和稳定的政治环境是经济增长的必备条件。财富和收入不均的程度越大，自然增长率可能越低。在高度不均的国家，有重新分配的强烈需求，这样的冲突一般会导致妨碍增长政策的采用。

政治对宏观经济的影响是一种现实，西方新政治宏观经济学将制度约束、分配冲突、机会主义和意识形态等考虑进来，使用政治经济模型来解释重要的宏观经济现象，这种分析思路对分析我国的宏观经济问题具有借鉴意义。

本 章 小 结

1. 20 世纪 60 年代末至 70 年代初，欧美主要发达国家都出现了高失业率和高通货膨胀同时并存的"滞胀"现象，主流凯恩斯主义理论无法作出解释和提出相应的对策，主张"经济自由"的自由主义经济学思想逐步兴盛。在自由主义经济学流派中，现代货币主义、理性预期学派为重要代表。货币主义（又称为货币学派）坚持认为"货币最重要"，一切经济活动都离不开货币信用形式，一切经济政策和调节手段都要借助货币量的变动（扩张或收缩）来发挥作用；理性预期学派从新古典经济学的利益最大化原则出发，着重分析理性预期在市场经济活动中的作用及其对经济政策实施效果的影响。

2. 新凯恩斯主义继承了原凯恩斯主义的基本理论和政策主张。但在具体的经济分析方法和经济理论观点上，新凯恩斯主义和凯恩斯主义之间存在的重要差别是，新凯恩斯主义构建了原凯恩斯主义宏观经济学所缺乏的微观经济基础。

新古典经济学和新凯恩斯主义经济学的相同或接近的认识包括：短期中，社会总需求会对一国的经济产出有一定的影响；长期内，社会总供给决定国民收入和国民福利水平。长期内，国内生产总值处于充分就业水平上。理性预期在宏观经济中发挥重要作用。

3. 新新古典综合派将新古典宏观经济学、新凯恩斯主义和实际经济周期理论纳入到统一框架内。既接受新凯恩斯主义的垄断竞争假设，也接受实际经济周期理论中的跨期最优化的微观假设，在工资和价格是否可变问题上进行了调和。

4. 当代西方宏观经济学发展主要受到两大思想主张的影响：一是主张政府干预经济的以凯恩斯主义经济学为代表的思想主张，二是主张经济自由的以新古典宏观经济学为代表的思想主张。正是在这样两种思想的影响下，主要形成了大致可以分为三种类型的流派：对凯恩斯主义进行补充发展形成的学派，如新古典综合派和新剑桥学派；对凯恩斯主义进行挑战形成的流派，如供给学派和奥地利学派；反对凯恩斯主义的非主流经济学流派，如瑞典学派和新政治宏观经济学派。

▶ 知识拓展 ◀

理解西方新政治经济学①

"新政治经济学"（New Political Economy）的兴起，国外以英国 Sheffield 大学政治经济学研究中心于 1996 年创办的《新政治经济学》杂志为标志；在国内，以 2003 年复旦大学新政治经济学研讨会的召开和新政治经济学研究中心的成立、经济科学出版社"西方政治经济学译丛"的出版、2005 年浙江大学《新政治经济学评论》杂志的创办、长春出版社将"新政治经济学译丛"列入出版计划为标志。

新政治经济学与政治经济学和新古典经济学有什么区别及联系呢？

1. 经济学可以"纯粹"吗

经济学和政治学作为社会科学中最重要的两大学科，自古以来总是紧密关联、相互促进。

1）政治经济学：政治学和经济学的紧密结合

经济学与政治学是统一于哲学范畴之内的两门学科。古希腊的先哲们往往既是经济思想家，又是政治思想家。16—17 世纪重商主义兴盛的时代，经济活动的目标是增加财富，政治目标是保障财富的增加。这时，经济学和政治学很自然地结合在一起了，称之"政治经济学"。

马克思在批判地继承古典政治经济学的基础上，提出了"经济基础决定上层建筑""政治是经济的集中表现"等基本原理，并在此基础上创立了通过上层建筑和生产关系的变革来促进生产力发展的科学社会主义理论。马克思反对古典政治经济学的自由主义，但并不反对政治学与经济学的结合，反而大大强化了两者之间的紧密关系，更加注重研究"生产关系"。

2）新古典经济学：与政治学分离的"纯粹经济学"

19 世纪 70 年代的边际革命之后，经济学以方法论上的个人主义和心理分析的"理性经济人"假定为基础，大力引入数理分析方法，以价格、竞争等市场机制的资源配置作用及生产和分配的效率等作为研究对象，力求摆脱价值判断、崇尚实证分析，逐步形成了一个形式化的公理体系，披上了"硬科学"的外衣成为经济学的"主流"和"正统"。这时，经济学成为一门独立的科学，与政治学彻底分离开来，成为"纯粹经济学"。

---

① 宋胜洲. 理解西方新政治经济学. 经济评论，2005（5）.

20世纪30年代的资本主义大萧条颠覆了"纯粹经济学"的迷梦，崇尚国家干预的凯恩斯主义成为居于主导地位的思潮。经济学也随之分为以整个国家经济状况为研究对象的宏观经济学和专门研究个体经济行为的微观经济学。尽管政治与经济的关系再次紧密起来，但大多数经济学家仍然坚信国家干预只是暂时的、特殊的现象，其前提仍然是保障以个人自由权利为基础的市场机制充分发挥作用。

3）新政治经济学："政治的经济学"与"经济的政治学"

20世纪40年代末50年代初，美国经济学家阿罗、萨缪尔森和布坎南将日趋成熟的经济学分析方法应用于政治领域，后发展成为社会选择理论、公共物品理论和公共选择理论，被称之为"政治的经济学"（Political Economics）。20世纪80年代以来，经济学中的新制度经济学兴起，同时，政治学也出现了由行为主义重新到制度主义的转向；20世纪到了90年代，这方面的研究更为兴盛，研究范围扩大到了政治活动以及国际政治对经济的影响等方面，形成了"经济的政治学"（Economic Politics），并正式提出了"新政治经济学"。

2. 研究范围：从个人权利到国家权利

1）福利经济理论：从物质福利到自由权利

福利经济学先驱者霍布森在19世纪末20世纪初论述了福利问题，认为经济学的中心任务应当是研究如何增进社会福利。20世纪20年代，庇古提出用国民收入衡量的经济福利概念以及通过收入均等化和消除外部性等增进经济福利的办法，第一个建立了福利经济学体系。这被称为"旧福利经济学"。

20世纪30—40年代，希克斯、艾伦、伯格森、萨缪尔森等从序数效用出发，以个人偏好为基础的社会福利函数为核心，强调以帕累托效率为标准来增进社会福利，即不降低任何人的福利来提高全社会福利，这被称为"新福利经济学"。

20世纪70年代以后，阿马蒂亚·森的贡献重新引起了经济学家对福利经济学研究的兴趣。森不仅发展了阿罗不可能定理，还进一步论证了帕累托效率和自由选择之间相矛盾的不可能定理。因此，福利经济学不能只是考虑个人偏好的加总，更应该考虑个人的自由选择权。森还提出了如能力、权利和自由的一系列概念替代传统的效用概念。森将福利经济学推向了一个新的阶段，称之为"后福利经济学"。

福利经济理论的发展使得经济学的研究目标从经济福利转到了追求自由、权利。对权利的深入研究主要体现在公共经济学和制度经济学领域。

2）制度经济理论：从物质交换到权利交换

从发展的历史来看，制度经济理论有两种研究传统，即以凡勃伦、康芒斯、加尔布雷斯、霍奇逊等为代表的制度主义的演化分析传统和以科斯、诺斯等为代表的新古典主义的均衡分析传统。后者，即交易费用理论、产权理论、契约理论、企业理论、国家理论、制度变迁理论以及法律经济学等被称为广义上的新制度经济学。

3）公共经济理论：从私人权利到公共权利

公共选择理论起源于20世纪40年代末，到60—70年代逐渐成熟，成为一个独立的研究领域并形成了一个独立的学派。在方法论上，该学派主要坚持个人主义、经济人假定、交易政治观，研究的领域主要涉及投票规则、官僚体制、寻租理论等，分别研究如何通过投票把个人权利转换为公共权利，公共部门是如何进行规模扩张和公共权利如何被滥用等。

除了作为理论基础的公共选择理论之外，公共经济理论还包括市场失灵及政府规制理论、公共财政理论、政治的经济影响等。

4）国际政治经济理论：从国内权利到国际权利

国际政治经济学研究的核心问题乃是国家间的权力和利益的矛盾与冲突。

3. 研究对象：从资源配置到权利配置

1）西方新政治经济学研究目的：从物质福利到自由权利

经济学一直在探讨其研究目标的问题：古典政治经济学认为是追求国民财富的增长，新古典经济学认为是效用的增加，在福利经济学看来是经济福利的增进。但效用和福利的增进并不仅依赖于对物质财富的消费，还依赖于个人的特征和所处的状态。

人们不受物质和精神约束而自由享受的权利，是人们追求的最高境界，正如马克思所阐述的"人的自由全面的发展"。从本质上看，财富之所以可以给人带来福利，并不只是其自然特性（可以用于消费），更依赖于其社会特性，即可以自由地支配其权利：既可以用于消费（使用权），也可以用于交换（转让权），还可以用于增值（收益权）。

2）西方新政治经济学研究对象：从资源配置到权利配置

新古典经济学认为经济学的研究对象是资源配置问题。但这一资源配置的最优结果依赖于人们最初拥有的资源状况以及利用资源获利的机会。不同的初始状况决定不同的帕累托最优状态。一旦人们的初始条件改变，就可能实现更高水平的帕累托最优。但人们的初始条件无法自由选择，而是先天地决定于自己、父母及社会。于是，社会要在帕累托意义上增进总体福利，需要用公共权利来调整个人的初始状况，并通过制定行为规则，规范个人的权利和公共权利，以防止其滥用损害到他人的权利。这就是所谓的权利配置。

3）研究主题：三大问题

新政治经济学的研究问题可归结为三大问题：得到什么，得到多少，如何得到。其中，得到什么的问题就是福利经济理论所阐述的自由权利的经济目标问题；得到多少的问题就是权利配置，每个人都平等地获得其相对应的经济权利以及如何通过放弃一定的个人权利以获得相应的公共权利来配置总体的权利。

4）研究方法：从实证分析到规范分析

新政治经济学的研究目标和对象是政治学意义上的权利概念，这就不可避免地要进行一定的价值判断，比如维护谁的权益，保护什么权利等，尽管分析上采用了一定的实证方法，但不可避免地涉及规范分析方法。

4. 对中国的启示

经济学在某种意义上仍然是政治经济学，应该回复到政治经济学的传统。这也许就是马克思"政治是经济的集中表现"的基本命题的回归。

在这一意义上，无疑对我国的政治经济学发展提供了非常有益的启示，即重建"以人为本"的中国政治经济学。（1）"以人为本"的社会选择。从马克思的观点来看，经济学的目标乃是"人的自由全面发展"，用现代的术语来说就是"和谐社会"，即在自由、权利和发展意义上的和谐发展。"人的自由全面发展"与"和谐社会"在"以人为本"的本质上是统一的，这体现在两个方面：一方面，是人与自然的和谐统一，表现为可持续发展和循环经济；另一方面，是人与人之间的和谐统一，表现为城乡协调、地区平衡、社会公平（包括教育机会公平、就业机会公平、收入分配公平、社会福利公平等）。（2）"以民为本"的公共选择。以"政治文明"为目标，建设"以民为本"的、民主的公共经济管理模式，改革现有的公共经济管理体制：健全以公共财政为目标的中央及各级地方财政、税收和预算体制；建立包括微观规制、宏观调控和社会管理的公共政策体系；健全包括国土、矿产、生物、环境等自然资源管理体制；健全包括国有工商企业、国有金融企业以及行政事业等国有资产管理体制；健全能源、交通、电信、市政等基础产业体系和科技、教育、文化、卫生、体育、社会保障等公共服务体系。（3）改革的制度选择。深化和完善以社会主义市场经济体制为目标的经济体制改革及其相关的政治以及社会管理体制的改革：继续以渐进的方式、自上而下与自下而上相结合、局部试点和全面推广相结合、由点到面的全面深化体制改革；继续深化国有企业体制改革和相关的国有资产体制改革；继续推进各项工商、贸易、金融、投资等各项经济管理体制的改革；继续推进中央和地方政府的行政管理体制改革；继续推进劳动、社会保障、科教文卫等事业体制的改革。（4）开放的国际选择。顺应全球化的发展潮流，全面遵照世界贸易组织规则和我国的承诺进一步扩大对外开放，发展国际贸易、国际投资及技术、文化等交流与合作，既要积极开放，又要合理保护；积极争取国际和平环境和地区的稳定，以经济建设为中心，全面提高综合国力，实现"和平崛起"，在建立国际政治经济新秩序中发挥政治和经济大国应有的积极作用。

像经济学家一样思考

现在，让我们回到本章的导入案例，看一看经济学家是如何看待这些问题的。

经济学家的分析：

通过本章的学习，我们已经知道，凯恩斯主义是在凯恩斯经济理论基础上发展起来的，他们主张政府直接干预经济活动，而这样的主张在第二次世界大战后成为主流经济思潮。这样的主张认为，在经济萧条出现时对于拉动经济是有用的，即凯恩斯主义是特定经济环境下的工具和手段；而自由主义学派则认为，经济危机的发生往往是政府的不当干预导致的，因此应该坚持市场机制，充分发挥经济主体的作用，而只有充分发挥企业和个人的投资与消费积极性，才会真正实现经济的稳定增长。但世界经济近百年的发展，证明市场机制和政府干预在一国或地区的经济发展中都是非常必要的，即凯恩斯主义和自由市场都非常重要。

凯恩斯主义从其诞生之日起，就是为了解决 20 世纪 30 年代经济危机的，事实已经证明，在刺激经济快速摆脱萧条时具有非常重要的作用。有力的财政政策和货币政策的实施利于经济的快速发展。因此，当 2008 年的金融危机爆发引起世界各国经济出现问题时，学者们和许多国家的政府都坚持认为凯恩斯主义是最佳的工具和必要途径。

凯恩斯主义从其诞生之日起，就一直处于与自由主义学派的争论之中，尤其是 20 世纪 70 年代出现在欧美发达国家的"滞胀"现象导致凯恩斯主义面临的困境，使许多的学者纷纷根据自己的分析方法，提出自己相应的政策主张和理论。这些思潮主要包括货币主义、理性预期学派、新政治经济学、奥地利学派、瑞典学派、供给学派等。这些学派在发展的过程中，对于新凯恩斯主义的微观经济基础建立提供了丰富的理论，新凯恩斯主义正是在这样的情况下得到了充分的发展。

 练习及思考题

一、填空题

1. 理性预期学派也可被称为＿＿＿＿＿＿＿＿＿＿＿＿＿＿＿＿＿＿＿＿。

2. 货币主义的代表人物主要是_____。

3. 货币主义学派的"单一政策规则"强调，中央银行应以_____和_____确定一个公开、稳定和长期不变的货币供给量，并作为货币政策的唯一控制目标，排除_____、信贷流量、准备金等因素。

4. 新凯恩斯主义产生于_____。

5. 新新古典综合派主要的思想来源是_____、_____、_____。

6. 新政治宏观经济学主要理论包括_____、_____、_____、_____。

7. 新古典综合派属于_____主义。

二、判断题（下面判断正确的在括号内打√，不正确的打　）

（　　）1. 新凯恩斯主义与凯恩斯主义完全不同。

（　　）2. 货币主义认为货币政策无论什么时候都没有效果。

（　　）3. 理性预期学派反对财政政策，推崇货币政策。

（　　）4. 新凯恩斯主义坚持了凯恩斯主义的政府干预思想。

（　　）5. 新新古典综合派继承了凯恩斯主义的实际周期理论。

（　　）6. 新剑桥学派可以归属于凯恩斯主义。

（　　）7. 理性预期学派主张政府干预经济。

三、选择题

1. 下面哪个学派属于自由主义学派？（　　）

　　A. 凯恩斯主义　　　　　　　　　　B. 新凯恩斯主义

　　C. 货币主义　　　　　　　　　　　D. 新古典综合派

2. 下面哪个学派主张政府干预经济？（　　）

　　A. 新凯恩斯主义　　　　　　　　　B. 货币主义

　　C. 新古典综合派　　　　　　　　　D. 新剑桥学派

3. 新古典宏观经济学派（　　）。

　　A. 反对财政政策，推崇货币政策　　B. 反对货币政策，推崇财政政策

　　C. 既反对财政政策，也反对货币政策　D. 既推崇财政政策，也推崇货币政策

4. 新凯恩斯主义使用哪些理论说明价格黏性？（　　）

　　A. 交叉价格调整　　　　　　　　　B. 长期合同契约论

　　C. 工会强大论　　　　　　　　　　D. 政府干预理论

5. 货币主义主张（　　）。

　　A. 货币单一规则　　　　　　　　　B. 货币数量与经济增长率相配合

　　C. 货币多样规则　　　　　　　　　D. 货币发行量随物价调整

6. 理性预期学派主要认为人们拥有（　　）。

　　A. 适应性预期　　　　　　　　　　B. 理性预期

　　C. 外推性预期　　　　　　　　　　D. 预期具有不确定性

7. 新政治宏观经济学的范围包括（　　）。

　　A. 公共选择理论　　　　　　　　　B. 新制度经济学

C. 福利经济学   D. 国际政治经济学

四、问答与论述题

1. 简述新古典宏观经济学的主要理论。
2. 货币主义的主要政策主张是什么？
3. 供给学派的主要政策主张是什么？
4. 新凯恩斯主义的有关价格黏性的理由是什么？
5. 新政治经济学的基本假定是什么？
6. 新剑桥学派与新古典综合派的主要区别有哪些？

附录 A

模拟试题

模拟试题（一）

一、单项选择题（将正确答案填在题后括号内；每小题 1 分，共 15 分）

1. 国内生产总值（GDP）与国内生产净值（NDP）之间的差是（　　）。
   A. 消费支出
   B. 投资支出
   C. 折旧
   D. 净出口

2. 根据菲利普斯曲线，降低通货膨胀率的办法是（　　）。
   A. 减少货币供给量
   B. 降低失业率
   C. 提高失业率
   D. 增加财政赤字

3. 自然失业率（　　）。
   A. 恒为零
   B. 依赖于价格水平
   C. 是经济处于潜在就业量时的失业率
   D. 是没有摩擦性失业时的失业率

4. 经济增长通过（　　）来反映。
   A. 利率水平
   B. 失业率水平
   C. 物价水平
   D. GDP 的增长率

5. 银行创造货币的多少与法定准备金率成（　　）。
   A. 正比
   B. 反比
   C. 不变
   D. 上述三种情况都有可能

6. 宏观经济学的核心理论是（　　）。
   A. 经济决定理论
   B. 价格决定理论
   C. 宏观决定理论
   D. 国民收入决定理论

7. 总投资是净投资与（　　）之和。
   A. 前期投资
   B. 重置投资
   C. 本期投资
   D. 投资缺口

8. 在通货膨胀不能完全预期的情况下，通货膨胀将有利于（　　）。
   A. 债务人
   B. 债权人
   C. 公务员
   D. 离退休人员

9. 下列引起通货膨胀的原因中，（　　）最可能是成本推进的通货膨胀的原因。
   A. 银行贷款的扩张
   B. 预算赤字
   C. 世界性商品价格的上涨
   D. 投资增加

10. 为了减少经济中存在的失业，应采取的财政政策工具是（　　）。

  A. 增加政府支出   B. 提高个人所得税

  C. 增加失业保险金   D. 增加货币供给量

11. 持久收入假说的代表人是（ ）。

  A. 凯恩斯   B. 弗里德曼

  C. 杜森贝利   D. 莫迪利安尼

12. 在 LM 曲线不变时，政府支出增加会导致（ ）。

  A. 收入增加，利率上升   B. 收入增加，利率下降

  C. 收入减少，利率上升   D. 收入减少，利率下降

13. 新古典增长模型中的稳态表示（ ）。

  A. 人均储蓄等于资本广化 B. 人均储蓄等于资本深化

  C. 人均储蓄等于资本泛化 D. 无法确定

14. 银行创造货币的多少与最初存款成（ ）。

  A. 反比   B. 正比

  C. 不变   D. 上述三种情况都有可能

15. 以下哪个说法是对的？（ ）

  A. 货币需求包括交易需求和投机需求

  B. 货币需求包括交易需求、谨慎需求和投机需求

  C. 货币需求包括交易需求、谨慎需求、投机需求和消费需求

  D. 货币需求包括交易需求、谨慎需求、投机需求、消费需求和投资需求

二、判断正误题（下面判断正确的在括号内打√，不正确的打　；每小题 1 分，共 10 分）

  （ ）1. 某人出售一幅张大千的画所得到的收入，应该计入当年的国内生产总值。

  （ ）2. 投资和出口是宏观经济中的注入量。

  （ ）3. 总需求与总供给的交点表示国内均衡与国际均衡同时实现。

  （ ）4. 居民购买住房属于个人消费支出。

  （ ）5. 均衡的国内生产总值不一定就等于充分就业的国内生产总值。

  （ ）6. 均衡的国内生产总值大于充分就业的国内生产总值时，存在通货膨胀的压力。

  （ ）7. 实行赤字财政会使经济进入衰退。

  （ ）8. 经济周期的中心是国内生产总值的波动。

  （ ）9. 中央银行和商业银行都对货币供给有决定作用。

  （ ）10. 由物价水平变动所引起的总需求变动与由政府支出所引起的总需求的变动在总需求曲线上是相同的。

三、填空题（每个空 1 分，共 15 分）

  1. 具有内在稳定器作用的财政政策，主要是＿＿＿＿＿＿＿＿、＿＿＿＿＿＿＿＿及＿＿＿＿＿＿＿＿。

  2. 国际收支平衡表中的项目分为＿＿＿＿＿＿＿＿、＿＿＿＿＿＿＿＿、＿＿＿＿＿＿＿＿及误差项目。

  3. 紧缩性缺口是指实际总需求＿＿＿＿＿＿＿＿充分就业总需求时，实际总需求与充分就业总需求之间的＿＿＿＿＿，膨胀性缺口是指实际总需求＿＿＿＿＿＿＿＿充分就业总需求时，实际总需求与充分就业总需求之间的差额。

4. 总需求指一个经济中对物品与劳务的需求总量，包括 _____、
_____、政府需求与国外的需求。

5. 中央银行控制货币供给量的工具主要是：公开市场业务、_____以
及 _____。

6. 国民生产总值的计算方法有支出法、_____和 _____。

四、计算题（30 分）

1. （16 分）已知我国某年的消费函数为 $c=160+0.75y_d$（y_d 是指居民的可支配收入，
因为居民只有在纳税之后才能进行消费和储蓄），$t=80$，$i=100$，$g=200$。

请计算：（1）该年的储蓄函数、边际储蓄倾向、投资乘数、税收乘数和均衡国民收入。

（2）如果充分就业国民收入为 2 500 亿元，政府支出应该增加多少就可以实现充分就业
国民收入？

2. （14 分）设一个经济由下述关系描述：$Y=C+I+G+NX$，$Y=5\,000$，$G=1\,000$，
$T=1\,000$，$C=250+0.80(Y-T)$，$I=1\,000-50r$，$NX=500-500e$，$r=5\%$。

试求：（1）该经济的储蓄、投资、贸易余额、均衡汇率；

（2）设政府为刺激经济，增加政府支出 250 亿元，请解出新的储蓄、投资、贸易余额及
均衡汇率。

五、作图分析题（15 分）

1. 用 IS-LM 模型说明扩张的货币政策对利率和国内生产总值的影响。（5 分）

2. 请画出三部门经济条件下存在通货膨胀缺口的情况。（5 分）

3. 请使用总供给、总需求曲线表示出需求拉上的通货膨胀情况。（5 分）

六、论述题（15 分）

请仔细阅读下面资料，然后分析这个消息含有哪些宏观经济学原理。

资料：

据中国新闻网 2010 年 7 月 17 日新闻，美国财政部 16 日发布的报告显示，中国 5 月份
减持了 325 亿美元的美国国债，这是今年以来幅度最大的一次减持，也是过去 12 个月以来
第二大幅度的减持，不过中国仍是美国国债的最大持有国。

财政部的数据显示，5 月份中国持有的美国国债总额为 8 677 亿美元，较上月减少 325
亿美元，降幅为 3.6%。这次减持也使得中国持有美国国债总额再次回落到 9 000 亿元大关
以下。至此，从 2009 年 5 月以来的一年之内，中国持有美国国债共经历了 6 次减持、5 次
增持，还有一次持平。其中，2009 年 8 月中国一年来首次减持了 34 亿美元美国国债。此
后，从 2009 年 11 月开始到 2010 年 2 月，中国连续 4 个月减持美国国债，特别是 2009 年 12
月减持了一年来幅度最大的 342 亿美元，使得保持了半年的 9 000 亿美元以上的持有量首次
降至 9 000 亿美元以下。

作为美国国债的第二大持有国，5 月份日本也减持了 88 亿美元的美国国债，降幅
1.1%，持有总额由 7 955 亿美元降至 7 867 亿美元。中国国家外汇管理局 7 月 7 日表示，中
国一直强调外汇储备是负责任的长期投资，对中国是否会将外汇储备作为"杀手锏"或"原
子武器"的担忧是完全没必要的。对于外界十分关注的增持或减持美国国债的问题，外汇管
理局强调，持有美国国债是一个市场的投资行为，增持或减持美国国债都是正常的投资操
作，对此不必进行政治化解读。

模拟试题（二）

一、填空题（每个空 1 分，共 15 分）

1. 国内生产总值是指一国（或地区）一定时间内（一般是一年）内所生产的_____的市场价值的总和。

2. 具有内在稳定器作用的财政政策，主要是公司（或私人所得税）、_____及_____。

3. 边际储蓄倾向越高，投资乘数_____；边际储蓄倾向越低，投资乘数_____。

4. 四部门中一国的总需求主要包括_____、_____、政府需求与国外的需求。

5. 根据总需求-总供给模型，总供给不变、总需求增加时，会引起均衡的国内生产总值_____，物价水平_____。

6. 中央银行控制货币供给量的工具主要是：公开市场活动、_____、及_____，这些政策也称为货币政策工具。

7. 国民生产总值的计算方法有部门法、_____和_____。

8. 国际贸易理论主要包括_____、_____、生产要素禀赋理论和新国际贸易理论。

二、单项选择题（将正确答案写在题后的括号内；每小题 1 分，共 15 分）

1. IS 曲线上的每一点都表示（　　　）。
   A. 产品市场均衡　　　　　　　　B. 货币市场均衡
   C. 外汇市场均衡　　　　　　　　D. 劳动市场均衡

2. 在三部门经济中，按支出法核算 GDP 的公式为（　　　）。
   A. $C+I$　　　　　　　　　　　B. $C+I+G$
   C. $C+S+T$　　　　　　　　　D. $C+I+G+(X-M)$

3. 公开市场活动是指（　　　）。
   A. 商业银行的信贷活动　　　　　B. 中央银行增减对商业银行的贷款
   C. 中央银行在金融市场上买卖债券　D. 银行创造货币的机制

4. 在 IS 曲线不变的情况下，货币量增加（LM 曲线移动）会引起（　　　）。
   A. 国内生产总值增加，利率下降　B. 国内生产总值增加，利率上升
   C. 国内生产总值减少，利率上升　D. 国内生产总值减少，利率下降

5. 以下哪个选项不是宏观经济政策目标？（　　　）
   A. 物价稳定　　　　　　　　　　B. 充分就业
   C. 完全竞争　　　　　　　　　　D. 经济增长

6. 国内生产总值与国内生产净值的差是（　　　）。
   A. 间接税　　　　　　　　　　　B. 直接税
   C. 公司未分配利润　　　　　　　D. 折旧

7. 通货膨胀率与失业率之和，被称为（　　　）。

    A. 遗憾指数   B. 不受欢迎指数

    C. 痛苦指数   D. A 和 C

8. 根据菲利普斯曲线，降低通货膨胀率的办法是（   ）。

    A. 减少货币供给量   B. 降低失业率

    C. 提高失业率   D. 增加工资

9. 以下哪个说法是对的？（   ）

    A. 货币需求包括交易需求和投机需求

    B. 货币需求包括交易需求、谨慎需求和投机需求

    C. 货币需求包括交易需求、谨慎需求、投机需求和消费需求

    D. 货币需求包括交易需求、谨慎需求、投机需求、消费需求和投资需求

10. 当经济中存在通货紧缩时，应该采取的财政政策工具是（   ）。

    A. 增加政府支出和减少税收   B. 减少政府支出和减少税收

    C. 减少政府支出和增加税收   D. 增加政府支出和增加税收

11. 一般地说，LM 曲线的斜率为（   ）。

    A. 为正   B. 为负

    C. 可正可负   D. 为零

12. 失业率是指（   ）。

    A. 失业人口与劳动人数的比   B. 失业人口与总人口的比

    C. 失业人口与就业人数的比   D. 看情况而定

13. 在通货膨胀不能完全预期的情况下，通货膨胀将有利于（   ）。

    A. 债权人   B. 债务人

    C. 公务员   D. 离退休人员

14. 根据凯恩斯主义的消费函数，引起消费增加的是（   ）。

    A. 价格水平下降   B. 收入增加

    C. 储蓄增加   D. 利率降低

15. 如果投资增加 150 亿元，边际消费倾向等于 0.7，则均衡收入水平将增加（   ）。

    A. 150 亿元   B. 500 亿元

    C. 750 亿元   D. 450 亿元

三、判断正误题（下面判断正确的在括号内打√，不正确的打 ；每小题 1 分，共 10 分）

（   ）1. 今年某人出售自己买来的股票获得的收入，应计入该年的国内生产总值。

（   ）2. 凯恩斯主义在分析中更多重视的是社会总需求。

（   ）3. 充分就业意味着失业率为零。

（   ）4. 倾销就是低价买进、高价卖出的行为。

（   ）5. 一般而言，在经济中存在通货膨胀时政府应该使用紧缩的经济政策。

（   ）6. 成本推动的通货膨胀主要原因是由于高工资、垄断利润存在引起的。

（   ）7. 一旦政府实行赤字财政政策就会使经济进入衰退。

（   ）8. "南南合作"是指发展中国家之间的经济合作。

（   ）9. 根据 IS－LM 模型，投资的变动会引起国内生产总值与利率的变动。

（   ）10. 在任何经济中，只要存在物价水平的上升，就可以判断出现了通货膨胀了。

四、计算题（15分）

1. 已知一国的消费函数为 $c=160+0.75y_d$（y_d 是指居民的可支配收入，因为居民只有在纳税之后才能进行消费和储蓄），$t=80$，$i=100$，$g=200$，请计算出该国的储蓄函数、边际储蓄倾向、乘数和均衡的国民收入。（10分）

2. 假设 $i=1\,800$，$c=400+0.8y$，请求出投资乘数、均衡收入和消费量。（5分）

五、问答题（30分）

1. 用 IS-LM 模型分析扩张性货币政策对经济的影响。（15分）

2. 用 AS-AD 模型分析需求拉动的通货膨胀情况。（15分）

六、论述题（15分）

请仔细阅读下面资料，然后分析这个消息含有哪些宏观经济学原理。

资料：

经济学博士、宏观经济观察研究人士傅勇认为，从国际比较的视角看，中国经济在宏观层面上表现出的诸多失衡，很大程度上可以视为经济"成长的烦恼"，很多国家尤其是东亚国家，在快速发展阶段都出现过类似特征，因而不应对这些失衡过分悲观。

对于规模较大的国家或地区来说，分权治理势在必行。但与联邦制的国家不同，中国的中央政府在向地方经济分权的同时，在政治上对地方保持了罕见的强势。在中央对地方官员的评价体系中，经济增长、税收、基础设施建设等相对硬性的指标，占了相当大的权重。这就塑造了地方政府特别具有"企业家"的特质。一方面，地方政府在许多地方事务上拥有自主权；另一方面，其积极性又被中央调动起来，并主要集中于经济增长上。这可以解释诸如高投资、招商引资竞争、高房价、环境问题、公共服务供给不足及经济过热等很多结构性问题。

强势政府会推动市场体制的建立。如中国的地方政府巧妙地组合了资金、土地、人才等要素，推动中国城市和基础设施出现日新月异的变化。张五常教授是非常推崇市场作用的，但他对中国地方政府的作用也给予了极高的评价，认为县级层面上的竞争是解开中国增长之谜的钥匙。

中国式财政体制的核心内涵，是经济分权与垂直的政治治理体制的紧密结合。中国式分权主要是指中国分散化的财政体制。后来，布兰查德等经济学家将中国的政治集中和经济分权结合在一起，强调了中国与俄罗斯等国政治体制的不同激励。

经济分权最重要的积极意义在于，中国式财政分权向地方政府和企业提供了经济发展的激励。如果说家庭联产承包责任制解决了中国农村和农民在20世纪80年代的激励问题的话，城市和非农业人口的激励，则是和对地方政府的放权紧密结合在一起的。从20世纪70年代的放权让利到80年代的分灶吃饭，再到90年代的分税制改革，如何合理划分中央和地方的利益关系、调动地方政府的积极性，不仅始终是我国财政体制改革的要点，也是整个经济和政治体制改革的突破口。在分散的财政体制下，由于要素流动下的财政竞争增加了政府援助国有企业的机会成本，地方政府不再有积极性向经营绩效不佳的国有企业提供援助。

中国地方政府对经济增长的热情举世无双，这一热情也成功拉动中国经济率先从危机中复苏。

地方政府显然深信，通过投资，哪怕上马效益不那么理想的项目，也是拉动地方经济的最有效途径。随着中国经济的快速成长，大量的基础设施最终拥有了越来越高的利用率。按照凯恩斯的推论，即便是浪费式的投资活动，也能通过乘数效应作用于经济增长。因为诸如劳动力甚至资本也是过剩的，政府的投资不会带来明显的挤出效应，物价也能保持相对平稳。

参 考 文 献

[1] 高鸿业. 西方经济学：宏观部分. 4 版. 北京：中国人民大学出版社，2007.
[2] 易纲，张帆. 宏观经济学. 北京：中国人民大学出版社，2008.
[3] 王秋石. 宏观经济学原理. 北京：经济管理出版社，2000.
[4] 卜洪运，韩伟，李洪娟. 宏观经济学. 北京：机械工业出版社，2010.
[5] 叶航. 宏观经济学教程. 杭州：浙江大学出版社，2005.
[6] 袁志刚，欧阳明. 宏观经济学. 2 版. 上海：上海人民出版社，2003.
[7] 宋承先，许强. 现代西方经济学：宏观经济学. 3 版. 上海：复旦大学出版社，2004.
[8] 李晓西. 宏观经济学（中国版）. 北京：中国人民大学出版社，2005.
[9] 胡代光，厉以宁. 当代资产阶级经济学主要流派. 北京：商务印书馆，1982.
[10] 范家骧，王志伟. 宏观经济学. 大连：东北财经大学出版社，2003.
[11] 黎诣远. 西方经济学：下册 宏观经济分析. 北京：清华大学出版社，1992.
[12] 王健，李新文. 宏观经济学. 北京：中国农业出版社，2005.
[13] 李翀. 现代西方经济学原理. 5 版. 广州：中山大学出版社，2007.
[14] 张广胜，王新利. 宏观经济学. 北京：中国农业大学出版社，2007.
[15] 汪翔. 理性预期宏观经济学：一种新的宏观经济思潮. 北京：中国人民大学出版社，1989.
[16] 吴易风. 当代西方经济学流派与思潮. 北京：首都经济贸易大学出版社，2005.
[17] 武拉平，张广胜，郑风田. 宏观经济学. 北京：中国农业大学出版社，2004.
[18] 王宇. 伯南克时代：格林斯潘之后的美联储货币政策展望. 大连：东北财经大学出版社，2006.
[19] 丁冰. 当代西方经济学流派. 北京：北京经济学院出版社，1993.
[20] 韩秀云. 宏观经济学教程. 北京：中国发展出版社，2004.
[21] 范家骧，王志伟. 西方经济学名著提要：宏观经济学卷. 南昌：江西人民出版社，2007.
[22] 龚六堂. 高级宏观经济学. 武汉：武汉大学出版社，2001.
[23] 曹家和. 宏观经济学. 北京：北京交通大学出版社，2006.
[24] 刘厚俊. 现代西方经济学原理. 南京：南京大学出版社，2002.
[25] 余永定，张宇燕，郑秉文. 西方经济学. 3 版. 北京：经济科学出版社，2003.
[26] 萨缪尔森，诺德豪斯. 经济学. 萧琛，译. 18 版. 北京：人民邮电出版社，2008.
[27] 曼昆. 经济学原理：宏观经济学分册. 梁小民，译. 4 版. 北京：北京大学出版社，2006.
[28] 曼昆. 宏观经济学. 张帆，译. 6 版. 北京：中国人民大学出版社，2009.
[29] 多恩布什，费希尔，斯塔兹. 宏观经济学. 王志伟，译. 10 版. 北京：中国人民大学出版社，2010.
[30] FRANK R H, BERNANKE B B. 宏观经济学原理. 李明志，等译. 3 版. 北京：清华大学出版社，2007.
[31] 凯恩斯. 就业、利息和货币通论. 宋韵声，译. 北京：华夏出版社，2005.
[32] 巴罗，原毅军，任曙明. 宏观经济学：第 5 版. 北京：机械工业出版社，2007.
[33] 帕金. 宏观经济学. 梁小民，译. 5 版. 北京：人民邮电出版社，2003.
[34] 哈耶克. 致命的自负：社会主义的谬误. 冯克利，胡晋华，等译. 北京：中国社会科学出版

社，2000.

[35]　戈莫里，鲍莫尔. 全球贸易和国家利益冲突. 文爽，乔羽，译. 北京：中信出版社，2003.

[36]　萨克斯，拉雷恩. 全球视角的宏观经济学. 费方域，等译. 上海：上海人民出版社，1997.

[37]　斯蒂格利茨. 政府为什么干预经济. 郑秉文，译. 北京：中国物资出版社，1998.

[38]　克鲁格曼，奥伯斯法尔德. 国际经济学. 海闻，译. 4 版. 北京：中国人民大学出版社，1998.

[39]　罗默. 高级宏观经济学. 苏剑，罗涛，译. 北京：商务印书馆，1999.

[40]　帕金. 宏观经济学. 张军，等译. 8 版. 北京：人民邮电出版社，2004.

[41]　塔克. 今日宏观经济学. 李明志，等译. 3 版. 北京：北京大学出版社，2005.

[42]　秦朔. GDP 先生的讲述. 南风窗，2003（23）.

[43]　苏剑，林卫斌，叶渌尹. 金融危机下中美经济形势的差异与货币政策选择. 经济学动态，2009（9）.

[44]　袁靖. 新凯恩斯框架下最优货币政策规则理论及在我国的实证研究. 首都经济贸易大学学报，2007（2）.

[45]　胡春阳，鲍步云. 从通缩到滞胀的中国宏观经济形势分析. 当代经济研究，2010（1）.

[46]　李斌，黄乐军. 科技进步对中国经济增长贡献的实证研究. 科技与经济，2009（3）.

[47]　刘朝阳. 实际经济周期理论及其对我国的适用性. 南方金融，2005（2）.

[48]　方福前. 西方新政治经济学述评. 教学与研究，1999（3）.

[49]　方福前. 围绕"凯恩斯革命"的最新争论. 教学与研究，2006（12）.

[50]　宋胜洲. 理解西方新政治经济学. 经济评论，2005（5）.

[51]　龙中. 新凯恩斯主义工资和价格黏性论述评. 华中理工大学学报：社会科学版，1996（1）.

[52]　褚鸣. 新剑桥学派的现状与未来. 国外社会科学，2006（4）.

[53]　黄国石. 理性预期学派的经济理论和政策主张. 厦门大学学报：哲学社会科学版，1997（3）.

[54]　汪川，郭小波. 新凯恩斯主义货币经济学的新发展. 当代经济研究，2009（3）.

[55]　李向阳. 国际金融危机与国际贸易、国际金融秩序的发展方向. 经济研究，2009（11）.

[56]　张云，刘骏民. 从美元本位制到双本位国际货币体系：全球金融失衡和动荡的根源. 南京社会科学，2009（4）.

[57]　陈光磊，陈华帅. 美联储货币政策走向对我国影响重大. 上海证券报，2009-08-14.